傳播倫理

與法規

2nd Edition

Communication Ethics and Regulations

◎主編—**鈕則勳、賴祥蔚**

◎法條校閱顧問—**何吉森**

◎作者—**鈕則勳、賴祥蔚、何吉森、邱啓明**
許北斗、莊伯仲、張佩娟、張美慧
黃振家、蔣安國、羅彥傑

掌握媒體就要負更多的道義責任

　　三年前，這本書的第一版付梓，而後為了讓本書更貼近法規倫理實務，是以從去年開始就進行了改版工程，如今本書第二版正式出版，完成了團隊的期許。其實這是一個不小的工程，協調了十位相關領域內的專家學者，囊括了法律、新聞、廣告等各方面的重要議題，提出了遠景期盼及建議，主要就是因為傳播倫理與法規的重要性與日俱增。

　　傳播倫理與法規為何會在現今社會成為一個重要的議題？因為在新聞報導中，大家常會看到相關廣告資訊的置入，不論是政府機關或是企業產品訊息，幾乎分不清楚哪些才是真正的新聞；在觀看節目的時候，更有節目的主持人及來賓，講得口沫橫飛地要消費者去買一堆他原本根本不必要、也不會產生所宣稱之效果的產品。看廣告時，常會看到一些走灰色地帶，不論是用性暗示或是被質疑可能「教壞囝仔大小」的方式，企圖炒作成爭議話題的廣告商品。此外，消費者亦多有可能買到虛偽不實的產品，除了花冤枉錢傷心之外，更可能會傷身、引起副作用。從以上這些例子來看，不僅是消費者或閱聽人；也包括傳播領域相關的專業人員，不論是新聞採編播人員、廣告代理、公關專業，或許對傳播倫理與法規的認識，都應該愈有其急迫性。畢竟掌握媒體，就要負更多的道義責任。

　　本書從四大面向來聚焦與傳播倫理法規之相關議題。首先，在總論部分，先將我國傳播法規體系作一鳥瞰，同時介紹有線電視系統經營之法規與現況；第二部分是著墨新聞倫理與法規，內容包括傳播倫理與媒介第四權，電視新聞報導法規與倫理，傳播誹謗與隱私保護，網路時代的新聞報導與著作權，情色資訊、兒少保護與表意自由。廣告倫理

與法規是本書置焦的第三部分，內容除了先陳述廣告代理與公關業之倫理外，進而說明廣告自律、虛偽不實廣告與吹牛廣告之相關內容，接下來則分別敘述食品、化粧品、競選與藥物廣告之倫理與法規。在結論部分，本書亦將兩岸傳播交流法規作了歸納分析，現今社會中之傳播現象與媒體素養的重要性也是值得關心的議題。在討論完這些主題後，良知與實踐：傳播倫理與法規的重構，除了作為本書的總結外，亦期待能夠激起社會對相關議題之正面反思。

本書的完成，首先要感謝擔任中央廣播電臺總臺長的臺灣藝術大學廣播電視學系賴祥蔚教授及國家通訊傳播委員會主任秘書何吉森。賴教授協助我邀請領域內專業先進撰寫篇章內容及格式規劃，同時將頗受社會關注的情色資訊、兒少保護與表意自由做了深入的分析，而在本書的結論篇中，賴教授亦針對現今的傳播現象作了說明，並期待閱聽大眾之媒體素養能夠更進一步地強化。何主秘協助本書進行相關法規之細部校閱，並於第一章中清楚地介紹了我國傳播法規的體系建構，在後續的章節中亦點出了傳播誹謗與隱私保護值得注意之處。有兩位先進犧牲自己寶貴的時間進行規劃校閱，才能使本書在最短的時間內付梓。

深諳傳播政策與教授傳播法規多年的臺灣藝術大學邱啓明教授與許北斗老師，協助我們更進一步地釐清了傳播倫理和媒介第四權的互動關係，透過篇章也讓有線電視系統經營的法規與現況變得更加淺顯易懂。文化大學新聞系莊伯仲副教授依其專業，將電視新聞報導之專業意理及原則作了更細膩的剖析，對於導正現今媒體報導新聞太過於淺碟的問題，必定有其正面效果。

具有十餘年以上新聞媒體、廣告代理與公共關係跨領域深厚經驗，熟悉大眾傳播、社會議題、公共政策現況的實踐大學張美慧副教授以本身廣告、公關實務，結合了相關理論策略，不僅為廣告代理與公關業之倫理作了最好的詮釋，也透過實際的案例讓讀者能更快速地掌握其中的意義與精髓。於淡江大傳系任教、同時也是國際廣告協會臺北分會理事、中華民國廣告年鑑總編輯的黃振家副教授，除了說明廣告自律的規範原則外，亦將美國、日本及我國等重要國家的廣告自律體系做了深刻

的描繪。

輔大廣告傳播學系張佩娟老師以其法學與廣告之專業素養,帶領我們更進一步地瞭解公平交易法中虛偽不實廣告的類型及樣態,亦說明了不實廣告的判定原則及其應該負的責任;除了深刻地期許了專業廣告從業人員應該注意的原則外,也提供了消費者非常實用的相關資訊。文化新聞系羅彥傑助理教授則置焦於網路時代,從新聞報導及著作權著手,進行了深刻的分析與說明,期待能進一步增加與強化閱聽人對網路時代互動過程中應該注意之處。佛光大學蔣安國副教授則為我們開闢了另一個視野,就是兩岸傳播交流的法規,畢竟在兩岸交流日益頻繁的今天,相關傳播法規自然成為了值得特別關注的顯學;而蔣老師為本書所作的結論——良知與實踐:傳播倫理與法規的重構,除了作為本書的總結外,亦期待能夠激起社會對相關議題之正面思考,讓掌握媒體之專業人士,能夠更重視自己在社會上應負的責任。

最後,本書的完成還是要感謝非常辛苦的揚智專業出版團隊,沒有他們日以繼夜的趕工,或許傳播領域的同學們還沒有一本篇章結構頗為完整、且由傳播科系教授學者所撰寫的傳播倫理法規領域的專書。本書仍有不足之處,要努力的地方也還有很多,但相信本書可作為傳播倫理法規專業領域進一步研究的一個關鍵點。

2015年2月

主編／作者

鈕則勳　博士

現職：中國文化大學廣告學系專任副教授

學歷：國立政治大學政治學博士

相關經歷：國家文官學院、公務人力發展中心課程講座；外交領事人員（外
交官特考及格）；中華傳播管理學會常務理事；公關公司經理、
顧問；媒體論壇節目、政府機構、社團、公司行號、學校專題講
座超過二千八百餘場（至2014年底）。

著　　作：《廣告趨勢與策略建構》（2014）、《人際溝通的理論與應用》
（共同主編；2009）、《就是比你受歡迎》（2009）、《個人公
關搞什麼》（2007）、《競選廣告策略與效果》（2007）、《政
治廣告》（2005）、《競選傳播策略》（2002）、兩百餘篇學術
研究報告、專文刊載於學術期刊、重要媒體。

專長領域：包括溝通說服、形象塑造、公關廣告策略、政治傳播、政治廣
告、國際宣傳、媒體公關。

賴祥蔚　博士

現職：國立臺灣藝術大學廣播電視學系教授、中央廣播電臺總臺長

學歷：國立政治大學社會科學院政治學博士

相關經歷：國立臺灣藝術大學廣播電視學系系主任暨應用媒體藝術研究所所
長、中華傳播管理學會理事長、國家通訊傳播委員會無線廣播及
電視執照換照審議委員、《視聽傳播》學刊主編，廣播及電視節
目主持人、報社主筆、雜誌專欄作家、廣電媒體主管、行政院公
務人力中心講座、考試院國家文官培訓所講座。

著　　作：《媒體發展與國家政策》、《公關計畫》、《廣播節目企劃與電

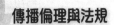

台經營》等學術專書八本，學術編著三本，另著有《樂觀，就會成功》、《誰叫你讀博碩士！》等通俗讀物三本，著作曾獲選優良課外讀物、國家圖書館「台灣出版Top1: 2004年代表性圖書」；發表論文數十篇，其中十餘篇登載於TSSCI學術期刊。

法條校閱顧問／作者

何吉森　博士

現職：國家通訊傳播委員會主任秘書、文化大學新聞系兼任助理教授

學歷：世新大學傳播研究所博士

相關經歷：於國立政治大學取得法律學士學位後，曾在法院、律師事務所工作一段時間，熟悉司法及法制業務工作。後於行政院新聞局法規會、廣電處任職期間，轉而研習傳播學，並取得世新大學傳播研究所博士學位，研究重心在傳播政策、傳播規範、新媒體之應用與趨勢發展。曾任國家通訊傳播委員會內容事務處處長、法律事務處處長。

著　　作：《有線廣播電視法釋義》、《電訊傳播資訊基本法制之整合與建構》、《數位時代有線電視內容規範政策》等書。

作者

邱啓明　博士

現職：國立臺灣藝術大學廣播電視學系專任副教授

學歷：英國卡地夫大學（Cardiff University）新聞、媒介與文化研究博士

相關著作：著有*A Study of Taiwanese Cinema: Cultural Policy, Marketing and the Issues of Postmodernity*專書，與丁祈方等人合著《大眾傳播概論》（電子書），《電影概論》（譯書）。

教學與研究領域：視覺傳播、電影藝術、傳播政策、媒介與文化研究、影視理論與實務等。

許北斗　老師

現職：國立臺灣藝術大學廣播電視學系專任講師、秘書室公共事務組組長

學歷：紐約理工學院傳播藝術碩士

相關經歷：主要講授課程包括「傳播法規」、「媒介管理」、「廣告學」、「導播學」等，關於電視媒體營運管理與節目製作之系列課程。

在教學二十年的過程中，適逢電視媒體由限量管制到完全開放，無線電視擴張爲有線電視，類比視訊轉變爲數位媒體；尤其爲因應未來數位匯流後的視訊媒體產業，更是需要不斷探求其發展之可能性。有幸將過往教學心得，略作整理，爲文出版，感激！其餘主要學經歷，請參考臺藝大廣電系網頁內容。

莊伯仲　博士

現職：中國文化大學新聞系副教授

學歷：美國韋恩州立大學傳播博士

相關經歷：高考新聞行政及格，並領有美國Computing Technology Industry Association A+電腦技師證照。曾任臺北市政府新聞處科員、中國時報記者、文大新聞系主任、中央通訊社監事、國民黨文傳會主委暨發言人等職，目前也擔任行政院公務人力發展中心與考試院國家文官學院政策行銷、媒體發言等課程講座。

研究領域：主要爲新聞學、政治傳播、網路行銷。

張佩娟　老師

現職：輔仁大學廣告傳播學系專任講師
學歷：輔仁大學大眾傳播學系廣告組、美國密西根州立大學廣告管理碩士、
　　　中原大學法學院財經法律學系法學碩士
相關經歷：主要專長為廣告策略、廣告學、廣告法規、消費者行為
獲獎紀錄：教育部（九十一年度）「教育部十年資深優良教師」、「輔仁大
　　　　　學九十二學年度教師教學績優獎勵」、中華民國行政院（九十四
　　　　　年度）「行政院三等服務獎章」、「輔仁大學九十八學年度教師
　　　　　教學績優獎勵」。

張美慧　博士

現職：實踐大學博雅學部副教授
學歷：中國文化大學中山學術研究所法學博士
相關經歷：歷任中華日報採訪組主任、紅樹林有線電視總經理、亞太無線電
　　　　　視臺籌備處主任、中山大學學術研究中心研究員、戰國策國際顧
　　　　　問股份有限公司副總經理，具有十餘年以上新聞媒體、廣告代理
　　　　　與公共關係跨領域深厚經驗，熟悉大眾傳播、社會議題、公共政
　　　　　策現況，將理論與實務緊密結合，經常受邀至政府機關、企業、
　　　　　學校演講，曾規劃並擔任多項廣告、公關、危機管理及決策模式
　　　　　課程，包括：國民健康局公關暨發言訓練，全國319位鄉鎮市長訓
　　　　　練課程，台大醫院員工訓練課程，鴻海集團員工訓練課程，聯合
　　　　　利華、國泰人壽及多家全球知名藥廠企業之公關暨危機管理訓練
　　　　　課程等等。
專長領域：政治傳播、健康傳播、媒體溝通、形象塑造、危機管理、決策分
　　　　　析、選舉行銷及議題管理。

黃振家　博士

現職：淡江大學大眾傳播學系副教授

學歷：政治大學傳播學院傳播博士

相關經歷：研究專長為廣告研究、品牌研究、整合行銷傳播研究，曾任日本
　　　　　吉田秀雄紀念事業財團客員研究員、中華民國企業人經理協會秘
　　　　　書長、國際廣告協會臺北分會青年協會理事長，現任國際廣告協
　　　　　會臺北分會理事、中華民國廣告年鑑總編輯。

蔣安國　博士

現職：佛光大學傳播學系副教授兼華人流行音樂與創意研究中心主任

學歷：中國文化大學新聞系學士、中國文化大學政治研究所碩士、政治大學
　　　新聞研究所博士、美國喬治城大學訪問研究員

相關經歷：行政院新聞局國際新聞秘書、專員；中國文化大學新聞學系兼任
　　　　　講師；世新大學視傳系、新聞系兼任副教授；淡江大學大傳系兼
　　　　　任副教授；銘傳大學大傳系專任副教授；銘傳大學廣電系主任兼
　　　　　副教授；銘傳大學新聞系主任兼副教授；銘傳大學傳管所專任副
　　　　　教授；台北市立教育大學社會暨公共事務學系兼任副教授。

專長：傳播管理、傳播媒介生態、廣電市場分析、全球化傳播與創新思維。

羅彥傑　博士

現職：中國文化大學新聞系專任助理教授、國立清華大學通識教育中心兼任
　　　助理教授

學歷：國立政治大學政治學博士

相關經歷：《蘋果日報》國際中心助理副總編輯；《蘋果日報》國際中心資
　　　　　深編譯；《自由時報》記者、編譯。

專長領域：包括通訊傳播政策、國際新聞與國際傳播。

目　錄

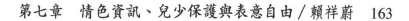

第三篇　廣告倫理與法規　191

第四篇　結論部分　**321**

第一篇

總　論

第一章　我國傳播法規範體系

國家通訊傳播委員會主任秘書

文化大學新聞系兼任助理教授

何吉森

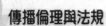

摘要

　　傳播法規在我國法制架構體系中之位置為何？我們應以何種面向及觀點來檢視發生在社會中之各種傳播現象？是進入傳播法領域之第一堂課。於本章我們將學習傳播法是如何產生的、傳播媒體事業管制體系、媒體自律與傳播法之關係及言論自由、新聞自由、廣電自由之定義與傳播權之現代概念。

　　本書旨在論述我國傳播規範，故於首章從我國法規制度談起，繼而說明何謂傳播規範，論述其定義、範圍、制修程序及相關監管機關等，最後論及本書兩大主軸，即新聞與廣告法規最核心的精神——「言論自由」的規範意義。以下將分節論述此三部分。

 # 第一節　法規制度概念

一、法

　　法是人類共同生活體中，為形成秩序、維繫和平（或解決衝突）、實現自由，透過權威機關之強制力所實施的規範（王海南等，2001：12）。「法」與「法律」常被混淆，實應予區分。「法律」一詞，嚴格來說，指與命令相對，經過國會三讀程序並由總統公布之規範。廣義的「法」含括法律、命令、行政規則、習慣法等一般抽象性的規範。

　　法為規範，與自然法則（natural law）或物理法則，如日出東方等自然現象有別，其是人類為達成特定目的或實現某種價值而「創造」出來的各種積極性（應為、或命令）或消極性（不應為、或禁止）之規約。此在形式上，多為語義層面上的規範，旨在探討藉由應然語句表達

立法者所要表達的意志，如《廣播電視法》第33條明定：「**電臺所播送之廣告，應與節目明顯分開**」，於此條文中，核心議題即在於如何判斷節目與廣告區分之標準。由於法是可透過權威機關之強制力來實現之規範，此部分對規範者（法官、行政監管人員）與被規範者（如廣電事業）是其共同要關注與探討的部分。

　　另一個要探討的是事實層面的規範，此如從社會學觀點，指行為規律的社會事實，即一個社會成員會反覆遵守的行為規約，如新聞媒體報導受保護之兒童事件時，對兒童之姓名、圖像應特別加以隱匿，而不予報導。而如從心理學觀點探討，則指認知態度的心理事實，如前例，即新聞從業人員對兒少新聞事件報導自我約束的態度，因被規範者於心理承認（認同）此規範，而主動地在日常作業中即採取不報導的行動，我們常期待之媒體「自律」，多指事實層面的規範結果。

　　法是規範的一種，規範可分為技術規範與社會規範（劉得寬，1988：7）。前者，指為達成一定目的而利用自然法則所為之行為規約，如廣播電臺利用自然界之無線頻率傳達聲音，主管機關為避免相互干擾而訂定相關規約，可稱之為技術規範。後者，係數人為共同維持社會關係而形成有價值與目的的規約，其多為概括性的抽象概念，除了前述有權威機關強制力之法外，尚包括道德、宗教、習慣、禮節等。

　　法與道德之不同，除強制力外，前者為外部規範，重現實性；後者為心裡內部規範，重理想性。故有謂「法是最低的道德標準」。

二、法源與位階

(一)法源

　　法源（the source of law）是指法律產生的來源，通說分為兩種：

◆直接法源

　　又稱為成文法法源，指以國家制定的法令為法律淵源，如憲法、法

律、條約、法規命令、行政規則、自治法規。

◆間接法源

又稱爲不成文法法源，如習慣法、法理、判例、學說、解釋、外國法等，其須經政府直接承認始能成爲法源。

(二)位階

前述各種法源有位階關係，憲法的位階最高，其次爲法律，再其次爲法規命令、行政規則或自治法規（如**圖1-1**）。下位階法源內容不可牴觸上位階法源內容或逾越授權、不依授權程序處理，否則無效。由於下階之規範龐雜，形成法之金字塔關係。其餘法源，如條約需經引入國內，其位階與所引入之直接法源（如法律或法規命令）同，至於習慣法、解釋則視其規約之內容係屬於何種直接法源位階而定。

圖1-1　法源位階

三、法的內涵

法之目的在規範人類的共同生活，其內涵可以說即是權利及義務之互動模式。人類生活隨著經濟、政治及文化需求的快速擴展而日益密切，其間產生的各項互動關係，已從傳統的五倫關係擴展到更複雜之人際、職場或商業關係，但其間互動之法律關係，簡單而言，即在探討：一方主張其享有法規所賦予的利益（即「權利」），相對的一方依法負有應履行或兌現的「義務」，而如義務人未履行其義務，即產生「責任」。此種權利與義務的發生，不外乎雙方簽訂契約或依法律明文規定，賦予某人（事業）權利，或課某人（事業）義務。

有關權利、義務及責任的各種態樣或類型如下（王海南等，2001：26-44）：

(一)權利

◆就權利的作用區分

　　支配權（指直接支配權利之客體，如所有權、著作權）、請求權（指要求他人作為或不作為的權利）、形成權（指以權利人單方之意思，而直接創設、改變或消滅某一法律關係權利，如雇主行使契約解除權，開除員工）、抗辯權（指妨礙他人行使權利之相對對抗權）。

◆就權利所依據規範的種類區分

　　公權，指基於公法關係而產生之權利，如政府依《廣播電視法》核處違反該法之電視臺，受處分之電視臺依《訴願法》得提起訴願救濟；前者為國家公權，後者為人民公權。私權，指基於私法契約關係所產生之權利，如員工對公司請求加班費、頻道業者對系統業者請求公播授權費，即屬私法債權。

(二)義務

　　一般而言，當規範為法規範時所涉及之義務係法律上義務，依法拘束義務人為一定之作為或不作為，如未履行義務，則將負起法律上之責任。如係道德上的規範，則僅負非法律上義務，惟其雖無法律拘束力，但有時輿論之批判壓力更甚於法律之制裁。以新聞傳播事業為例，其永續經營取決於閱聽眾之信任，如內部編審流程控管不當，致使報導發生嚴重缺失，輕則打擊事業信譽，重則可能影響事業經營，是以新聞傳播事業對社會責任應有更高的義務。

(三)責任

　　當義務人在法律上應負之義務要件該當（完備），如應遵守法律規範而未遵守，或應給付債權人而未給付，此時如無其他可阻卻義務發生之原因，亦符合責任歸屬之原則（如行為人具有故意或過失），依法即

應負法律上之責任，以下分述三種責任型態。

◆民事責任

媒體事業依私法契約或法律規定應負起私法上義務而未履行時，即負民事責任。

1. 民事責任之構成要件有二，首先在主觀要件方面：先論其責任條件，原則上，須有故意或過失行為，行為人之故意或過失由被害人負舉證責任。例外，凡違反保護他人之法律者，其過失即被推定，被害人不必證明行為人之過失，行為人如無法證明自己無過失即應負責。其次探討行為人之責任能力，要求行為人於行為時需有識別能力。
2. 在客觀要件方面，首先須有可歸責於己之不法行為的存在，其次探討該違法行為是否有造成他人權利或利益之損害發生，最後需論述行為與損害間是否存在相當之因果關係。
3. 民事責任之歸屬，除行為人（《民法》184條）外，依《民法》第188條規定，僱用人雖非行為人，但有時與行為人需連帶負損害賠償責任。民事之制裁包括損害賠償、權利剝奪或管收處分等。

◆刑事責任

媒體事業從業人員之行為如構成刑法或特別刑法有關罪責之要件時，即負刑事責任。

1. 刑事採行為主義，由行為人單獨或共同負擔。
2. 刑事處罰以故意為原則，故意包括確定（直接）故意與不確定（間接）故意兩種。例如未查證即刊登錯誤之訊息，雖非直接故意亦須負責。對過失行為之刑事處罰，則以有特別規定者為限。
3. 刑事制裁（刑罰），包括生命刑、自由刑、財產刑（罰金、沒收）等。

◆行政法上責任

如媒體事業有違反《廣播電視法》、《藥事法》、《性侵害犯罪防治法》等行政作用法課以媒體作爲或不作爲之義務，即生行政法上責任。

1. 原則上，行政法均會明定義務人爲何，以廣電三法爲例，多課以媒體事業責任，如無線廣播電視節目違規，由無線廣播電視電臺負責；有線廣播電視系統節目違規，由系統經營者及頻道經營者負責；衛星廣播電視節目違規，由衛星頻道節目供應事業負責。例外有以媒體事業負責人爲課責對象者，如《廣播電視法》第49條規定。

2. 行政法之責任以故意及過失爲原則，但大法官釋字第275號解釋，對違反禁制規定或作爲義務且不以發生損害或危險爲要件者推定爲有過失，媒體如不能舉證證明自己無過失，即應受處罰。例如系統業者轉播頻道業者播送之未送審取得執照之藥物廣告，實務上被認定爲無過失。

3. 行政法制裁，對一般人民或事業法人之制裁態樣有：社會秩序罰（罰鍰、沒入）、經濟秩序罰（撤銷登記）、財政罰（罰鍰、限制出境）及安全秩序罰（勒令停播）等。

四、法的適用

檢驗法規範要件是否與具體案件要件相符，並作出結論，即是法律適用，此種檢驗過程，學理上稱之爲「涵攝」（subsumtion）。

法的適用方法有三大步驟（三段論法）：

(一)找尋法規範

此爲大前提，在眾多法律條文中如何找到對應所發生之社會事實或現象最適切之法規範，應先完整分析待證之生活事實，然後依其法律關係類型或架構，找出適合之規範。如著作人所著作之作品未經其同意而

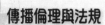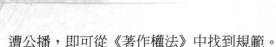

遭公播，即可從《著作權法》中找到規範。

(二)掌握具體事實與法規範關係

　　此為小前提，重點在掌握法條之規範意旨與內容，其中若發現規範有不清楚時，應予以解釋，其方法有文義、論理、歷史、比較法、目的解釋等；若規範有不確定情形，應予以具體化，即對不確定概念依判例或學說以類型化的方式加以評價；若規範有疏漏，則應予以補充，即對不完全之規範採類推、準用、目的限縮或法律續造等方法來填補。

(三)下判斷

　　在找尋法規範，並確認具體事實與法規範之關係後，即可下判斷，作成結論。此為從事監理或裁判實務工作者之主要業務。

　　在適用法律時，由於法律之性質具有多樣性，及法律之時間效力問題，在實務上遂產生適用法律之問題。此時，常用之一般判斷原則為：強行法優於任意法、特別法優於普通法、實體從舊程序從新、法律不溯及既往原則、法律優位及法律保留原則等。

五、法系

　　法系（legal system）是將各種法秩序之共同或類似點加以類型化所形成之概念。最被廣泛承認之分類為：大陸法系（Continental Law）與英美法系（Anglo-American Law），兩者在法體系及思考原則與適用方法上迥異。

　　我國現代法制係源自大陸法系，大陸法係受羅馬法影響，法規範具抽象性，法典規範以能適用於同種事實關係而採取抽象的形式呈現。其法規適用，採三段論法，即先尋找法規範（大前提），再確認具體事實（小前提），然後進行涵攝過程。原則上認為法能適用於所有事件，如有欠缺，需依賴解釋或類推演繹來補充。其優點為法之明確性與安定

性，缺點則為易形成概念法學，重文字論理分析，法之解釋空間大。

　　雖然我國現代法制源自大陸法系，但實務上已漸承認判例之法源性❶。

 ## 第二節　傳播法規範體系

一、傳播法之來源及架構

　　我國現行與傳播媒介有關之法規範，依其來源及位階分述如下：

(一)《憲法》

　　《憲法》為國家根本大法，規範政府組織、各部門運作及人民的基本權利與義務。為最高階之法源，法律與命令牴觸《憲法》者，無效（《憲法》第171條、第172條）。在媒介傳播之基本體制方面，例如有關表達意見之自由、新聞自由、人民知之權利（《憲法》第11條），及新聞從業人員工作權之保障（《憲法》第15條），言論自由間接保障原則及隱私權的尊重（《憲法》第23條）等均涉及《憲法》（翁秀琪、蔡明誠主編，1992：3-7）。另外，司法院大法官會議解釋，有解釋《憲法》並統一解釋法律及命令之權（《憲法》第78條），為我國最高之有權解釋機關，其解釋之拘束力有認應高於法律與命令。如民國83年大法官會議解釋之釋字第364號解釋，針對電波頻率使用之「公平合理分配」及人民平等「接近使用傳播媒體」之權利等，要求以法律定之。又如釋字第407號解釋有關情色與暴力言論及釋字第509號解釋對誹謗言論之解釋等。

(二)法律

　　指《憲法》第170條所稱，經立法院三讀通過，總統公布之法律。《中央法規標準法》第2條規定法律的名稱分為四種：法、律、條例或

通則。同法第5條規定，以下事項應以法律定之：一、憲法或法律有明文規定，應以法律定之者；二、關於人民之權利、義務者；三、關於國家各機關之組織者；四、其他重要事項應以法律定之者。同法第6條明定法律保留原則之拘束力，應以法律規定之事項，不得以命令定之。

　　我國現行主要的傳播法❷有：《通訊傳播基本法》、《廣播電視法》、《有線廣播電視法》、《衛星廣播電視法》、《電信法》，其他適用之法律尚包括：《著作權法》、《公平交易法》、《消費者保護法》、《兒童及少年性交易防制條例》、《性侵害犯罪防治法》、《刑法》（誹謗罪）、《民法》（侵權行為）、《公司法》、《臺灣地區與大陸地區人民關係條例》、《個人資料保護法》、《就業服務法》、《藥事法》、《化粧品衛生管理條例》、《食品衛生管理法》、《健康食品管理法》、《菸害防制法》等。

(三)法規命令（授權命令）

　　依《行政程序法》第150條規定，法規命令係指行政機關基於法律授權，對多數不特定人民就一般事項所作抽象之對外發生法律效果之規定。各機關發布之命令，依《中央法規標準法》第3條規定，得依其性質，稱規程、規則、細則、辦法、綱要、標準或準則。有關傳播之法規命令，列舉如**表1-1**。

(四)行政規則

　　依《行政程序法》第159條規定，行政規則係指上級機關對下級機關，或長官對屬官，依其權限或職權為規範機關內部秩序及運作，所為非直接對外發生規範效力之一般、抽象之規定。依法，行政規則雖僅拘束訂定機關、其下級機關及屬官，對人民並無直接之效力，但因其具有規範機關內部處理業務及行使裁量權之作用，間接亦影響到人民。

　　有關傳播之行政規則，依其性質列舉如**表1-2**。

　　除了前述以法源位階來說明我國傳播法規範架構外，亦可以實務界常用之六大法體系來檢視我國傳播法規範：

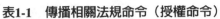

表1-1 傳播相關法規命令（授權命令）

授權之法律	法規命令名稱
《廣播電視法》	《廣播電視法施行細則》、《廣播電視事業負責人與從業人員管理規則》、《電視節目分級處理辦法》、《電視增力機變頻機及社區共同天線電視設備設立辦法》、《廣播電視廣告內容審查標準》
《有線廣播電視法》	《有線廣播電視法施行細則》、《有線廣播電視審議委員會審議規則》、《有線電視節目播送系統管理辦法》、《有線廣播電視廣告製播標準》、《有線廣播電視系統經營者天然災害及緊急事故應變辦法》
《衛星廣播電視法》	《衛星廣播電視法施行細則》、《衛星廣播電視廣告製播標準》
《臺灣地區與大陸地區人民關係條例》	《大陸地區物品勞務服務在臺灣地區從事廣告活動管理辦法》、《大陸地區出版品電影片錄影節目廣播電視節目進入臺灣地區或在臺灣地區發行製作播映展覽觀摩許可辦法》、《大陸地區人民來臺投資許可辦法》
《香港澳門關係條例》	《香港澳門出版品電影片錄影節目廣播電視節目進入臺灣地區或在臺灣地區發行銷售製作播映展覽觀摩許可辦法》

資料來源：國家通訊傳播委員會（2014）。《通訊傳播法規彙編》。

表1-2 有關傳播之行政規則

行政規則性質	行政規則名稱
關於機關內部組織者	《廣播電視節目廣告諮詢會議設置要點》
關於事務分配及業務處理方式	《國家通訊傳播委員會召開聽證會作業要點》、《國家通訊傳播委員會委員會議審議事項及授權內部單位辦理事項作業要點》、《國家通訊傳播委員會審查通訊傳播財團法人設立許可及監督要點》
關於解釋性規定及裁量基準	《國家通訊傳播委員會裁處廣播電視罰鍰案件處理要點》、《節目廣告區分認定原則》

資料來源：國家通訊傳播委員會（2014）。《通訊傳播法規彙編》。

1. 《憲法》及關係法規：如《中華民國憲法增修條文》、《中央法規標準法》、《中央行政機關組織基準法》、《臺灣地區與大陸地區人民關係條例》、《總統副總統選舉罷免法》、《公職人員選舉罷免法》。

2. 民商法規：如《民法》第18條人格權、《民法》第184條侵權行為、《民法》第195條侵害人格法益之非財產上損害賠償、《公司

法》第五章股份有限公司、《公司法》第六章之一關係企業等。

3.《民事訴訟法》及關係法規：如《民事訴訟法》第302條作證義務、第303條證人不到場之處罰、第307條得拒絕證言之事由等。

4.《刑法》及關係法規：如《刑法》第235條散布猥褻物品罪、第310條誹謗罪、第315條之1竊錄罪等。

5.《刑事訴訟法》及關係法規：如《刑事訴訟法》第176條之1作證義務、第178條證人之到場義務、第237條告訴期間、第245條偵查不公開。

6.行政法：此所稱行政法為規範行政機關組織、行為、程序及爭訟之法令總稱。

   (1)行政組織法：如《公共電視法》、《中央廣播電臺設置條例》、《中央通訊社設置條例》等。

   (2)行政作用法：

   ・傳播：如《廣播電視法》、《有線廣播電視法》、《衛星廣播電視法》、《電信法》等。

   ・內政：如《兒童及少年福利與權益保障法》。

   ・衛生：如《藥事法》、《化粧品衛生管理條例》、《食品衛生管理法》、《健康食品管理法》等。

   ・經濟：如《公平交易法》、《著作權法》等。

   (3)行政程序法：該法明定行政機關從事行政處分、行政契約、法規命令、行政規則、行政計畫、行政指導及處理陳情之相關程序。

   (4)行政救濟法：如《訴願法》、《行政訴訟法》。

   (5)其他：如《行政執行法》、《國家賠償法》及《行政罰法》等。

二、傳播法規是如何產生的？

　　傳播法規，依其位階屬性而有不同審議運作過程。

(一)法律

法律案由行政機關或立法委員提案，經立法院三讀通過，再由總統公布實施，程序最為嚴謹。

◆提案

1. 行政機關：中央部會就其主管業務，得提法律案。其法制作業程序為：依立法計畫、政策指示進行分析研究，研擬制定或修法綱要，擬訂法律案草案，召開座談會或公聽會，修正草案內容，送行政院審查，最後送立法院審議。
2. 立法委員：依《立法院職權行使法》、《立法院議事規則》規定，立法委員經十五人以上之連署亦得提法律案。

◆立法院審議

1. 一讀會：於院會中朗讀標題後，交付有關委員會審查或逕付二讀。
2. 委員會審查：其程序依序含法案旨趣說明及詢答，進行討論，作出審查報告。各委員會審查議案遇有爭議時，主席得裁決進行黨團協商。
3. 黨團協商：經各黨團代表對有爭議議案協商，達成共識後，作成協商結論。
4. 二讀會：朗讀議案，再依次進行廣泛討論及逐條討論。
5. 三讀會：除發現議案內容有互相牴觸，或與《憲法》、其他法律相牴觸者外，只得為文字之修正，最後全案交附表決。
6. 復議：立法院內部的補救措施。依《立法院議事規則》規定，立法委員對於法律案、預算案部分或全案的復議，得於二讀、三讀後，在下次院會散會前依相關程序提出。

◆總統公布

立法院咨請總統公布並函送行政院。總統應於收到十日內公布，或

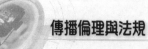

依憲法增修條文第3條規定之程序，由行政院移請立法院覆議。

◆覆議

　　覆議是行政否決權，行政院對於立法院決議之法律案、預算案、條約案，如認為有窒礙難行時，得經總統之核可，在該決議案送達行政院10日內，移請立法院覆議。覆議時，若經全體立法委員二分之一以上決議維持原案，行政院應即接受該決議。

(二)法規命令

　　中央主管機關依據人民或團體提議請願，進行草案研擬，舉行聽證或公聽會，將草案於公報上公告（請人民陳述意見），修正草案，送請上級機關核定，發布（刊登政府公報），送請議會備查。

(三)行政規則、自治法規

　　行政規則由上級機關或長官就機關內部組織、事務分配、業務處理方式（下達）自為規定。自治法規，係由地方自治團體依前述程序訂定自治條例、自治規則。

三、傳播事業之政府管制體系

(一)行政部門

　　民國62年8月政府組織調整，行政院新聞局接掌原屬內政部、教育部及其他有關機關之大眾傳播事業的輔導與管理業務，增設出版事業處、電影事業處、廣播電視事業處主管其事。惟廣播電視事業涉及電波頻率、線纜通訊及相關的工程技術部分，因非行政院新聞局專業，由交通部電信總局主管。

　　民國95年2月，政府為因應科技匯流、跨業整合及全球化趨勢，整

合原屬行政院新聞局主管的廣播電視事業的執照發放、營運管理及內容監理及原屬交通部電信總局的業務，成立獨立的管制機關——國家通訊傳播委員會（以下簡稱通傳會），作爲我國通訊傳播事業的主管機關。有關通訊傳播媒介之政策與法律之制定與執行，除某些部分因地制宜，交由地方政府負責外，原則均由該機關執行。惟我國國家通訊傳播整體資源之規劃及產業之輔導、獎勵，依照《通訊傳播基本法》第3條第二項規定，由行政院所屬機關依法辦理之。民國101年起行政院組織改造，有關出版及廣播電視事業之輔導、獎勵業務，由原「行政院新聞局」移至「文化部」下之「人文及出版司」、「影視及流行音樂發展司」、「文化部影視及流行音樂產業局」接辦。

　　除前述分工以外，有關媒體企業競爭、食品醫藥安全、消費者權益保護、外國人就業等事項，分別有經濟部、公平交易委員會、衛生福利部、行政院消費者保護處及勞動部等中央主管機關管理。在資訊通訊安全方面，如網路內容安全防護等事項，由行政院國家資訊通訊安全會報督導並協調相關部會辦理，如圖1-2。

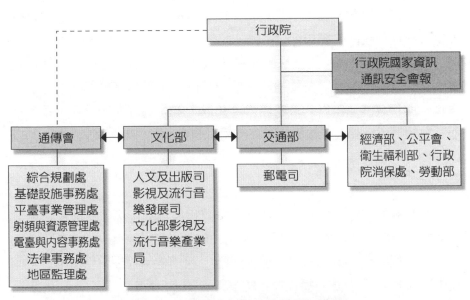

圖1-2　傳播事業行政主管機關架構圖

(二)立法部門

我國現制立法院負責審議法案及政府預算,電子媒介管理之相關法案由行政院及立法委員提案後,由立法院交通委員會審查;出版事業、電影事業及廣電產業(含公共電視)之輔導與管理法案,由立法院教育及文化委員會審查。

(三)司法部門

我國司法體制採司法二元主義,屬於民刑事之案件,由一般法院之民事庭或刑事庭,依據《民事訴訟法》或《刑事訴訟法》程序處理;屬於行政處分之爭訟,依《訴願法》及《行政訴訟法》向訴願機關或行政法院請求行政救濟。舉例而言,媒體事業對於中央或地方機關之行政處分,認為違法或不當,致損害其權利或利益者,得於行政處分書送達之日起三十日內,依法向其上級機關提起訴願。不服訴願決定,應於訴願決定書送達後二個月內提起行政訴訟。惟針對訴願案之管轄,通傳會認為其屬獨立管制機關,為貫徹獨立運作精神,對其處分之爭訟,宜由該會自行受理或直接向行政法院提起行政訴訟,此部分爭議未來有賴修法解決。

民國100年《行政訴訟法》修正,依新制,簡易訴訟程序事件以地方法院行政訴訟庭為第一審法院。此所稱簡易訴訟程序於傳播事件訴訟案為不服行政機關所為新臺幣四十萬元以下罰鍰處分而涉訟者,及因不服行政機關所為警告之輕微處分而涉訟者。我國司法制度如**圖1-3**。

(四)地方政府

地方政府在電子媒介的管理上亦扮演重要角色,例如電影片映演業由地方政府發給許可證(《電影法》第10條);錄影節目帶製作業及發行業(播映業除外)由地方政府發給許可證(《廣播電視節目供應事業管理規則》第7條);有線廣播電視系統經營者如違反節目、廣告、費用及權利保護各章規定,由地方政府依法核處(《有線廣播電視法》第63條)。

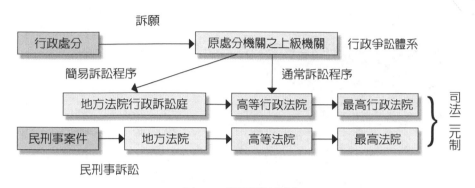

圖1-3　我國司法制度

　　綜整前述文字敘述，我國傳播事業之政府管制體系架構，可繪製如**圖1-4**。

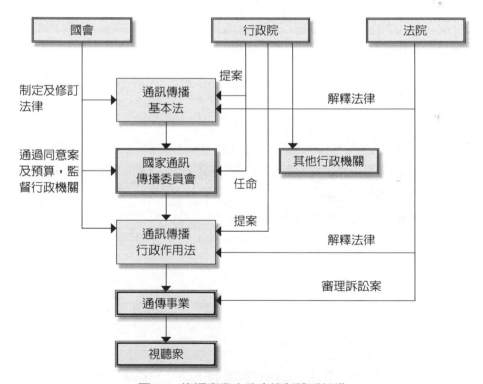

圖1-4　傳播事業之政府管制體系架構

 ## 第三節　法律與道德——傳播自律

　　道德一直與社會秩序、法規範不可分，自古以來道德本身即是一種不成文的柔性規範。但隨著社會變遷，在尊重價值多元化及全球化趨勢下，道德規範在世人心目中，愈加帶有「個人化」與「地理區域性」的侷限觀點，而這正是一個多元民主自由社會所以發展的基礎。

　　法律與道德最大的區別在於規範的強制力基礎不同，在日益複雜分工的現代社會中，法律的制訂愈來愈形式化與技術化，更有所謂「專家立法」的趨勢，這使得法律與道德的分離成為現代社會的特色。這也常引起「惡法亦法乎？」的實證法與理性法之法理論辯，當我們尊重每一個人對其道德規範之個別詮釋自由時，仍不能否認法律規範之形式化，且法之效力並不取決於其內容是否與道德或理性規範一致（王海南等，2001：97-103）。

一、傳播倫理推理

　　民主政治賦予新聞傳播界以關鍵性的角色，在傳統的民主國家，教育和新聞是自由社會賴以維繫的支柱。暢通的輿論被視為是一種有力的武器，是法治政府的基礎。

　　由於新聞傳播界的特殊地位（一般稱之為啟蒙功能），如果沒有崇高的道德理念，傳播業將難以為大眾服務，甚至會變得十分危險，故而社會各界均期許新聞界能嚴予自律。

　　新聞自律是一種反求諸己的道德自省，新聞自律是如何運作，如何檢驗呢？哈佛大學神學院的拉爾夫・波特博士（Ralph B. Potter）設計出一種被稱為Potter Box的道德推理模式，透過分析「定義」、「價值」、「原則」、「效忠」四個問題，可推論某個事件或問題的處理是否符合道德要求。我們可以藉此來檢驗新聞媒體，新聞工作者亦可藉以建構其行動指南（Christians, C. G., 1998: 1-20）。

　　以2007年4月12日高雄市壽山動物園鱷魚咬斷人臂事件為例❸，運用Potter Box檢視媒體對於刊登現場照片的選擇。首先定義事件，列出新聞事件事實，俾更瞭解其中問題。其次識別價值，例如本案例之尊重生命、遵守法令、新聞價值、滿足民眾知的權利等各類價值觀。當相互競爭的各種價值觀都是合理時，則進入第三步驟，即訴諸倫理原則，提出一個倫理原則來協助作判斷。最後，也是最重要的決定關鍵，當各種道德責任同時出現，而需立即抉擇時，要忠實於何種道德責任，將是最後的重要問題。分析如圖1-5。

　　各個新聞媒體都宣稱自己是可信的與忠誠的，但在現實社會中，媒體因為時間壓力，往往在確認了價值觀後，就作出決定。Potter Box提供吾人一種評價處理新聞個案的價值觀和倫理原則的機制，透過瞭解道德分析的因素後，可提高我們對媒體倫理的論辯基礎，一個想在倫理上作出合理結論的新聞工作者或傳播機構，不能僅僅訴諸職業價值觀後，就作出決定，或僅在與職業價值觀相應的倫理理論中進行爭辯。

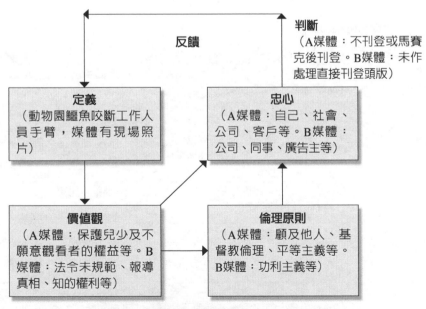

圖1-5　傳播倫理推理模式（Potter Box）

資料來源：Christians, C. G., 1998.

二、傳播倫理與道德責任

較常見的傳播倫理原則有五種，我們可用此來檢驗新聞從業人員作出報導或行為的價值觀。摘要簡介如**表1-3**。

當面對道德抉擇時，許多時候不是那麼不證自明的，且常常需要面對此權利與他權利間的衝突，此時要自問的是道德責任的歸屬為何，應效忠於誰？是個人良心、閱聽人、組織或廣告主？實務上，傳播工作者要面對的道德義務或責任可分為五類：

(一)對自我的責任（個人道德）

傳播工作者自身的良知與道德觀，往往是最直接與本能的最佳選擇。換言之，很多時候最後的行為動機，是為自身的利益效忠（實現對自我的責任）。

表1-3　五種傳播倫理原則

倫理原則		主要觀點	傳播倫理實踐
中庸之道	亞里斯多德（Aristotle）	認為每種美德都有其相應的兩項缺點：過與不及。美德是在兩個極端的中間部分	避免極端、平衡報導
基督教倫理	聖經	尊重所有人的尊嚴，以仁慈、無私的愛關懷他人。兄弟之愛	不侵犯隱私、妥善處理暴力或色情議題
斷言律令	康德（Immanuel Kant）	人類應該依照放諸四海皆準的原則行事	不欺騙、不造假
功利（效益）主義	密勒（John Stuart Mill）	「最多人的最大幸福」是人類行為的原則	面對選擇時，選擇利益最大或損害（失）最小的作法
平等主義	羅爾斯（John Rawls）	在「無知之幕」之後做出的決策，才是真正平等，符合正義的決策	無偏見的公平對待、優先考慮保護弱勢權益

資料來源：整理自C. G. Christians，1998。

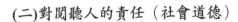

(二)對閱聽人的責任（社會道德）

自從美國霍金斯委員會（新聞自由委員會）於1947年倡導「社會責任論」後，要求媒體作出有利社會且負責任的決定，成為重要的社會期待。

(三)對雇主或組織的責任（工作倫理）

現今媒體行為是一個有組織的集體創作，媒體企業均有其組織宗旨，明確定義組織經營行為，反應組織的外在目標與內在價值觀。以商業電視臺與公共電視臺而言，其經營策略有所不同，連帶影響其從業人員之行事亦可能有差異。

(四)對專業領域中同事的責任（專業道德）

雖然新聞傳播事業是否是一項專業，仍有待商榷，但媒體從業者重視同業工作同事之共同專業承諾或報導標準，專業的默契與認同感，讓媒體產業分工日細的各個專業領域，愈加重視同業的作業習慣與責任感。這也造成同一個組織中不同部門，例如節目部、新聞部與業務部各有不同的價值觀。

(五)對廣告主的責任（商業道德）

在商業壓力下，對廣告主或財政支持者的特別義務，不可避免的成為媒體組織或從業者決策時必須考慮的責任。

面對日益競爭與複雜的媒體產業環境，如何謹守專業的倫理，作出合適的道德抉擇，在一項針對美國資深的媒體從業者所做的調查，顯示其在前述五項道德中，認為應以對閱聽人的責任為首，其次為對自身良知的責任、對其他商業媒體的責任、對廣告主的責任，最後才是對組織的責任。

　　我國在實務運作上，媒體從業人員以滿足民眾知的權利，即是對閱聽人負責，其實二者並不恆等，且民眾知的權利並非至高無上的價值，當其與國家安全、個人隱私、兒少權益衝突時，媒體從業人員仍應作道德判斷。至於從業人員面對媒體倫理議題與組織之決策相衝突時，應如何自處？首先，媒體從業人員應要求針對新聞專業價值問題與上層作對話，其次應不要先自我審查或設限，最後再嘗試尋求改變結構或組織運作的可能性。

三、媒體自律與他律

　　社會秩序的維持有賴五種力量多元的組合，即產業內部自律、外部自律、社群輿論、市場反映及政府規範。此於媒體規範類型上，可再區分為三律機制，即自律機制、他律機制與法律機制，三律並行，形成共管機制（co-regulation）。

(一)媒體自律

　　指由業界而非政府、社群或市場的力量來控制媒體日常行為及表現。

1.內部自律：媒體本身之自律規範，如我國公共電視臺之節目製播準則。
2.外部自律：媒體產業公會自律組織規範，如衛星電視公會自律規範。

(二)公民社會他律

　　指來自於民間文化社群對媒體自發性的監督，或來自於媒體消費市場的集結力量。

1.社群輿論：民間他律機制發揮制裁力量，多賴第三部門隨時觀察

與反映,如臺灣媒體觀察教育基金會定期發表其媒體觀察報告。

2.市場反映:消費者直接反映,以關機、轉臺、申訴表達其最直接的意見。

(三)法律制裁

指政府以實證法所形成之直接規範,為具有強制力的他律機制。

如果我們以法律社會學來分析媒體規範制度,得以Kennth S. Rogerson的規範過程模式(RPM)(Rogerson, Kennth S. 1998, 15: 427-444;何吉森,2000:37-53)加以說明,如圖1-6。

首先,依RPM模式,媒體產業所形成的功能性社會中,其主要規範路徑有二:內向途徑和外向途徑。在媒體產業的內部規範方面,多數國家皆採集中模式,即以一個特定的團體或組織集中處理節目或廣告自律案件,如加拿大「廣播標準協會」、美國「國家廣告審議委員會」、法國「廣告檢查諮詢局」、義大利「廣告自律學會」、南非「廣告標準局」、日本「廣告審查機構」、新加坡「廣告標準局」等,渠等對產業成員的懲治力,多能發揮一定之效果,而為世界主要國家對節目或廣告規範的主要方式,如圖1-6之A以較黑之粗線表現。而外向路徑,則為媒體產業在自律機制無法推行時,傾向將案件及相關證據移請行政主管機關處理,如圖1-6之B。

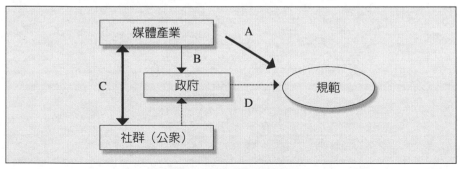

圖1-6 媒體規範過程模式

資料來源:何吉森,2000。

其次，代表消費者的目標社群，面對不妥之節目內容或虛偽不實之廣告，除要求政府介入，以法律去建立或鞏固消費者社群的安全及道德、倫理要求外。民間媒體監督機制或消費者團體會受消費者委任或主動從事調查，代表視聽眾或消費者直接向功能性社會之廣告主、廣告商或媒體發動輿論批判或提起集體訴訟，媒體產業為尊重消費者主權多能迅速的予以正面回應，對不良節目或廣告之抑制有所助益，如圖1-6之C以較黑之粗線表現。

最後，雖然規範的主要來源為國家，但因為媒體產業之自律發揮功能，消費者團體亦隨時監視廣告產業之活動，所以政府的規範力可備而不用，如圖1-6之D。

與前述世界主要國家媒體規範模式不同，我國媒體規範模式如**圖1-7**所示。首先，在媒體自律方面，我國雖亦有許多媒體或廣告自律準則，惟屬多元式自律機制，自律成效不彰，在規範體系中，此部分可說是形同虛設，如圖1-7之A。其次，雖然我國民間社群對於媒體不當報導造成社會亂象，自1990年代後出現多個媒體觀察組織，如臺灣媒體觀察教育基金會、閱聽人媒體監督聯盟等，但由消費者團體依《消費者保護法》進行消費集體訴訟之情形少見，且民眾直接對媒體提起節目不妥之申訴，雖有制度，但尚待努力，如圖1-7之B以細線表示。

最後在政府規範方面，我國媒體內容與廣告法規可謂完備，並能與我國媒體產業之發展趨勢相配合。雖然不良節目或廣告有應規範的理

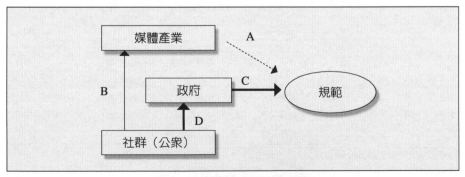

圖1-7　我國媒體規範過程模式

資料來源：何吉森，2000。

由，惟政府如企圖代替市場機制本身，將使消費者欠缺培養理性判斷的能力，對其自我實現目標的達成將有妨礙。此或爲我國消費者意識覺醒緩慢，媒體自律功能不彰的原因。圖1-7之C及D以粗黑線表示，正足以說明我國媒體規範模式多賴政府方面機制，及民衆習慣直接將媒體問題丟給政府之缺陷。

民主社會之法制建構應以強化公民自治能力爲終極目標，所有政府機構都應只是輔助者，對涉及公民切身生活的事項，特別是關於思想與文化層面的事務，是公民自治的核心範疇。節目內容如侵害到文化社群倫理與道德，廣告如涉及虛僞、不實或詐欺，固應由媒體、廣告主、廣告商共同負其相關責任，但節目、廣告應受言論自由保障適用之見解，已爲法律學界之共識。在規範時，消費者及媒體產業於消極方面應防範自主空間遭受侵害或干擾，積極方面則應擴充自治知能，取代政府機構之代管職務 （石世豪，2000：261-264）。

四、媒體自律與傳播法之關係

電視頻道節目內容與廣告之規範涉及媒體新聞自由與編輯自由之議題，其中「新聞自由」之保護，向爲國際人權組織重視，「無國界記者組織」與美國「自由之家」每年均發表全球性的新聞自由度調查報告，各國政府對大衆傳播媒體的規範，莫不謹慎從事。

對廣播電視之規範，無論從結構面或行爲（內容）面觀察，廣電模式（broadcasting model）均較自由報業模式（free press model）及電信模式（common carrier model）高，相關規範理論，如普遍出現理論（強調廣電訊號之深入家庭，侵害隱私）及特別影響理論（強調廣電節目及廣告對兒少之影響），亦支持政府對廣電內容所作規範之正當性。

然而，亦如所有對媒體行爲干預的前提，各種手段均應符合公共利益（public interest）之要求，而所謂「公共利益」，具體而言可以自由、平等及秩序等管制政策目標（或價值）來加以說明，據此衍生之管制標準與手段，如**表1-4**。

表1-4　傳播媒體管制目標及其標準體系表

管制政策目標（價值）	主要管制標準	衍生管制標準	手段
自由	確保個人意見表現	充分呈現正反意見	更正、答辯權
		貫徹媒體接近使用權	開放個人或政黨競選廣告
	提供多元內容	節目類型多元化	節目時間比例
		防範商業機制過度影響媒體內容	節目廣告化的禁止
		促進文化多樣性	少數族群文化內容的保護
	落實近用媒介內容	實現公共論壇理念	設置公用頻道
平等	確保內容客觀、真實	保障消費者利益	廣告管理
	平等近用媒介權	確保政治意見平等表現	要求客觀、中立呈現不同意見
		媒介工作權及維護	以積極行動貫徹工作權平等
	維護知的權利	政府資訊的近用	資訊公開
秩序	維護國家安全	國家機密維護	機密維護
		政令宣導	指定播送
	維護社會秩序	維護公共秩序或善良風俗	節目分級
			對司法事件或其人員評論之限制
		維護兒童及少年身心健康	猥褻或暴力內容之禁止
	保障個人權益	避免侵害名譽	誹謗、妨害名譽之入罪
		維護個人隱私	隱私權侵害之賠償
	保存本土文化價值	本土節目內容的保護	本國節目自製率
	實現媒體專業理想	編輯室自主權	所有權與經營權分離
		自律規約	自律與內部控管制度

　　然而，政府之實證法律規範是否為最佳的手段？經濟學者寇斯（Coase）認為，對媒體行為如無外在干預之交易成本，媒體產業自然會在消費市場機制上形成最佳且最有效率之自我規範方式。但同為產業經濟之學者布坎楠（Buchanan）主張，一個明確而可依循的遊戲規則，更能讓媒體業者將之納入其內部成本，並有效運作。這不僅是法律經濟學的議題（熊秉元，2002：105-130），也是長久以來政府與媒體共同關切的問題。

　　媒體自律係媒體組織之內部自我拘束，媒體自律規範的範圍大於傳播法的規範範圍，傳播法的規範是媒體自律的最低規範要求，兩者在功能上可能互補，在內容上亦有交集。如果媒體均能恪守其內部的自律規

範，而代表各種不同利益的消費者社群亦能有效發揮監督、制衡媒體的力量，則政府在媒體規範過程中的角色，就可以限縮到最小。政府只要明訂其可能介入規範的標準與時點（即劃出紅線），範圍外的事項則由媒體以自律方式回應消費者之需求。

 ## 第四節　言論自由與傳播權

　　鑑於言論自由及由其衍生之傳播權為傳播規範之最基本權利，亦是《憲法》所保障之基本權，行政機關針對言論自由（特別是言論內容）所為限制措施之法規範的違憲審查，均被要求以最嚴格之審查標準處理，俾確保此項規範意旨之貫徹❹。爰於第一章對此作基本論述。

一、《憲法》保障言論自由之基礎理論

　　言論自由係指人民有表達其個人之價值判斷或轉述事實之自由，大法官釋字第509號解釋文針對言論自由之目的（理論基礎），明示：言論自由為人民之基本權利，憲法第11條有明文保障，國家應給予最大限度之維護，俾其實現自我、溝通意見、追求真理及監督各種政治或社會活動之功能得以發揮。惟為兼顧對個人名譽、隱私及公共利益之保護，法律尚非不得對言論自由依其傳播方式（如後述之雙軌理論）為合理之限制。對此蘇俊雄大法官有不同意見，其認為言論自由確有：(1)助長個人實現自我；(2)促進民主政治（健全民主程序）；(3)追求真理（實現多元意見）等多重功能。惟是否有促進「監督」政治、社會公意的功能？其認為：此對媒體來說，固不無促進新聞公正報導的作用，但是就人民意見表現之自由而言，恐引起誤導。

　　蓋言論自由既攸關人性尊嚴此項憲法核心價值的實現，在多元社會的法秩序理解下，國家原則上理應儘量確保人民能在開放的規範環

境中，發表言論，不得對其內容設置所謂「正統」的價值標準而加以監督。從而針對言論本身對人類社會所造成的好、壞、善、惡的評價，應儘量讓言論市場自行節制，俾維持社會價值層出不窮的活力；至如有濫用言論自由，侵害到他人之自由或國家社會安全法益而必須以公權力干預時，乃是對言論自由限制的立法考量問題，非謂此等言論自始不受憲法之保障。故若過分強調其監督政治、社會活動的工具性功能，恐將讓人誤以為憲法已對言論內容之價值做有評價，甚至縮限了對於言論自由的理解範圍。準此，吾人固不否定言論自由確實具有促進政治社會發展之功能，但是應注意並強調憲法保障言論自由之意旨，並不受此項工具性思考所侷限，更不應為其所誤導。

對此，作者贊同不應將言論自由之意旨，作過多工具性之思考，而應從人類最基本之「我思故我在」之哲思來瞭解言論自由，是以個人認為，助長個人實現自我，才是言論自由最重要的核心價值。

二、新聞自由與廣電自由

(一)新聞自由

◆新聞自由與言論自由之異同

新聞自由指在政府或媒介所有人未加限制的情形下，得自由經由媒介傳播觀念、意見與資訊的權利。《憲法》第11條明定人民有言論、講學、著作及出版之自由。通說據此認為新聞自由係言論自由之一種，但亦有採獨立說者，依據出版（press）之現代意義，認為新聞自由為《憲法》明文保障之基本權利。

延續前述言論自由之理論基礎，兩者基於新聞之第四權理論而有差

異：

1. 言論自由之目的在助長個人自我實現；新聞自由之目的則在監督政治或社會活動。

2. 言論自由為人民基本權利，而當言論侵害他人權利時依法得限制之；新聞自由為制度性或工具性權利，其目的在為追求公共利益而存在，故有「監督」政治，形成社會公意的功能，新聞自由於其執行功能卻有背公益，如出現對個人名譽、隱私權及公共利益造成侵害時，得予以限制之。

3. 言論自由屬於一般人民，為《憲法》保障之基本權利；新聞自由之歸屬，通說認為新聞自由是機構性的權利，非個人權利，因此，享受新聞自由權利的主體是新聞媒介（媒介所有人及新聞從業人員）非一般民眾❺。

◆新聞自由之內涵

新聞自由之內涵，於歐、美相關論述，包括：

1. 出版前不需請領執照或特許，亦不需繳納保證金。
2. 出版前免於檢查，出版後除擔負法律責任外，不受干涉。
3. 有討論及批評政治的自由。
4. 政府不得以重稅或其他經濟力量迫害新聞事業，亦不得以財力津貼或賄賂新聞事業。
5. 政府不得經營新聞事業。
6. 自由接近消息來源，加強新聞發布，保障採訪自由。

通說認為新聞自由至少包括：設立傳播媒體之權利、蒐集資訊之權利、不透露資訊來源之權利、編輯之權利及傳播或散布之權利。

我國解除戒嚴後，廢除《出版法》並持續開放媒體申設，新聞自由已有大幅進步。未來努力的方向，應在工作自主權方面，如落實編輯室民主（公約），由新聞從業人員選出總編輯及新聞部門主管，自主決定編輯政策方針等；及強化採訪報導權，如推動政府資訊公開等陽光法

案，以確保意見及資訊多元化。

(二)廣電自由

　　大法官釋字第364號解釋，明示以廣播及電視方式表達意見，屬於憲法第11條所保障言論自由之範圍。為保障此項自由，國家應對電波頻率之使用為公平合理之分配，對於人民平等「接近使用傳播媒體」之權利，亦應在兼顧傳播媒體編輯自由原則下，予以尊重，並均應以法律定之。

　　廣電自由之意義在強調資訊自由，即承載資訊之管道有自由流通不受妨礙之狀態，包括設立自由、採訪自由及編輯自由等，然而由於廣電媒介之即時性與滲透性，及聲光影像效果之強大影響力，各國針對廣電媒體之設立、組織結構、營運及內容表現，賦予行政監理機關較諸平面媒體更多的管制權限，顯見廣電自由不能以一般自由權視之（李惠宗，2001：69-71）。

三、傳播權

　　聯合國《公民權利和政治權利國際公約》第19條明定：一、人人有權持有主張，不受干涉；二、人人有自由發表意見的權利；此項權利包括尋求、接受和傳遞各種消息和思想的自由，而不論國界，也不論口頭的、書寫的、印刷的、採取藝術形式的、或通過他所選擇的任何其他媒介；三、本條第二款所規定的權利的行使帶有特殊的義務和責任，因此得受某些限制，但這些限制只應由法律規定並為下列條件所必需：（甲）尊重他人的權利或名譽；（乙）保障國家安全或公共秩序，或公共衛生或道德。一般認為此即是普世公認之傳播權內涵。

　　「傳播權」（communication rights）關繫人民基本權中的言論自由精神，涵蓋社會權與文化權的雙重概念。學者指出，在社會權方面，應知社會福利權利不僅在物質的滿足，還包括公民能力的培養；在文化權

方面，則因為人們進行某種意見及資訊表達時，便是一種文化的再現（管中祥，2004：20）。所以「傳播權」的意義，不只是被動接收各類資訊或解讀訊息能力，亦是一種得以參與傳播過程資訊生產的權利，是現代社會中最基本的公民資格（citizenship）。而傳播權的落實，需要包括媒體識讀、社會運動、公共基礎建設等設置，以及普及服務與接近使用權等相關法規之建立。

　　傳播權的概念近年來在社會弱勢族群領域逐漸受到關注，尤其在兒童、原住民族及身心障礙者的範疇。在兒童傳播權方面，聯合國《兒童權利公約》揭櫫享有健康的傳播環境是兒童的基本人權，強調兒童傳播權之內涵，包括保護、供給、教育及參與等面向，政府及媒體應提供有利兒童的資訊、活動與環境。在原住民族傳播權方面，聯合國《原住民族權利宣言》宣示各國政府應鼓勵媒體反映原住民族文化多樣性，原住民族有權建立使用自己語言的媒體。在身心障礙者傳播權方面，《身心障礙者權利國際公約》第9條提到身心障礙者有權生活於一個無障礙的社會，享有無障礙的資訊、通訊和其他服務。我國《身心障礙者權益保障法》亦要求通訊傳播主管機關應規劃、推動及監督身心障礙者無障礙資訊和通訊技術及系統、通訊傳播傳輸內容無歧視等相關事項（國家通訊傳播委員會，2009：1）。

　　現今有關兒童、原住民族及身心障礙者傳播權的思潮，已逐漸從學界的論壇發展到目標團體的自發運動，政府及傳播媒體宜予重視。

四、言論自由保護之相對性

　　言論自由非絕對的權利，有其界線與限制，我國對言論自由之限制基準，應從《憲法》第23條之要件分析，即對人民基本權利之規制，須符合下列三要件：

　　1.須符合四個規範目的：
　　　(1)防止妨礙他人自由。

(2)避免緊急危難。

(3)維持社會秩序。

(4)增進公共利益。

2.應以法律限制（但不能剝奪）之。

3.須有限制之必要性（符合比例原則）❻。

言論自由之限制，重點在如何訂出言論自由之界線標準，美國對言論自由採較寬之標準，聯邦最高法院對言論自由之限制基準，曾試圖尋找統一之判別基準❼，其中以明顯而立即危險原則（clear and present danger test）較常被引用，該原則承認言論受保護，但應視言論時所處之環境及其性質，是否有造成明顯且即刻之危險而定。由於統一判別基準，均有其缺點。其後，法院則漸採具體個案之分類管理審查原則：

(一)區分言論之種類而給予不同程度之保障評價

如政治性、學術性言論多被認爲屬高價值（high value）言論；而商業性言論、煽情性言論則屬低價值（low value）言論。我國大法官釋字第414號解釋，亦採此見解，將言論先予以類型化，而後定其得限制之限度。其理由書認爲：「言論自由，在於保障意見之自由流通，使人民有取得充分資訊及自我實現之機會，包括政治、學術、宗教及商業言論等，並依其性質而有不同之保護範疇及限制之準則。其中非關公意形成、眞理發現或信仰表達之商業言論，尚不能與其他言論自由之保障等量齊觀。藥物廣告之商業言論，因與國民健康有重大關係，基於公共利益之維護，自應受較嚴格之規範。」

(二)區分言論傳播之方式而給予不同程度之保障評價

如美國1974 Miami Herald Publishing Company v. Tornillo案，對報紙之言論傳播，因其歷史特性而給予更高的言論自由；而1969 Red Lion Broadcasting Company v. FCC案，對無線廣播電視之管制，基於資源稀有與特殊影響等因素，則採較嚴格之審查標準。我國於1999年廢除《出版

法》，但《廣播電視法》無論在結構、營運及內容方面則均呈現高度管制之趨勢。

(三)區分對言論內容及非關言論內容之限制而給予不同程度之保障評價

此整合性原則，即雙軌理論（the two-track theory）又稱「內容區別」（content distinction）制。雙軌理論將政府限制言論自由之規制措施區分為「針對言論內容的規制」與「非針對言論內容的規制」，如圖1-8。

「針對言論內容的規制」依其言論類型分別採取不同之審查標準。「非針對言論內容的規制」則分為象徵性言論及與言論表達有關的時間、地點、方法之規制兩類。

象徵性言論指表意行為中之非表意效果，如脫衣舞、與蛇共處一室。對象徵性言論之合憲審查有四項要件：(1)規制權力是否《憲法》賦予；(2)規制能否增進政府重要或實質的利益；(3)所增進之利益與限制言論自由是否有關；(4)規制對言論自由造成之限制是否超過追求實質或重

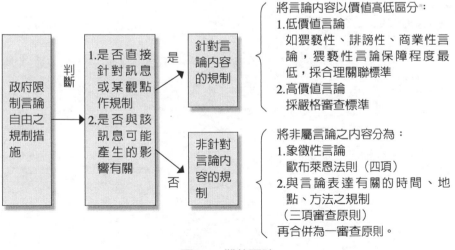

圖1-8　雙軌理論

資料來源：林子儀，1999。

要政府利益之必要程度。以上四項審查原則，因係於美國聯邦最高法院 United States v. O'Brien一案中（391 U.S. 367 (1968)）被提出，又稱「歐布萊恩法則」。

對與言論表達有關的時間、地點與方法的合理規制，審查標準有三項要件：(1)不涉及言論表達的內容；(2)可增進實質政府利益；(3)尚留有許多其他表達言論的管道。

學理上為何要對以內容區分之兩種不同規制模式採取不同的審查方法？為何要以嚴格標準審查針對言論自由之規制？核其論點主要為（林子儀，1999：133-196；法治斌，1994：67-86）：

1. 平等保障言論表達原則，不作差別待遇。
2. 言論自由保障觀點：防止政府對公眾討論的扭曲、防止政府不當的動機及防止家長主義或防止不能容忍異見。
3. 公共選擇理論的觀點：如對言論內容作規制，將使大眾之選擇受限制。且管制無效率，成本亦高。

問題討論

一、法律規範常有不清楚、不確定或疏漏情形，應運用何種方法來解決？

二、新聞從業人員有五種隨時會面對的道德責任，你認為何種應為首？何種可居末？

三、區分新聞自由與言論自由之異同之意義為何？

注釋

❶相較於大陸法系，英美法系之法規範特色，係具體存在於先例中，法官需
探求同類型事件之先例，以重要事實（事實類型）是否同一為問題核心，
由承辦法官採取歸納之方法為之。如無先例，則允許法官憑自己學識經驗
來制定新的規範（法官造法）。為補助判例之不足而將判例成文法化，但
條文欠缺抽象性，非常具體詳細。且是片斷存在，無一套體系。如契約
法、侵權行為法、財產法、家屬法等，無民法典之體系。其優點為具體成
長的可能性，缺點則為案例之大量性與複雜性，需以制定法輔之，如美國
之《統一商法典》。

❷在平面媒體方面，原規範出版報紙、通訊社、圖書、雜誌及有聲出版品等
出版事業的《出版法》，已於1999年廢止。

❸2007年4月12日高雄市壽山動物園組長張博宇遭鱷魚咬斷手臂，《蘋果日
報》、《聯合報》、《中國時報》將鱷魚咬斷臂的血淋淋照片直接刊登在
頭版，引起朝野立委同聲譴責，媒體觀察教育基金會亦呼籲三家報紙公開
道歉，並聲明不貳過。

❹對《憲法》基本權利是否合憲之審查，依其「目的」、「手段」是否合憲
判斷，其標準之寬嚴可區分有三：
(1)合理關聯性審查基準（最寬）：初步探查政府之措施所追求之利益是否
為「合法」（如符合公共福祉、社會秩序維護之目的），手段與目的是
否有「合理關聯」。此多為社會或經濟性措施。凡涉及之基本權利與民
主程序無關者多用此標準。如有線廣播電視之資本額限制。
(2)中度審查基準（適中）：再探討政府之措施所追求之利益是否為「實
質重要」，手段與目是否有「實質關聯」（是否為實質重要之政府利
益）。凡涉及平等、弱勢保護等限制議題多採此標準，如性別不平等議
題，讓原住民或客家族群取得媒體經營權。
(3)嚴格審查基準（最嚴）：最後深究政府之措施所追求之利益是否為「急
迫且重要」，手段是否為達成其目的之必要且最小的手段。凡與選舉、
言論自由，民主程序有關之基本權利，均採此嚴格標準，如對大陸節目
之事前審查。

❺多數學者認為新聞自由是機構性的權利，非個人權利。其內涵如下表，
表中所述人民之新聞自由功能，為傳播法所追求之外在多元（external
pluralism），強調媒體環境能提供民眾多樣的消息來源，此種媒介多元、

觀點多元於法僅是反射利益，不能作為人民擁有新聞自由權之論述依據。

新聞自由的歸屬	新聞自由的內涵	新聞自由的功能
媒介所有人	免於新聞檢查及不公平稅制	經營自由；刊播或不刊播新聞觀點的自由
新聞工作人員	免於國家、所有人及外界干涉	專業自主權；自由選擇、蒐集、報導與編輯新聞的自由
一般民眾	免於選擇的缺乏及新聞觀點的偏差	意見多元；選擇、收視與表達各種資訊與觀點的自由

❻所謂比例原則，即要求行政機關應斟酌手段與目的之衡平，其內涵包括：(1)適合性原則（妥當性原則、目的取向），用以檢驗行政措施是否能有效達到目的；(2)必要性原則（最小侵害性原則）；(3)狹義比例原則（法益衡量原則）：用以檢驗手段與目的相當。

❼美國聯邦最高法院針對言論自由之限制界限，試圖尋出一可適用之通則，如：(1)惡劣及危險傾向原則（bad and dangerous tendency test），認為「一種言論，只要在合理之推斷，具惡意或危險之傾向，即可予以處罰，不必等到實害之發生」。此原則因過於強調行為人之主觀意圖而不被採用；(2)明顯而立即危險原則（clear and present danger test），該原則承認言論受保護，但應視言論時所處之環境及其性質，是否有造成明顯且即刻之危險而定。此原則為40至50年代之言論自由限制基準，但因判斷之彈性大而逐漸沒落；(3)優越地位原則（preferred position balancing），認為言論自由屬於優位地位之自由，法院應先推定該法為違憲，使政府機關負有舉證責任，證明該法並未違憲。此原則因有害法的適應性，助長機械法制，且認定模糊而不再被採用；(4)逐案權衡利益原則（ad Hoc Balancing of Interests test）；(5)明顯而可能危險原則（clear and probable danger test），認為言論之社會價值須時常隨著其他價值而考量，應衡量危險之重要性（整體之公共利益）與言論自由之比較利益，用以決定政府能否對其言論為禁止；(6)煽動立即非法行動原則（incitement to immediate action standard），法官認為構成「煽動立即非法行動」須發表言論有主觀上之煽動意圖、使用之語言於其情況下可能造成立即不法行為、使用之語言於客觀上足以產生鼓吹與煽動。

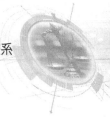

參考書目

一、中文部分

王海南等（2001）。《法學入門》。臺北：月旦。

石世豪（2000）〈從醬缸文化的大眾到有情有義的公民——積極安排自己的媒體環境〉。《邁向公與義的社會》。

何吉森（2000）。《網際網路內容管制與其過程之初探研究——以台灣為實例之探討》。銘傳大學傳播管理研究所碩士論文。

林子儀（1999）。《言論自由與新聞自由》。臺北：元照。

法治斌（1994）。《人權保障與司法審查》。臺北：月旦。

李惠宗（2001）。《中華民國憲法概要——憲法生活的新思維》。臺北：元照。

管中祥（2004）。〈閱聽人的傳播權〉。《媒體識讀》。臺北：正中。

劉得寬（1988）。《法學入門》。臺北：五南。

翁秀琪、蔡明誠主編（1992）。《大眾傳播手冊》。國立政治大學新聞研究所。

熊秉元（2002）。《天平的機械原理》。臺北：元照。

國家通訊傳播委員會（2009）。《數位匯流下身心障礙者電視近用服務政策》。委託社團法人中華民國口述影像發展協會研究報告。

二、英文部分

Christians, C. G. (1998). *Media Ethics: Cases and Moral Reasoning*. Addison Wesley Education Publishers Inc.

Rogerson, Kennth S. (1998). Internet regulation process model: The effect of societies, communities, and governments. *Political Communication, 15*, 427-444.

第二章　我國有線電視經營之法規與現況分析

國立臺灣藝術大學廣播電視學系講師

許北斗

摘要

　　德國社會學家韋伯（Max Weber, 1864-1920），在描述資本主義社會崛起的概念中，述及「理念、精神上的利益、物質上的利益」為其三元素。

　　《有線廣播電視法》在立法之初與歷次修法之際，均可見濃厚的「媒體理念」與希望帶給閱聽眾「精神上的重要利益」。卻排斥經營媒體產業所能獲得的「物質上的利益」。但這些理念與精神利益，在實務上卻又不敵業者的營運能力，以致最後導引出自相矛盾，甚至難以推動數位化的法規死結。

　　國家通訊傳播委員會已將最新修訂之《修正草案》（99年10月5日）送至行政院，101年2月16日經行政院通過，於3月12日送交立法院審議。但至今審議仍無進展。本文刊登時，希望新法已過，則此將成為歷史文件。

　　韋伯說：「不是理念，而是利益在支配人類的行為。但是理念卻是決定利益的方向。」希望此後，媒體產業得以有正確發展的機會。

第一節　前言

　　我國《有線電視法》係於民國82年8月11日，經總統令制定公布全文71條，而後於民國88年2月3日修正全文76條，並改名稱為《有線廣播電視法》，據以實施至今。其間亦經過民國89年，修正公布第3條條文；民國90年修正公布第19、51、63條條文；民國92年修正公布第16、19、23、39條條文；同年，12月24日又修正公布第19、20、24、68條條文及增訂第37-1條條文；民國96年增訂公布第35-1條條文。

　　綜觀從立法之初迄今，現行法規政策與管理概要，主要係因臺灣有

線電視產業發展和其他先進國家發展歷程差異甚大，甚至可形容為「產業在先，立法落後」。尤其過去二十年，適逢廣播電視工程與製作技術由類比訊號世代逐步發展為數位時代，產業面由無線廣播電視電臺主導轉型為數位有線系統平臺當道。而這期間臺灣政治由威權統治大步邁向民主法治，媒體事業由管制到開放，進而到國際化市場發展。如此就更顯得法令難以因應產業發展的變化與社會結構的演化。事實上，有線電視產業之中央主管機構——NCC（國家通訊傳播委員會）近年來提出若干有關營運管理的法規修訂，但由於現有產業結構與市場運作已形成穩定模式。雖有些許不正常發展與違背自由市場法則之現象，要藉由修法以改變現況，如果未有特殊作法與魄力，恐怕短時間內難以達成。

其實在本法立法之前，主管機關亦曾委託專家學者，赴美、日、歐洲諸先進國家，考察各國有線電視制度與營運狀況。亦曾就考察所得提出許多建言與發表論文研討。而在立法過程中也參考採用若干作法，但其中最重要之分級付費制度，卻因「第四臺」業者已將所有頻道，採同整壓縮、傳送，以單一費率收視模式營運。以致影響到後續頻道定頻、頻道收視權利金、頻道分組付費等關鍵性問題無法得到合理化設計。同時也使得消費大眾長期習於此單一付費，即可收視全部頻道之模式，造成數位化之中，隨選視訊（Video on Demand）、分級付費等業務特性難以推動，以致完全數位化之進程推動緩慢，壓縮網路電視（IPTV）之發展。

依據民國101年3月12日，國家通訊傳播委員會（NCC）將最新修訂之《有線廣播電視法》，送至立法院審議之版本內容中，已很清楚地見到政府確實瞭解推動有線電視全數位化之困難所在。但是主要修法方向中的四項目標：(1)擴大經營區，促進市場公平競爭；(2)創造有利數位匯流之發展環境；(3)消費者受惠，業者獲利；(4)適度調整黨、政、軍退出媒體經營條件。卻不見得是解決目前數位化困境的最佳方案，甚至可能產生打破現有產業的均衡面，又是一次產業結構面的重組變化。固然現行的法規總是為人詬病許多，提出大規模的修法面向是必要的作法，也是嘗試解決政府困境，創造產業發展契機，提升消費者享受數位時代利

基的機會。可是提送立法院審議至今已兩年有餘而仍未通過，其中必有立法院審議法案所受之政治干擾，但打破產業均衡，亦可能是各方於立法院角力之後果。

雖然目前修法未通過，未來仍難判斷修法完成之時日及面貌，本文之法規探究，仍將修法之方向與內容與現行法規綜合比對，希望有益於判讀。

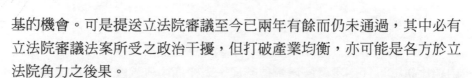

第二節　營運基本法規與定義

有線廣播電視技術發展於二十世紀八〇年代，在此之前均為無線廣播電視事業。此二者之間差異在於：

1. 有線廣播電視之音、視訊品質較優，不受環境、氣候、雜訊之干擾。
2. 無線廣播電視傳播範圍無遠弗屆，可涵蓋較大經營區域。
3. 有線廣播電視受纜線架設之困難與需穿牆入戶，營業與管理成本較高。
4. 與無線廣播電視之免費收視，最大差異即在於有線電視需付費收視、聽。因此，初期發展之有線廣播電視都於城市範圍內發展。而於九〇年代，數位有線電視系統為數位匯流之主要幹線網絡，可涵蓋網路資訊、通信及數位電視。數位無線電視則僅有數位電視內容。

有線廣播事業之發展由於受無線廣播電臺普及、內容多樣化、免費收聽之因素影響，開展迄今仍難以開拓一般大眾市場。目前臺灣僅有一家業者經營，收聽訂戶以營業場所如旅館、餐廳等為主。尤其與有線電視系統之蓬勃發展，已成為臺灣主流收視模式相比，更顯廣播市場之侷限❶。現今無線廣播電臺均採數位模式發射訊號，並同步提供網路收聽。收聽範圍早已超越區域限制。

　　有線電視系統業者在臺灣地區的濫觴，應由民國七〇年代興起違法設立之「第四臺」而來。當時稱之爲「第四臺」，主要針對無線電視僅有三家（臺視、中視、華視）頻道而言。「第四臺」業者利用「社區共同天線」之架設規定，將其營業範圍與營運模式逐步擴張；並引進、運用類比訊號之壓縮技術，衛星訊號下載技術，提供收視戶多頻道節目收視。而這些節目內容多以侵害《著作權法》之方式取得，並隨地形、地貌、建築物之便利架設電纜線，以極低成本非法營運。而收視大眾也得以低廉費用收看眾多國內外電視節目，自然趨之若鶩。全省各地即快速由各地方人士擁區經營，引導爲至今諸多困境之根由。

　　前稱「第四臺」發展至高峰期時，全國除臺北市核心區域及離島地區外，已被百家以上業者劃分區域經營，彼此串聯交換頻道與節目內容。低廉的收費與豐富的內容，吸引大量訂戶，形成龐大的在地有線電視供應體系與侵害著作權的共犯結構。當時政府一方面須面對在野政治勢力透過「第四臺」新聞節目的批判與對立形塑，一方面受到著作權被侵害的外國政府抗議與報復，尤其以美國將動用貿易制裁條款最爲嚴重。迫使政府必須修法（《廣播電視法》第45-1條）強力取締，並因應有線電視產業開發之趨勢而決定訂立《有線廣播電視法》。

　　《有線廣播電視法》草案在擬定初期，對於有線電視產業之發展設定，有過相當長時間的爭議。主要論點在於應仿照美國之特許執照，由業者以競標方式取得地區專屬經營權，或由地方「第四臺」業者申請合法經營。而單一業者獲獨家地區經營權，可避免市場競爭，並以收費與品質管制，要求業者提供良善服務。但如此立法將使本土「第四臺」業者難以爲續，因此朝野拉鋸甚久，最後在立法壓力下，決定以「第四臺」業者就地申請合法之條件爲框架立法。

　　由於在立法期間，朝野政治氣氛緊張，在野政黨憂慮有線電視系統將由執政黨壟斷、把持。因此所設定之中央主管機關爲行政院新聞局，在地方則爲直轄市或縣（市）政府，工程技術管理仍爲交通部電信總局（第3條）。但爲降低中央政府的管理權限，特別設立「有線廣播電視審議委員會」（第8～11條）。主要由學者專家擔任審議委員，負責籌設

與營運之許可、核發與評鑑。如此的立法設計，實為因應當時朝野政治對立之氣氛不得不爾，但也因此種下各方利益糾葛不清，有線電視從此邁入盤根錯節的產業結構，制度難以因應數位科技發展而變革，民眾需付費收視卻難以獲得滿足的內容服務，廣告主在廣告費用的投資難以計算真實回饋，其他大眾傳播媒體遭受市場擠壓等種種併發症、後遺症逐漸浮現。使得必須要深切探究臺灣整體傳播環境的演變與有線電視產業發展的關係。

一、法規用辭定義

有線廣播電視主要以設置纜線方式傳播影像、聲音，以供公眾直接收視、聽之模式，與無線廣播電視藉無線電傳輸不同，因此在內容提供、頻道類別、收付費條件與訊號傳輸技術均有特定規範，茲分述於後：

1.有線廣播電視概分為負責架設纜線、提供內容服務之系統經營者；與製作節目、播放廣告，授權予系統經營者提供內容之頻道經營者，形成上下游供應鏈之營運體系，與無線廣播電視電臺製播合一模式有明顯差異。

2.有線廣播電視系統藉由訊號壓縮技術，可以將多重頻道訊號壓縮由單一纜線傳送，再透過解壓縮技術將其還原為多頻道內容，使用機上盒（Set Top Box）供訂戶選擇視、聽。而由壓縮訊號可產生的頻道，隨著技術不斷精進突破，目前類比訊號可解壓縮至一百個頻道以上，數位訊號壓縮更可提高至六百個頻道，大量多於無線電視同一頻譜中的頻道數量。因此，有線電視營運就形成只繳交基本費用，就可收視之「基本頻道」；需依頻道單獨訂價，額外收費，始可視、聽之「付費頻道」；甚至依收看次數計價之「計次付費節目」等不同頻道類別。

3.有線廣播電視目前之訊號傳輸方式，通常由頻道供應者將節目訊

號送至通訊衛星，供系統經營者之「頭端」機房接收、處理，再經由「幹線網路」在系統之間傳送、接收，最後經由「分配線網路」送至各訂戶家中機上盒選看。

這種纜線傳輸方式，對節目訊號而言安全、穩定，光纖網路化後，因傳輸所造成的訊號衰減更低，收視效果更佳。而且數位訊號之未來即是「數位匯流」後的全數位時代，傳輸訊號到戶的「最後一哩」效應更是經營者獲利的保障。

二、主管機關與審議委員會

《有線廣播電視法》在立法之際，沿用《廣播電視法》之政府管理模式，由中央政府行政院新聞局為主管機關，系統工程技術管理亦由交通部電信總局監督。但由於纜線設置需經由地下管溝或附掛於電信、電力塔、架、幹管上。而且系統經營者之營業範圍亦以地方行政區域為原則，因此設定直轄市或縣（市）政府同為業務主管機關。

由於行政院新聞局在過去政府戒嚴法實施年代，負責主管有關國家安全之言論自由。解除戒嚴令之後，即遭到在野黨諸多批評；又以產、學界希望引入美國「聯邦通訊傳播委員會」（Federal Communication Commission, FCC）獨立機關管理廣播、電視、通訊產業之作法，於是於民國95年於行政院下設「國家通訊傳播委員會」（National Communication Commission, NCC），監理電信資訊傳播產業，為獨立機關。而同時也將廣播電視事業之主管業務由新聞局移至「國家通訊傳播委員會」（第3條）。

最初立法確立中央主管機關為新聞局之時，為降低政府主導新聞媒體之印象，特別立法成立「有線廣播電視審議委員會」。主要負責審議業者籌設與營運之許可或撤銷許可。此外亦負責業者營運後之評鑑，以及調處系統經營者與頻道供應者在節目使用費上之爭議，系統經營者彼此間之爭議等狀況（第8條）❷。

　　「審議委員會」最重要之特色為委員人數十三至十五人，其中學者專家占十至十二人，中央主管機關之交通部與新聞局得派一位官員為委員，另納入行政院消費者保護委員會代表一人，審議相關地區議案時，可邀地方主管機關代表一人。審議委員中，具有同一政黨黨員關係者，不得超過總人數之二分之一；同時在任期中，不得參加政黨活動（第9條）。如此之立法設計，完全是希望廣電事業由專業監督、審核，將政治、政府的影響力降至最低。此外「審議委員會」為確保委員公正客觀之立場行使職權，還訂有相當嚴苛之自行迴避條款（第14條）。暨保障業者對委員偏頗審議及可能之不適格情境，訂有強制迴避條款及重行審議及決議條款（第15、16條）。

　　不過自法規之中央主管機關由新聞局轉移至「國家通訊傳播委員會」後，因專任委員具有傳播、通訊、法律、財經之學者或專家背景。在即將修訂之新版法規中，已決定撤銷「審議委員會」組織與功能，直接由「國家通訊傳播委員會」之專任委員直接負責所有監管業務❸。

第三節　經營法規與其重要規範

　　在法規中有關營運管理的部分，有若干重要的營運模式與規範，包括：以本國人士營運為主；政府、政黨及選任公職人員不得投資、經營媒體；系統經營者之反壟斷規定；營運計畫書之內容重點；有線電視經營地區之劃分原則；系統業者之營運評鑑與必載頻道等，現分述於後。

一、有線電視系統經營者

　　有線電視系統經營者需以本國人營運為主：在《有線廣播電視法》第19條第二項中，明確說明外國人直接及間接所能持有的股份之上限。第20條中也要求中華民國國籍之董、監事不得少於人數之三分之二，且由國籍人士擔任董事長。

　　這樣的條文規範明確說明有線電視產業必須由國人經營管理。事實上這與世界各國的規範亦相同，似乎並無特別之處。但其實美、日等國作此規範之主要理由，在於避免若外國人擁有有線電視系統經營權，可能引進大量外國頻道內容。如此對本國媒體內容與文化表現，甚至影視從業人員之就業機會都有衝擊，故特別將媒體產業與一般產業作出不同規範。更何況我國在此規範中，另外還有中國資金之國安考量。這在第23條中，中央主管機關如認為外國投資者，有國家安全或對公序良俗之不利影響，即可不經審議委員會，逕予駁回其申設，故此條文亦可稱相關規範之「帝王條款」。

　　此外，經仔細研究第19條中對外國投資者股份持有之總數上限，事實上經歷二次修正。第一次為初立法時將直接與間接持有之上限訂為20%；民國92年6月15日之修法將此上限調高至50%；民國92年12月24日再次上修至60%。而就一般股份有限公司組織之認定，凡單一股東持有發行股份總數達50%，即使不擔任名義上之董事長，但實質上已掌握公司實際營運之權力。倘若當初立法之用意即在於如前段所述，那又為何逐次修法將其上限提高至超過50%，豈不等於同意外國人掌握我國有線電視系統之營運？事實上截至目前為止，我國有線電視系統經營者由五大MSO業者掌握，其中多由國外私募基金業者所營運管理，由於「數位匯流」的產業特性，目前正由國內電信業者及資訊相關業者合資併購中❹。

二、黨、政、軍體系不得參與系統經營

　　有關黨、政、軍退出媒體經營係於民國92年12月24日之修正條文中，特別納入廣電三法中。此規範除限定政黨黨務工作人員、政務人員及選任公職人員均不得投資任何媒體外，也限制前述人員之配偶、二親等血親、直系姻親等較親近之眷屬，即便投資媒體亦不能超過發行股份總數之百分之一。並訂有「落日條款」，要求有此投資情形者，需於修正施行之日起二年內改正。如擔任媒體之發起人、董事、監察人或經

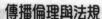

理人，要在修正施行之日起六個月內解除職務。這項修訂規範不可謂不嚴，主要目的即在於排除政府或執政黨掌控媒體經營，操控輿論或社會議題之發展。

此項規範係於早年廣電媒體均為國民黨與政府所投資創設經營，而在野政黨為突破所謂媒體壟斷、封鎖，結合社會、學界力量不斷推動，終於在「政黨輪替」執政後達成修法共識，以致俗稱之「老三臺」——臺視、中視、華視之政府股權完全釋出，由民間業者接手經營。但此項議題在近年因政府持有股權之電信業者，意欲收購有線電視系統經營而又引發討論。目前此修正條文已送至立法院審議，但是否通過或再做修正，仍在未定之天❺。

三、系統經營者之反壟斷條款

依據《有線廣播電視法》第21條之規定，系統經營者與其關係企業，不得直接或間接控制有線電視系統臺達全國總家數之三分之一；或者不得擁有全國訂戶數超過三分之一；若同一行政區之系統業者超過二家以上，亦不得超過總家數之二分之一。此項規定之主要目的在於免除單一業者或全國僅由少數業者壟斷系統臺之經營，以維持合理之市場競爭態樣與保護消費者權益。

「反壟斷條款」之訂定起初頗具美意，認為對保障消費者權益應有相當助益，但是立法時未能精算臺灣有線廣播電視總體市場之經營規模與經濟效益。依照第32條之經營地區劃分原則，將全國劃分為五十一區，每區域容許至多五家業者營運。事實上有線廣電事業等同於水、電、電信等公共服務產業之特性，即「一戶一線」原則，或稱「Last Mile」（最後一哩）。準此特性，任何一家戶其實不會同時接受兩家以上業者共同服務，消費者一經接線入戶後，如需更換業者提供服務，必須另接線路。因此，全國各分區業者在取得合法經營權之後，不出幾年即經併購、協議等整合為集團化經營。彼此間亦於營業區域內劃分服務範圍，形成每區每戶僅一家業者服務之事實，也就喪失「反壟斷條款」

之立法美意。

　　而近兩年因社會氛圍丕變，所謂「反壟斷媒體經營」之目標，已轉向針對併購有線電視系統或頻道經營者之擴張營運。尤其係由反對黨政治勢力所提出「反中」、「反財團」之概念，更使目前經營勢態停滯不前。

四、營運計畫書之主要內容

　　申請籌設、營運有線電視系統臺，需填具申請書連同營運計畫，向中央主管機關提出申設。

　　營運計畫之內容重點需載明經營地區、設置時程、財務規劃、組織架構、頻道規劃、自製節目、收費標準、訂戶服務、工程技術等十多項內容。凡經審議通過，得以營運之業者，未來每三年均需依營運計畫內容接受中央主管機關之評鑑，評鑑未達計畫內容實施標準，中央主管機關得以要求改善營運，甚或註銷營運許可。

　　在營運計畫中有關頻道規劃及其類型的子項中，目前有線電視系統受制於無線電視之必載頻道規定（第37條、第37-1條），以及主管機關所規定的定頻原則（主要頻道內容於各系統臺必須在相同頻道位置，以利於閱聽眾建立收視習慣）所限制。再加上採類比壓縮之有線電視頻道數量有限，臺灣本土頻道與國外衛星頻道已然占滿所有頻道，以致於各地區有線電視系統臺之內容幾乎相同，毫無內容市場之競爭，相對亦排擠其他有意創建或引入新頻道內容之機會。近年來民間對我國電視傳播內容之不滿與批判，其實也與如此「一灘死水」之規定與作法有關。

　　然而數位有線電視之發展，即可透過數位壓縮技術，將頻道總數提升至600頻。依據最新統計資料，目前國內有線電視收視戶已改裝數位機上盒之數量已超過5%，如此已可改變內容市場競爭之態樣。但由於整體收費標準與制度仍未因應修訂，分組計費、單頻付費、計次收費之作法與機制仍未產生。主管機關及頻道業者間對收費標準仍難達成協議，分區消費者亦難以集中創造營運上的經濟效益。倘若短期內不能突破消

費問題，整體產業態樣仍不會有所改變或突破。這段期間網路電視業者若能掌握時機發展，未來數位有線電視之產業前景可能更加有限。

在有關自製節目製播之子項中，要求系統業者應提供符合當地民眾利益及需求之自製節目（第25條第三款），並應免費提供專用頻道供政府機關、學校、團體及當地民眾播送公益性、藝文性、社教性節目（第25條第二款；亦稱公播頻道）。目前這兩類頻道經由系統業者與地方政府成立之公播頻道管理委員會努力經營，但因受限於主要頻道業者之市場擠壓；公播頻道空有理想，缺乏資源；系統業者所屬之傳播集團另有主要頻道營運等原因，雖盡力維持正常營運，但表現與收視效果均難以得到重視。

五、有線電視經營地區之劃分與調整

依據《有線廣播電視法》第32條，中央主管機關會商直轄市與縣（市）政府，審酌行政區域、自然地理環境、人文分布、經濟效益等四項條件與資源後，將全國劃分為五十一個經營區域，每區至多可容許五家業者經營。

在立法之初，臺灣的有線電視系統業者並非全新設立，而是由各地方俗稱「第四臺」之地下業者，經過自行協商整併後，申請合法設立。但是在經過多年的經營過程中，逐漸吸引大型企業集團的注意，透過收、併購等商業交易，由最初合法設立之一百五十六家，至今全國僅有六十家業者在五十一區營業。這代表大多數經營區域僅有一家業者提供服務，少數經營地區至多僅有二家業者營運，已然形成獨家營業，也就失去市場競爭下產生對消費者的利益。同時基於電纜線鋪設「最後一哩」的特性，經營區域內亦再難成立新的業者提供服務。有線電視系統產業只有待全面數位化後，才有可能產生不同技術之網路電視參與服務競爭。

關於有線電視經營區域之劃分、調整四項原則；當立法之時，為加強有線電視事業之地方政府管理權限，已形成割據之勢的「第四臺」，

主要依照地方行政區域內的人文、地理條件與經濟效益，大致劃分為等分。並授予地方政府權限設立費率委員會訂定區域內收費標準。由於各地方不同之經濟發展與都市、鄉村之環境變化，多年來原本等分之區域已逐漸產生人文分布差異，經營之難易與否也已浮現。但由於分布之勢已定，區域調整已勢不可能，未來唯有待企業團體完整收購整併後（新版法規草案中已刪除相關規範，改以行政區域為準），或法律另改才有重新劃分、調整之可能。

依據民國101年2月行政院審訂版之《有線廣播電視法》修法方案，未來將容許業者申請跨區經營，以擴大營業規模，促進市場競爭。但附帶提供全數位化服務，及自有頻道不得超過基本頻道總數十分之一。如今法案仍在立法院審議中，但已有業者獲准跨區籌設經營許可，並已開始建置纜線。事實上各地現有業者對此修法方向實感困擾。由於各地區已有穩定營運業者，新業者加入競爭，只會製造更多重複設備建置與市場爭奪，對整體數位化產業秩序並無建設。

由前兩段所提之實際發展狀況與當立法之初設計之產業發展面貌已逐漸走樣、變形，甚至向集團營運模式靠近。其實臺灣本身為一南北僅長四百公里之狹長獨立島嶼，人口大多居於西部平原地帶，對有線電視產業之分布與競爭態樣，根本不必作此細密之劃分與設計。過度細分的市場態樣，僅會使業者之間產生不當競爭，對消費者未必有利，也造成各級主管機關管理上的困擾。倘若能依北、中、南三大都會區加周遭鄉村，花東獨立區之四區概念重新劃分，並放棄「有線電纜、戶戶到位」的政策思維。讓不同傳播科技依其特性，由不同居住環境條件，不同經濟能力者，依其生活模式選擇。藉此促進業者加速數位匯流，以提供不同傳播工具、平臺，供消費者選用，可能是目前「類比轉數位」，難以解套的解決方案之一。

第四節　節目與廣告管理規則

《有線廣播電視法》立法之時，當時系統經營者與頻道供應者間之節目傳輸仍以纜線或「跑帶」方式為之，並未有衛星協助。之後國際通信衛星數量快速成長，頻道租用價格漸次滑落，以致系統業者在「頭端」與「頭端」間、頻道與系統間均以衛星傳輸為主。尤其外國頻道在國與國間之節目傳輸更見便利。因此在民國88年公布《衛星廣播電視法》以為管理。有關頻道供應之節目與廣告管理規則均可見諸於此二法。

在《有線廣播電視法》中，引用美、日等國之相關規定，應將無線電視電臺列為基本必載頻道，必須依其內容完整播出。而系統經營者為此播出，免付節目權利費用，也不構成著作權侵害（第37條）。此外，對目前屬於「財團法人公共廣播電視基金會」之頻道集團——公共電視臺、客家電視臺、原住民電視臺均需免費提供固定頻道播送節目（第37-1條）。

一、節目管理

在《有線廣播電視法》第40條中，以「負面表列」方式，條列出有關節目內容概括性之規定，節目內容不得有下列情形之一：

1.違反法律強制或禁止規定。
2.妨害兒童或少年身心健康。
3.妨害公共秩序或善良風俗。

並且在第41條中要求訂定節目內容分級辦法，並依內容級數分時段播出或以鎖碼方式播出。

此外為保障我國自製節目之產業發展，與避免外國文化入侵，特別

要求所播節目中之本國自製部分，不得少於百分之二十（第43條）。但由於有線電視系統頻道眾多，甚至許多外國知名頻道完整播出其專屬內容，以致根本難以計算何為百分之二十？況且購物頻道與廣告專屬頻道是否也納入計算，恐怕將使規範更加難以執行。

過往法令戒嚴時代，所有電視節目需遵守政府「先審後播」之規定。經解嚴後，改採「先播後審」制；而《有線廣播電視法》第44條則規定「先播備審」制，也就是節目播出後需保留十五日之相關資料，以備必要時審查用。而主管機關亦可要求系統業者提供與訂戶相同之接線服務，隨時供其監審之用。以鎖碼方式播出之節目，亦應提供解碼設備。其實在言論自由開放之情境下，節目內容審查還是以維護社會公序良俗，保護青少年、兒童身心為主。而目前主管機關也大都採「不告不理」之模式管理。

在節目管理的若干條款中，較特殊是第42條第三項對節目供應之來源，限制系統經營者及其關係企業，不得超過可利用頻道之四分之一。此條款之目的在於避免系統業者圍堵可利用頻道，刻意排擠或製造稀有之假象圖利。其實有線電視系統頻道數量多，若在分級付費或不同管道提供節目之市場環境下，此等不公平競爭難以發生。

若就未來有線電視系統作為數位匯流或頻道平臺模式規範而言，節目內容管理之責，應另訂於頻道管理專章法規內為宜。此部分條款應僅就播映模式詳細規則即可。又依據最新修法版本中，有關節目管理之專章將予以刪除，改由《衛星廣播電視法》中，詳列有關節目內容之管理模式。

二、廣告管理

有線電視頻道為電視製作環境創造豐富的內容，對社會教育、文化、傳播、藝術、娛樂提供大量訊息。「Content is King」（內容為主）的說法也確立電視成為最具影響力的大眾傳播媒體。有線電視系統作為頻道平臺，自然與頻道業者形成共存共榮的關係。廣告是社會經濟繁榮

的象徵，也是媒體獨立自由的養分。電視既爲最具影響力的傳播媒體，其所吸引之廣告量亦爲最高。

在過去僅有無線廣播電視媒體的時代，少數無線電視臺分享全部的電視廣告量，每一家業者都獲利豐厚。再加上電視曝光率高，影響力大，間接造成廣電產業的熱門景象。有線電視系統合法建構後，大量出現的頻道，分食原有的電視廣告大餅，也分散原本相當集中的節目收視率。相對也使得光環籠罩的電視明星或熱門節目，現今似乎顯得形象模糊，愈加難以成功塑造。同時，如此大量頻道與節目，也使廣告商更難選擇合適的託播標的。對於廣告爭取的競爭，也就形成頻道與頻道間、系統與頻道間的齟齬。

有線電視系統與無線電視播送之市場差異，主要在於有線電視爲付費電視。消費者收看有線電視需支付基本頻道收視費與指定頻道收視費。歐、美、日等國之有線電視系統均採分級付費制度，即基本頻道與指定頻道爲不同付費等級，消費者可依個人需求作出不同選擇。無線電視臺均被指定爲基本必載頻道，無需付費。因此基本頻道收視費通常主要負擔網路與系統之管理服務費用，而收視指定頻道則需依頻道訂價加總計算。基本頻道因無收視權利費收入，營運全依賴廣告營收，因此准許較多廣告託播量。指定頻道可收取收視權利金，因此只容許少量廣告或完全無廣告播出。

我國有線電視系統則承繼當年「第四臺」營運模式，全部頻道均列爲基本頻道，納入基本收視費中，僅少數鎖碼頻道另行收費。但依據法規第45條第二項規定，廣告時間以節目總時間六分之一爲上限；而《廣播電視法》中規定無線電視播出廣告時間占總時間百分之十五。如此有線電視頻道業者除可收取節目收視權利費之外，還可有較多廣告播出時間費用收入。雖然有線電視系統普及率未達無線電視，但在相差無幾的情況下，形成有線頻道、無線電視分食廣告大餅外，有線電視頻道業者還可用低價競爭方式爭取廣告。遂造成無線電視臺經營長期虧損，製作設備與節目預算萎縮，人才流失，節目水準日漸低落之窘境。

由於有線電視系統經營者劃定地區營業，被視爲地區性大眾媒體。

依據第47條規定系統經營者可以設立廣告專用頻道，爭取地區性廣告業務。亦可以播出單則三分鐘長度以上廣告或以節目型態播送之廣告，但需在畫面上標示「廣告」（第45條第三項）。由於廣告專用頻道收視效果不彰，因此系統業者將自行開發之託播廣告，運用轉傳輸頻道節目中之廣告時段，採取廣告遮斷方式播出。或者將廣告文字訊息，強加在節目播映中之畫面四周，形成插播式廣告訊息，俗稱「跑馬燈」字幕。這種廣告播出方式，不但影響閱聽眾收視效果，而且侵害頻道業者之節目內容完整性，以及廣告託播契約的完成。此種不當作為，在法規第45條第一項、第46條已經修訂為允許系統業者與頻道業者，協議分配廣告時間、時段、播送內容、播放方式或其他條件，而且頻道業者如無正當理由拒絕協議，系統業者可向審議委員會申請調處。另外第48條以「負面表列」方式，規範系統業者必須在特定情況下，才得以製作插播式字幕播映，不得再作為一般廣告使用。

　　至於廣告內容製作標準則與節目內容規範相同（第50條）。而廣告內容涉及需要政府該管事業主管機關核准之業務，須先取得廣告准映證明，才可播送（第49條）。

　　有線電視系統可容納之頻道數量多，除可容納各類型節目發展製作成專門類型頻道外，亦可使商品廣告擴張為購物專門頻道。目前這類型頻道由於購買者眾多，業務效果良好，因此大量開播。但由於內容中之銷售行為充斥誇張言行，畫面處理煽動吸睛，引起許多購物糾紛。如此廣告作為，《有線廣播電視法》中卻無規範，需參考借力於《公平交易法》與《消費者保護法》，在未來之修法中似應考慮增加對頻道與系統業者之規範，以加強傳播媒體之社會責任。

第五節　有線電視費率與權利義務關係

　　有線廣播電視系統為付費收視、聽模式，與歷來免費視聽之無線廣播電視，在與消費者之權利義務關係上，自是大不同。而由此衍生

出之權利義務，主要可由費率之價格結構、纜線架設與收費機制等條件規範。由於系統經營者之營業模式，在工程技術、接收模式、營業範圍上，具有相當之排他、獨占個性。因此在政府管理法規，設定為具有民生性質之特許業別概念。也就是類似於水、電、電信等準公營事業，在與政府之權利義務關係上，需要加入若干不同於一般商業規範之條件。

一、費率之權利義務關係

有線電視系統之收費標準，依第51條之規定，為每年八月一日起，向地方主管機關申報過去一年之平均收費額度，並提出未來一年希望收費額度，在經費率審議委員會審訂，主管機關核准後公告實施。地方主管機關因此可設立地方級費率審議委員會，若地方政府未設立，則由中央級費率審議委員會代行。而地方級之費率核訂需參考中央級審議標準上限。事實上，過去多年來之費率標準，中央級並未變動，但地方級經常在民意壓力下逐年降價，形成業者不斷提升服務，卻不斷減少營收，唯有繼續排擠頻道視聽費用以為因應。

消費者所負擔之收視費用，內中包含節目頻道收視權利金及網路建設與維護成本，營運管銷與供輸服務等，如外加鎖碼頻道，則需另付費收視。由於初期未設計分級付費制度，迄今已成為一筆定額月費可看全部頻道之現狀。因此對於全數位化服務之推動，形成消費者意願低落，難以進展之困境。雖然政府為追求國際標準之數位模式，業者也願意提升設備與服務，達到全數位化之規模。但消費者滿足於目前所付費用與所能收看的頻道數量，無意願改變現況。縱使有少數消費者不滿於目前內容品質，願意多付費用追求較先進服務，但人數比率經十年來依然低落，不足以改變現況。這種情況若要等法令修訂，業者逐步提升數位化設備與服務，消費者願意負擔適足費用收視高品質節目內容，恐怕還要一段相當時日。

在《有線廣播電視法》第55條，明確規範系統業者於收費收據之背面，需載明與訂戶間之「定型化契約」。契約內容係由中央主管機關所

公告規定之事項，違反公告之一般契約條款均為無效。主要內容包括：

1.各項收費標準及調整費用之限制。

2.頻道數、名稱及頻道契約到期日。

3.訂戶基本資料使用之限制。

4.系統經營者因營運狀況或無正當理由中斷頻道信號之賠償條件。

5.訂戶申訴專線電話號碼或網址等申訴連絡方式。

以及其他中央主管機關指定之項目。而系統經營者不得拒絕地區民眾要求付費收視、聽節目；若確實有正當理由難以提供有線電視服務時，要由地方主管機關提供其他方式保障民眾收視無線電視之權利（第58條）。訂戶若不按期繳交費用，經催告後仍未交，系統經營者即可停止該戶之收視。但必須恢復訂戶原有無線電視之收視權益。此條規定造成業者滯礙難行，後修法為可向訂戶收取必要費用。甚至擴大為只要訂戶與業者終止契約關係，即適用此規範（第52條）。此種條款對消費者之權利保護確實達到極致，但卻忽略實質可執行之能力。此項權利保障其實政府與業者多不願宣導，避免製造困擾，以致一般民眾均無得曉。又依據第59條，訂戶與業者終止契約後，系統經營者應於一個月內拆除相關線路。逾期未拆除時，訂戶可僱工或自行拆除，並可向業者請求支付必要費用。本項條款之規範又與前述之狀況類似，一般訂戶仍無所知。

二、特許業別之權利義務

廣播電視電臺營運係屬於大眾傳播事業之一部，但有別於其他平面印刷媒體，在於無線廣播電視需利用電波頻率傳送訊號。因此需向政府主管機關申請核准，並獲分配頻率後始得開播。有線廣播電視需預先鋪設幹線網路連結頭端，再以分配線網路，將訊號傳送至消費者之終端接收，才能構成傳輸通路。由於無線電視電波頻率稀有，有線電視纜線鋪設工程費時，先期投資龐大，因此電視產業均被視為特別許可營業之產

業別。電視雖不如自來水、電力、瓦斯等基本生活產業為一般民眾之必需。但現今已躍升為民眾娛樂與資訊之首要來源。況且有線電視系統未來將與資訊通訊產業匯流，而為數位內容產業之重要支柱。因此在產業發展與公眾視聽權益上，政府也特別設立「國家通訊傳播委員會」之獨立機構專責管理，並強化地方政府在纜線網路建構、在地差異費率、民眾服務申訴等管理權責。因此，有關特別產業之規範亦見諸於《有線廣播電視法》內。

在法規第5條中，系統經營者經向路權管理機構申請許可，即可自行鋪設網路，或可向電信、電業機構申請附掛纜線。同條款中也要求中央主管機關應協助業者解決偏遠地區網路設置，以加強民眾收視權益。第6條中，對網路需通過他人之土地或建物架設，需給付相當之補償。若與所有人無法達成合意，可申請轄區內調解委員會調解，或提起民事訴訟。而當業者網路架設完成後，還可申請跨業經營電信業務（第4條）。

依據法規第33條，中央主管機關為促進市場公平競爭，對地區系統經營者為獨占、結合、聯合壟斷等違反公平競爭之情事，可會同地方政府重新劃分經營地區，或以獎勵、輔導等方式，導入其他地區之業者進入經營。如此規範，可見有線電視系統經營確實有其獨占市場之機會。事實上，有線電視至今逐漸與電、資產業結合，其獨占性或聯合壟斷已勢所難擋。以現今市場分布情況而言，情勢早成；政府修訂法規之時，若不能持開放獨家經營概念，繼而加以法規嚴格界定權利義務，未來產、官之間勢必衝突不斷。

三、其他之權利義務

依據《有線廣播電視法》第7條，如遇有重大天然災害或社會緊急事故時，主管機關可以要求系統業者停止播送日常節目，指定播送特定節目或發布必要訊息。待狀況解除後，系統經營者即可回復正常節目之播送。此條款又稱政府之「緊急處分權」。

對於外國人投資有線電視案件，依第23條規定，中央主管機關如認定本項投資對國家安全、公共秩序或善良風俗有不利影響者，可以不經審議委員會，逕予駁回。此條款則被稱為「帝王條款」。

《有線廣播電視法》第53條規定，中央主管機關每年可獲系統經營者當年營業額之百分之一，成立一項特種基金。而這項基金的用途被指定為：

1.百分之三十由中央主管機關統籌用於有線廣播電視之普及發展。
2.百分之四十予地方政府，從事文化及公共建設用。
3.百分之三十捐贈財團法人公共電視文化事業基金會。

此條款之規定，似乎更能突顯有線電視系統經營的準公營事業概念。一般產業經營獲利才需繳納營利事業所得稅，而本項基金卻是每年不論盈虧，均需提撥部分營業額，由此可見其特殊。此外，其中百分之三十捐贈公共電視之費用，等於收視費用之千分之三給付公共電視為收視權利金。但利用無線電視收視者卻免付費，似乎又是一種不平等。而在新修法案中，將取消捐贈公共電視之部分，而歸於中央主管機關主導使用。

在第61條、第62條之規定中，對於有線廣播電視節目或廣告內容中，如有利害關係人認有傷害，應於同一時間之節目或廣告中，加以更正，如認為無誤時，應以書面答覆請求人。而評論中致損害他人或機關、團體權益時，必須給予被評論者相同答辯機會。此條係移轉於《廣播電視法》中，有關節目內容之管理規定。但由於有線電視系統業者轉播頻道業者之節目、廣告眾多，本身製作之內容較少。如有前述之權益要求，系統業者難以代表頻道業者回復其權益。若本條僅規範系統業者所製作之廣告或節目，則似乎又顯此規範之為德不卒。因此未來之修法，將此規範回歸於《衛星廣播電視法》處理，以徹底分管節目播送系統與節目內容。

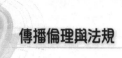

 第六節　結語

　　《有線廣播電視法》立法於「第四臺」已然猖獗之時期，外有美國對「著作權」之壓力，內有業者不斷引進「有線電視科技」之處境。雖然立法過程中，採用大量歐、美、日等國之觀念與理想，但仍難敵在野政治、在地利益與財團壓力，而不得不爲若干妥協式立法。

　　初識民國82年公布之版本，就法意、法旨而言，仍可見明確清晰之規範，且能兼顧政府、業者與消費者之權利義務關係。但隨後經歷數次修法之後，既難以追求有線電視與數位科技匯流之發展，又不知如何建構數位內容產業之規範與產業秩序，也無法藉由費率結構，刺激業者提升節目內容水準。其間均見不斷地政治企圖與商業利益糾葛而爲之修法。以致目前法規功能僅存消費者付費，業者保證收視之最基本狀態而已。

　　目前主管機關、產、學界都希望能藉由重新立法之方式，將停滯不前之現況得以改變。由於扭曲之產業結構已然穩定平衡、消費者「不知有漢，無論魏、晉」般的享用，無法提升品質的電視「吃到飽自助餐」。因此無論主管機關提出多次的修法建議，都遇到既得利益的阻擋。而政府對總體傳播產業之市場概念，若仍處於僅要求媒體社會責任之年代，要想迎向未來國際數位時代的市場，恐怕還是緣木求魚。

　　依據101年行政院核定之新版法案中，雖然可見主管機關已然做出重大修訂方向，但細觀內容，依然未能提供解決收費問題之關鍵作法。再加以立法院審議重大法案之困難，修法之路仍迢迢。

問題討論

一、臺灣有線電視產業與無線電視事業的發展歷程有何差異？這兩者
　　對社會有何影響？

二、何謂壟斷？反壟斷？有線電視系統平臺應如何避免其壟斷產業資
　　源？

三、有線電視頻道類屬或定頻等有關商業行為，是否該立法規範之？

四、倘若有線電視為開放式市場競爭，其費率結構是否該立法規範
　　之？反之，若費率由政府設定標準收費，有線電視是否為特許行
　　業？

五、當前《有線廣播電視法》修法之障礙何在？政府是否有明確之政
　　策導引之？

 注釋

❶九太衛星音樂頻道於2001年5月取得「衛星廣播音樂頻道」經營執照。爲臺灣地區第一家取得音樂頻道執照之業者。屬於代理電視公播頻道之九太科技股份有限公司。

❷本條法規在民國88年全文修訂後,才增加審議委員會之任務,需調處系統業者之間、系統業者與頻道業者間之爭議。此項任務的付與,出自於民國86年所爆發HBO頻道與全國系統業者對節目使用費之爭議。但要求由學者專家組成任務編組的審議委員會擔負如此任務,似乎太強人所難。

❸「國家通訊傳播委員會」已於99年7月29日通過《有線廣播電視法修正草案》,並函送行政院審議中。另於99年10月5日再提送抽換版。新版草案之修正內容,包括三大主軸:第一,擴大系統經營者、經營區及鼓勵新進業者;第二,鼓勵創新匯流服務;第三,朝向平臺化發展。又於101年2月16日再提出最新版,獲行政院會通過,同年3月12日送立法院審議至今。

❹至目前爲止,系統經營者之五大MSO(Multi-system Operator)爲凱擘、中嘉、臺灣寬頻、臺固媒體、臺灣數位光訊,其中前三者之大股東原均爲外資。所占系統數共二十六家,基本頻道用戶占56.74%。凱擘目前已由富邦集團下轄之臺灣大哥大併購。99年10月由富邦集團蔡明忠兄弟成立「大富媒體」收購凱擘80%股權。同年12月由中時集團蔡衍明結合原東森集團王令麟、霖園集團蔡鎮宇等欲合資收購中嘉股權,但由於諸多原因,往後有若干財團都欲收購,迄今仍未眞正成交。

❺依據注❸之修正草案中,爲合理化修正現行黨政軍條款,將允許政府、政黨間接持有系統經營者已發行股份總數10%。

參考書目

一、中文部分

尤英夫（2005）。《大眾傳播法》。臺北：新學林。

尤英夫（2008）。〈廣告法規五十年之回顧〉。林芝（編），《臺灣廣告50年》，頁195-205。臺北：臺北市廣告代理商業同業公會。

許北斗（2008）。〈臺灣有線電視費率結構對電視產業發展衝擊之探究〉。《2008數位科技、數位民主、文化與倫理學術研討會論文集》。

須文蔚、廖元豪（主編）（2000）。《傳播法規》。臺北：元照。

劉幼琍（主編）（2005）。《數位時代的有線電視經營與管理》。臺北：正中。

二、相關法規

《有線廣播電視法》（2007年修訂）

《廣播電視法》（2006年修訂）

《衛星廣播電視法》（2003年修訂）

廣電三法修正草案蘇蘅主委口頭報告／立法院交通委員會會議紀錄（101年5月21日）

三、報紙資料

王健壯（2010年10月31日）。〈政府是阻擋匯流的大石頭〉，《聯合報》，A4。

唐鎮宇（2009年12月3日）。〈臺灣大併凱擘有條件通過了〉，《中國時報》。

四、網路資料

林道桑（2010）。〈有線電視系統產業概況〉，《臺灣工業銀行》，取自http://www.ibt.com.tw/Userfiles/990316-Indus.pdf，上網檢視日期：2010年

3月16日。

九太科技股份有限公司，http://www.jeoutai.com.tw，上網檢視日期：2010年3月16日。

國家通訊傳播委員會，http://www.ncc.gov.tw，上網檢視日期：2010年3月16日。

財團法人卓越新聞獎基金會，http://www.feja.org.tw，上網檢視日期：2010年3月16日。

第二篇
新聞倫理與法規

第三章　傳播倫理與媒介第四權

國立臺灣藝術大學廣播電視學系副教授

邱啟明

摘要

　　本章旨在探究媒介言論自由的主張及其發展過程中，引發的相關傳播倫理與媒介第四權爭議。研究取徑主採文獻調查、脈絡與論述分析；而文章架構起自倫理的類目及其主張的歷史性探索，進而談論媒介應用面向的傳播倫理的論述與內涵；並針對康德（Immanuel Kant, 1724-1804）及當代諸多媒體與學界所持之善良的意志及普遍性原則倫理論述等有所討論；最後以媒介第四階級及第四權的議題爭議和主張，提出媒介第四權的信任危機及公民新聞可能性發展。

# 第一節　前言

　　傳播倫理議題，日漸受到重視的原因，實際上是媒介在進行資訊或概念傳播過程當中，引發之對言論自由的權利發展的一種省思。以新聞的表現來說，其主張的新聞自由，基本上是憲法保障言論自由的延伸，而其理論基礎至少帶有以下三種論述面向：一是「追求真理說」，主張透過不同言論表達的自由，使人民能更接近事實真相；二是「健全民主程序說」，主張言論自由是希望能提供人民充分資訊，使人民有充分資訊在民主過程中做出選擇；最後則是「表現自我說」，主張言論自由是保障個人在社會中的自我表現，進一步促成個人自我實現（黃聖堯、李韋廷，2006：4-5）。

　　基於以上的新聞自由的論述建構，發展出了三種權利類型：一為「防禦性的權利」，保障新聞媒體的自主性，使其有不受到政府干預的權利；二是「表意性權利」，保障新聞媒體有自由傳達資訊或意見的權利，使其為了避免受到政府的事前審查，而發生寒蟬效應。最後是「外求性權利」，使新聞媒體較一般人民有機會接受消息來源，以取得相關

資訊（Ibid., p. 5）。

　　落實上述新聞自由的權利，以傳播媒介的實際運作面向來說，就是落實將一個已經形成的思想或觀念，透過文學、語言或畫面，向他人作明確的表達，做到告知或說明目的；而新聞的產生，必須根據事實，爲了要獲悉事實的眞相，便需要採訪，而有採訪自由的主張；同時傳遞訪問的工具，必須獲得自由運用的保障；若不能發表或延遲發表，則扼殺了新聞的生命力；最後的主張，則是要能保障自由和他人的自由閱聽及收聽。以上的實務操作面，也可說是新聞自由的具體內涵（彭翰編著，2006：27-28）。

　　然而，在新聞內涵的實務操作過程當中，也常常發生一些對社會價值及文化產生衝擊的資訊傳播，其傳播的形式與內容，引發、強化或形塑社會階層的對立面、道德或人權的爭議，進而引發大衆對傳播媒介的信任危機。新聞事業在追求獨立過程當中，其所報導的內容，是否立場公正、客觀、準確、忠實，以及高尚情操和社會責任等，都影響著閱聽人對媒介所傳播之內容的認知、意識形態、價值判斷、感受和信賴等（Ibid., pp. 59-60）。

　　常見的對新聞事業的批評爲報導不確實、失去公正客觀的立場、媒介壟斷、犯罪案件過多、過分報導通俗事物、不夠深入、利用新聞炒作、達到某種目的之工具，過分誇張、羶色腥新聞氾濫、誹謗、侵犯隱私、拒絕刊登與編輯意見不同的事物、新聞廣告化、廣告新聞化、刻意造成社會階級、捕風追影、捏造事實、抄襲、媒介審判等等（Ibid., pp. 60-63；馬驥伸，1997：52）。或可說自由主義的發展和民衆的認知產生衝突，進而引發信任危機。例如：隱私權和公衆知的權利的衝突、傳播的目標和手段的衝突、媒介利益與責任的衝突、媒介本身和訊息內容的衝突等（Hausman, Carl, 1992；胡幼偉譯，1995：127-204）。對此種種傳播的媒體的批判和衝突的省思、倫理議題的討論，當可幫助釐清問題的根源。

第二節　倫理的論述、主張和內涵

　　英國當代哲學家Moore, G. E.在其所著的《倫理學原理》（*Principia Ethica*）一書中，清楚地指出倫理學的命題，即其所探討的議題範疇，包含了人類的美德（virtue）、罪惡（vice）、責任（duty）、正當（right）、應該（ought）、善（good）、惡（bad）等等（馬驥伸，1997：10）。

　　對此，我們清楚地知道倫理學所要探討的對象是關於人類的是非、善惡、責任及應該的思想觀念和作為，也就是說倫理學是研究道德的理由或根基的學問（陳特，2009：1）。也可看做是研究人類行為是非對錯之基底和原則，並且檢驗了諸如勇氣、自我控制和慷慨等價值觀，將其視為好的概念，並用來作為做出選擇和判斷的標準和運行（Sanders, Karen, 2003；鄭郁欣、林佳誼、蔡貝倫譯，2008：25）。於是，我們可以這樣認為，倫理是聚焦在是非標準，以及不同價值和原則相抵觸時的討論和爭議上；並且近年來，已由一個將美德視為其中心概念的取徑所補足（Ibid., p. 25）。同時，倫理學所要討論的是人為什麼要道德、為什麼要行善去惡的問題，所關注的對象是人的行為（陳特，2009：1）。

　　而行為的研究，可分為敘述的行為研究和規範的行為研究。敘述的行為研究，即以行為作為事實來研究，從而歸納出一些律則，例如社會學和心理學等研究方式。另一種，我們稱為規範的行為研究，它要問的，不是想知道人曾經做過什麼，而是想知道人應該做什麼，也就是倫理學所關心的，人應該做什麼。同時，規範必須有所根據，並且以理性作為根基；這是不同於宗教的，以信仰作為根基（陳特，2009：2-3）。而美國哲學家杜威（John Dewey, 1859-1952）認為，當一個行為牽涉到自己品格或牽涉到他人時，這個行為才有道德意義（陳特，2009：12）；雖然說，道德的命題，指的是形成人類文化之主流的風俗和習慣，而不是倫理學所關心的對錯是非及善惡，但因人與人之間的互動，

產生涉及他人的行爲，因爲道德的範疇，也常在倫理中被討論和關注（Hausman, Carl, 1992；胡幼偉譯，1995：21）。

　　依據陳特（2009）的研究，倫理的內涵的闡釋，有許多不同的觀點，可分爲：(1)自我中心的快樂主義的倫理觀點（Hedonism）；(2)利他的快樂主義觀點，又稱爲功利主義觀點（Altruistic Hedonism or Utilitarianism）；(3)自然主義的倫理觀點，或稱自然主義的個人主義；(4)經驗主義者的倫理觀點；(5)經驗的自然主義或自然主義的經驗主義的倫理觀點；(6)善良的意志的倫理觀點（Good Will or Responsibility Ethics），或稱責任觀的倫理觀點；(7)性善說的倫理觀點等。

一、自我中心的快樂主義的倫理觀點

　　其立論邏輯是，先問問看人生的目標是什麼？而相信絕大多數會同意的是追求快樂是人生的最重要的目的。於是，依據這樣的說法，然後去判斷什麼是善、是惡、是、非等；誠如杜威所說過的，倫理學是重在判斷，而非描述（Hausman, Carl, 1992；胡幼偉譯，1995：21）。於是，諸如行爲的善、惡、是非等以快樂議題爲依據，而所作的判斷，稱爲自我中心的快樂主義的倫理觀點，而Aristippus和Epicurus二人，可說是這種論調的倫理觀點的代表人物。

二、利他的快樂主義觀點（功利主義觀點）

　　指的是人生的目標，不但只是包括追求自己的快樂而已，而且也包括他人的，或者大眾的快樂。秉持這種觀點的人，其中的代表人物，可爲十八、十九世紀的英國哲學家邊沁（Jeremy Bentham, 1748-1832）及穆勒（John Stuart Mill, 1806-1873）。功利主義的意思，指的是人的行爲的對與錯，決定於它是帶來大多數人的最大快樂或最大痛苦；對此，邊沁設計出了七種檢驗的標準，分別爲：(1)強烈性；(2)持久性；(3)確

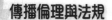

實性（把握性）；(4)接近性或遙遠性；(5)豐富性；(6)純一性；(7)範圍（陳特，2009：51-64）。而這些檢驗所謂的大多數人的最大快樂或最大痛苦的指標，可說是一種量化式的人生主義，忽略了人生的目標，並非只是追求快樂而已的觀點和眞實感受（Ibid., pp. 112-114）。

三、自然主義的倫理觀點（自然主義的個人主義）

十六、十七世紀英國人霍布斯（Thomas Hobbes, 1588-1679）及奧地利心理學家佛洛依德（Sigmund Freud, 1856-1939）等人，認爲個人主義者，不必然是自私主義者，並且將人視爲是自然人；而自然人的內涵指的是將一切行爲歸源於人的本能、衝動、愛慾等等。而其所愛慾的對象就是善（good）；憎惡的對象，就是惡（evil）；輕視的對象就是無價值（vile）或是無足輕重（inconsiderable）（陳特，2009：115-118）；自然主義的倫理觀可說是一種以道德的動機與目的，最終是爲了滿足人的自然欲望或傾向的思想（Ibid., p. 197），這種以符合自然欲望與否的價值判斷依據可說是忽略了人與其他動物的善惡性的探索和發展。對此，佛洛依德卻也提出了超我（superego）的概念，並和道德結合，但主張超我的行爲，不應該過度發展超過，以致產生抑制自我（Ibid., pp. 147-166）。

四、經驗主義者的倫理觀點

探索理性在人的行動中所扮演的角色之問題時，蘇格蘭人休謨（David Hume, 1711-1766），即主張以經驗實證的方法，建立理論的思想（Ibid., p. 197）。他認爲當一個人的行動，合乎理性或理性所主宰的時候，他的行動或人格，便是屬於理性、和諧以及合乎道德的（Ibid., p. 170）。

然而，休謨也認知到眞正產生行動的根源是屬於情感情緒面向的，

或可稱為是一種激情的觸動，而不是其所稱的理性；同時，他認為激情雖然是給人們行動的目標，但理性則是告訴我們行動的方式或途徑（Ibid., p. 172）。除此之外，休謨指出人因為有同理心的心理素質，才使得人們產生道德感，才會讚賞社會上的利他行為（Ibid., p. 183）。

由此我們可知，休謨的主要思想，是建立在過去經驗上的理性與務實態度的思想之上，理性的行為可說是帶有和諧與一貫性的特質，而這些特質，或可說是合乎道德的行為。而在此所指的道德或不合乎道德的行為，則是在關係及與他人互動的社會脈絡下的論證，正如他指出的同理心的置換，道德感因而才會產生。

五、經驗的自然主義或自然主義的經驗主義的倫理觀點

美國哲學家杜威認為人的思想和行動，雖然說是和人的欲望及本能有一定的關係，但也不全然純粹地根植於這些自然的欲望和本能之上而已。他認為人雖然屬於自然，但也有其獨特性。如果完全以其他生物或動物的行為模式，主張人和其他動物並無兩樣的話，是一種錯誤的論述。比如說，人有許多求知的活動、藝術的活動或道德的活動等，而這些活動，在其他動物身上，是幾乎看不到的。因此，要瞭解人，是不可完全用自然的本能或衝動和欲望的觀點去解釋一切的。

杜威認為，我們如果以為世界上有所謂「絕對的不變」和「永恆的真理」在等待著我們去發現的話，那是一種錯誤的觀念。人的心理結構，是有一種能夠使人衝破僵硬教條的能力，也就是所謂的衝動（impulse）；但卻也注意到我們所謂的品格（character），實際上可說是由一串習慣的累積而形成的。換句話說，杜威認為道德不是先天的本性，也不是純然地經驗的純理性產物，而是人與環境或與其他人互動經驗中培養出來的產物（Ibid., pp. 198-207）。

在杜威論道德議題及產生的方式中，我們不難看出他的主要思想，道德這個概念及其內涵，不是一成不變的，而是一連串與他人或環境互動下的可變性概念和行為，亦會隨著時間和外在環境因素的變化下，有

所不同的習慣累積成分存在，與休謨的一貫性之道德的特徵的主張，有
明顯的不同論述。

六、善良的意志的倫理觀點（責任觀的倫理觀點）

不同於前面所提過的，關於倫理與道德的內涵的判斷是非對錯與符
不符合道德的論述，德國哲人康德認為倫理命題，是探討人類應該有什
麼作為的問題。他所倡導的倫理觀，是一種我們可稱為善良的意志或稱
為責任觀的倫理觀。康德對於經驗主義的倫理觀，對於未經驗者而言，
或我們可以所謂的現代人稱呼之，不必然要去遵守。他認為人的行為意
志是否為善，在於行為的動機是不是出自於責任的觀點；並且意志是否
為善，與行為的後果好不好無關。這樣的主張，我們可以明顯看出，是
一種不同於功利主義式所主張的目的論的看法。

康德認為要判斷行為的善惡問題，是在於行為的動機及此行為是否
出自於責任的觀點。換句話說，康德認為所謂善良的意志，就是一種為
責任而行的意志；在思索許多行為動機可被人的理性所普遍接受的，唯
一的就是他所說的善良的意志。它是每一個人的理性都會承認的唯一無
條件、無限制的善（Ibid., pp. 235-236）。

至於人所訂定的行為規範、法律或命令，在他的觀點裡，可分為兩
種，一種是他所稱的假然律令，一種是定然律令。他認為假然律令的判
斷依據是檢視這些律令，如果是你要達到什麼目的，則你應該做什麼及
如何做，它就不是一種善的意志。也許我們可以解釋成凡是有目的論主
張或條文，就不是康德所主張的善良的意志論倫理觀。

另外一種律令，他稱為定然律令。而定然律令的內涵，則是你應該
這樣做，並願意讓它成為普遍性；因此善良的意志的律令，是不能有具
體內容的，而且律令的內涵，是不相互矛盾的，要能維持一貫性，這也
就是符合他所說的道德（Ibid., pp. 235-248）。

因此，「應該」如何的問題，成為康德的主要倫理觀點，而在人所
訂定的律令時的動機，是欲讓律令成為帶有責任觀並且欲成為普遍性的

原則。

七、性善說的倫理觀點

在中國傳統的倫理觀點中，最為後人所接受的學說之一是孟子的性善說。孟子名軻，西元前372年生，他的性善說，並非指人性全是善的概念，而其所指人性是指人之所以為人之性，「人皆有不忍人之心……今人乍見孺子將入於井，皆有怵惕惻隱之心……無惻隱之心，非人也……」《孟子‧公孫丑上》。孟子所說的人心是一種習性，並且是情感面向的，並且指出人的惻隱是情，人人皆有，或許也是後來美國哲人杜威明確所指出的，人不全然等同其他動物，有其獨特之性（陳特，2009：280-281）。

在此，如果我們應用在倫理的探討時，倫是類目或人與其他人或團體解釋之間的紋理時，惻隱、羞惡、辭讓、是非之心等，或換句話說的同理之心，是所有人共同的部分，並將這種共通的特性，發展開來，就是仁義擴充之道的善推的表現（葉海煙，2001：3-33）。因此，我們也可以說，孟子所持的倫理觀，是一種主張將人所共通擁有的惻隱，表現出來，以符合人性，就是倫理的重要內涵。

陳述和比較過以上七種主要的倫理觀和主張之後，我們也將應用在傳播領域的面向性，探討傳播媒體究竟是如何應用和進行相關的規範，做進一步的探討。

第三節　傳播倫理的論述、主張與內涵

美國哥倫比亞廣播公司（CBS）前任的新聞部經理Fred Friendly曾指出傳播媒體，尤其是傳播媒體中的新聞部門或專營新聞事業的傳播媒體，在評論新聞室的倫理時，需要用康德哲學思想中的定然律令（categorical imperative），檢視新聞資訊的獲得方式、資訊內容及其表現。

一、善良的意志及普遍性原則的社會責任觀

Friendly對所有的新聞機構及其從業人員的忠告是「人人都將以你為榜樣的原則，作為行事的依據」（Hausman, Carl, 1992；胡幼偉譯，1995：20）。Friendly的說法，實際上就如我們前面所提過的康德論倫理時，所一再強調的秉持善良的意志，並且願意讓它成為普遍性的原則的概念，而這也是一種社會責任觀的傳播倫理。

1942年時，美國芝加哥大學的校長Robert M. Hutchins在其所領導的新聞自由調查委員會（the Commission on Freedom of the Press）成立時，就是倡導新聞媒體的社會責任論。他認為新聞事業應該是自由而負責的（A Free and Responsible Press）（彭翰編著，2006：35）。新聞自由的定義指的是新聞自由是透過大眾媒介傳播資訊或概念、理念，而不受到政府限制的權利；新聞內容出版前免於檢查，出版後除了擔負法律責任外，不受干涉，並且有討論及批評政治的自由（Ibid., p. 23）。新聞事業在倡導自由的面向時，社會責任論的觀點，也相對地油然而生。

Hutchins很清楚地指出並且極力地主張新聞自由應以社會責任為規範。傳播媒體，特別是新聞媒體應以社會責任為第一；而新聞工作人員，在處理新聞的時候，要做最大的努力，去發掘事實真相，並且要從社會學觀點，去瞭解問題，做最忠實的報導；在法律的保障範圍內，尊重司法機關，維繫當事人的名譽權益。而社會責任論的具體主張是新聞事業應包含下列五種理想：

1.對事情最真實、正確而完整的報導。
2.新聞媒體要成為意見交換的論壇。
3.新聞內容要能呈現社會實況。
4.新聞媒體要能闡明或釐清共同奮鬥的目標及價值或標準。
5.新聞事業要充分隨時供應消息，落實由言論自由所延伸的大眾知的權利（彭翰編著，2009：35-37）。

　　而這些理想的實踐，也可認為是新聞工作者在其專業領域中對是非或適當與否下判斷的新聞倫理中的良心尺度（馬驥伸，1997：3）。雖然有人或許會為良心尺度是否常常會因人而異而有不同的判斷依據，以致產生許多困擾；但關於傳播媒體在進行新聞內容採訪、編輯及傳播時的基本處理原則，可提供給我們重要的參考依據，它們就是正確、客觀、公平、社會責任及專業行為（Hausman, Carl, 1992；胡幼偉譯，1995：41-126）。

二、專業的傲慢與控制

　　但是如果從事新聞事業的人，例如記者與編輯等人，都躲在媒介組織的圍牆之內，就可能難以有責任的傳播媒介，也就是說，只講求新聞自由的保障，卻缺乏對社會上問題的實際認知，極有可能讓社會上的許多問題的產生，是因為媒體本身的誤導、扭曲，或偏頗、不實的報導內容的呈現而引起的；換句話說，傳播媒介就是社會問題的來源而不自知；另外，傳播媒體若未能認清到過度的講求專業化，是很容易形成對新聞事件的報導的單向解釋、闡釋或解讀，無形中形成專業的傲慢和偏激，進而受到本身的意識形態所限制，而傷害到公平、公正的新聞處理原則而不自知，形成單一的言論，限制了媒體發展及內容的多元化（John Merrill, in Hausman, Carl, 1992；胡幼偉譯，1995：256-259）。這使得我們不得不提醒優質的新聞事業及其從業人員，其專業目標除應致力於提供資訊之外，還要為社會上的各種不同層面發聲，監督威權者及揭發不公義的事和行為（Sanders, Karen, 2003；鄭郁欣、林佳誼、蔡貝倫譯，2008：280-281）。

　　同時，在過度講求專業化而形成的傲慢後，傳播媒體或新聞機構其從業人員，亦容易形成媒體或新聞機構的審判，超越了媒體的社會責任，形成一種另類的司法機構及審判暴力，踐踏人權。即新聞媒體要如何避免所謂的媒體或新聞媒體審判，成為傳播媒體或其新聞從業人員檢討和省思的方向，包括檢視報導內容所需的資料要完整而正確、態度要

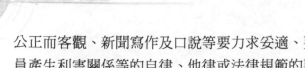

公正而客觀、新聞寫作及口說等要力求妥適、要能自律，避免與相關人員產生利害關係等的自律、他律或法律規範的要求（彭翰編著，2006：145-146）。

　　而所謂的公正則包含了資訊是能夠完整、所用的資訊內容是相關於要報導的事件、環境、人物等，描繪內容時要誠實、用字遣詞要能夠直接表達；檢視公正的方法，則有報導內容是否呈現正反雙方意見、多方意見，是否呈現給被攻擊者回應的機會，以及是否態度公正處理爭議的意見，而不是採取不同標準、原則的偏差方式；而客觀的內涵則是指一種蘊含公正、立場超然、不含成見的態度，報導新聞。

　　雖然說，媒介所呈現出來的真實，不等同於社會真實，會因報導者或從事傳播內容資訊生產者的不同時空、背景、經驗等差異性，而有不全相同的表現方式；或因受到新聞編輯或其他相關新聞室的守門人的關係，而對原始的內容呈現有所編輯和修剪等，但也不應放棄致力於報導內容更接近事實真相的職責；同時也應在內容生產過程之中，檢視相關可改善之道。例如媒體應力求由下而上的民主化決策過程，賦予記者社會責任、貫徹意見，並容有不同立場、報導力求客觀、力求新聞來源明確化，對有爭議的議題，宜有不同的組合及進行多邊報導等改善之道（彭翰編著，2006：173-176）。

　　而現代傳播資訊倫理的面向，實際上，它是包含了傳播資訊與內容的開發、接收、散布以及溝通等四大面向（彭翰編著，2006：177-178），每一個面向，無可諱言地，都存在著控制的因素。這其中包含了消息來源為何、媒介組織的內部控制、媒介壟斷的控制、廣告控制、政府的控制、公眾的反應，以及國內外的法律因素的限制（彭翰編著，2006：32-35），其中的任一環節，若是違反了新聞倫理中新聞處理原則，則很容易傷害到傳播媒介的公信力。依據Izard的看法，除了閱聽人本身的意識形態、政黨認同、年齡、區域、種族等的差異性，而影響其對媒介的信任度外，媒介本身是存在著許多重要因素，影響其對社會大眾的公信。這些因素包括了媒介是否尊重隱私、意見與事實是否公開、是否刻意隱匿部分的事實、是否受到商業控制、是否其知識性內容受到

認可、是否常常進行相互攻訐等等傳播倫理問題（彭翰編著，2006：224），也可看作是社會責任論在探究的議題。

　　社會責任論不只是包括某一類的責任而已，它其實也蘊含著某種新聞界的控制。而這些控制的力量，可以來自新聞組織內部，例如倫理規範、管理公告及新聞作者的良心；另外也可以來自新聞界之外，例如政府的管制、相關誹謗法律條文、消費者或閱聽者的壓力、新聞評議組織等（Hausman, Carl, 1992；胡幼偉譯，1995：75）。換句話說，解決倫理議題之道，依靠的是新聞倫理的規範及批判式自我和他律的檢討（Hausman, Carl, 1992；胡幼偉譯，1995：205-220、243-252）。

三、自律與他律

　　我們也可看到傳播媒體或新聞內容的產製單位，出於自律而定成文或不成文的規範，它通常帶有非官方和非法律的性質，無強迫性、無處罰條款的行為準則（彭翰編著，2006：153）。而世界上第一個成立新聞自律組織，是瑞典於1916年時成立的（彭翰編著，2006：165），**表3-1**為相關國家之新聞自律組織。

表3-1　美、英、中華民國新聞自律組織

時間	內容
1942年	美國芝加哥大學校長Robert M. Hutchins所領導的「新聞自由調查委員會」（the Commission on Freedom of the Press）成立時，即大力提倡媒體的社會責任論（彭翰編著，2006：53）。
1953年	英國則成立了「英國新聞評議會」。
1963年	9月2日，報人曹聖芬、王惕吾、余紀忠及耿修業等四人組織了「臺北市報業新聞評議委員會」，是臺灣最早訂定相關新聞倫理規範的單位。
1970年	8月，臺北市報業新聞評議委員會，擴大組織，成立了「臺北市新聞評議委員會」；這個組織是由臺北市報業公會、中華民國廣播事業協會、中華民國電視學會、臺北市通訊事業協會及臺北市記者公會等五個團體所組成的。
1972年	美國成立了全國性的新聞評議會。
1974年	9月1日記者節時，臺灣省報紙事業協會加入了臺北市新聞評議會，並且改組成「中華民國新聞評議委員會」。

（續）表3-1　美、英、中華民國新聞自律組織

時間	內容
1976年	新聞編輯人協會也加入了該組織。
1982年	高雄市報紙事業協會也加入「中華民國新聞評議委員會」，合計共有八個單位。該委員會組織，除了原有的提高道德標準、健全發展的主張外，也加進了維護新聞自由及促進新聞事業、善盡社會責任的理念（彭翰編著，2006：35；165-166）。

　　就新聞倫理規範及信條中，我們可看出哪些規範和信條，呈現出了新聞內容報導要真實、正確、公正、客觀、莊重、責任、公眾利益、獨立、自由、高尚品格、專業表現等新聞傳播倫理的內涵（馬驥伸，1997：41），與權力主張。至於新聞傳播媒介在社會組織中的角色問題，必須對媒介第四權概念加以探究。

第四節　媒介第四權與獨立、自由及責任的傳播倫理

　　媒介第四權的概念，實際上是沿自西方社會的階級觀察。在十八世紀時，英國政黨輝格黨（Whig）的政治家Edmund Burke（1729-1797）對當時英國社會的新聞事業、教會組織、國家的司法機構及一般民眾之間的互動與階級做一觀察，並且指出，就他看來，新聞在社會中的角色，比當時的其他三個階級（指的是教會、國家或政府及民眾）更形重要（Allen, Stuart, 2004；陳雅玫譯，2006：209），並且將新聞事業形容為所謂的第四階級（Fourth Estate）。

一、第四階級與無冕王

　　有關於第四階級的說法，彭家發與陳憶寧在對現代新聞學的研究中，整理了相關的說法。在1828年時，英國貴族Lord T. B. Macaulay目睹英國上議院（British House of Lord）專門負責採訪院會新聞的記者，

稱爲gallery reporter，坐在院會頂樓時風光的樣子，一時有感地說，記者
所坐的席次，已成爲王土（realm）的第四階級（a fourth estate），其餘
三者爲主教或大主教、貴族與士庶（彭家發、陳憶寧，2006：184）。
而在1860年時，英國人F. K. Hunt，在倫敦出版了〈第四階級〉（The
Fourth Estate）兩卷，第四階級的名號因此也流傳了起來。

　　而所謂「無冕王」（King without a crown）的形容於新聞報業中的
記者或主筆職位，見重於英國報業史上之《泰晤士報》（The Times）
的發展。《泰晤士報》一向以言論見長，在1817至1884年間分別由T.
Barnes（1785-1814）、J. T. Delane（1817-1879）及T. Chenery（1826-
1884）等人擔任報社的主筆，並成爲輿論界的領袖；自此，《泰晤士
報》的主筆在辭職之後，多被延攬爲閣員，當時的人們就稱此主筆爲無
冕王。而在十九世紀，《英國每日電訊報》（Daily Telegraph）的傑出記
者E. J. Dillon，因常爲深入報導冒險犯難，屢獲重大且有深入探討的新
聞，當時就被形容爲無冕王的模範（彭家發、陳憶寧，2006：184）。

　　然而，媒體的勢力，在第二次世界大戰之後，更是興旺了起來，
媒體與社會之間的關係，日受重視和討論。政治學者D. Carter，認爲大
衆傳播媒介有監督和檢討政府運作的機能，並在其所著的《政府第四部
門》（The Fourth Branch of Government）中指出新聞工作者，係美國立
法、司法和行政之外的第四部門，彰顯新聞工作的特殊地位和其所扮演
的社會功能，也就是去監督政府及其政治權力的運作；此後，這個詞彙
被中譯成第四權（彭家發、陳憶寧，2006：184）。

　　不過美國傳播學者J. C. Merrill於1974年即嚴斥這種說法，甚至將此
種說法，與人民知之權利（The right to know）及人民接近媒介、使用媒
介之媒介近用權（The right of access to the media），合稱爲新聞自由研
究領域中的三大迷思（Three libertarian myths）。他並且認爲這些說法，
欠缺理論基礎，但卻被廣泛地接受及信賴。他認爲行政、立法是來自於
人民的選擇；而司法權則是由人民所選出的行政代表所聘任。而所謂第
四權的合法地位，曁無人民選擇或聘任；並且如果如D. Carter所言，媒
介是政府的一個特殊部門，又要負責制衡政府，豈不是「以子之矛，攻

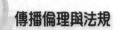

子之盾」（彭家發、陳憶寧，2006：184-185）。

二、獨立、自由的第四權符號權力

而到了1994年，英國學者J. B. Thompson，則從社會學和傳播理論的觀點，瞭解和論述所謂的媒介第四權，並為第四權建立其論述基礎，提出了新的第四權說。在他對權力議題的研究，將權力分為四大型態（Four main-forms of power），分別是：(1)符號權力（symbolic power）；(2)經濟權力（economic power)； (3)政治權力（political power）；(4)強制權力（coercive power）。他所指稱的經濟權力是指生產企業的制度化；政治權力是中央行政體制的制度化；強制權力則是軍事制度化；而符號權力則是指具使用符號形態的能力，去干預及影響行動、事件之過程的權力；而行使這種權力的是採用資訊與傳播的手段，包括盯牢傳播資訊或符號內容的技術，以及用在生產、傳輸與收受資訊的知識的技巧與形式。Thompson的想法是企圖從法蘭克福學派的批判性社會理論、英格斯（F. Inglis）及麥克魯漢（M. Mcluhan）的科技決定的媒介理論，以及符號形式之外，求諸文脈關係解讀理論外一章，建立一個所謂的媒介的社會理論（a social theory of media）（彭家發、陳憶寧，2006：185）。

在對於社會主義和資本主義與新聞自由的研究，楊開煌認為馬克思主張出版自由，每個人都可以不經過國家的事先許可，自由自在無阻礙地發表自己的意見，實際上馬克思的看法，和英國十七世紀時即追求出版自由的思想是一致的（楊開煌，1994：2-4）。但也指出社會主義的新聞自由也包含以下具體的內容：

1. 新聞自由是一切自由的根本，一個國家要是沒有出版自由，其他一切自由都是泡影。
2. 每個人都有公開發表自己意見的權利，事前不需經過檢查、事後不受迫害。

3.新聞作為第三者有監督政府、監督人民代表為民喉舌的權利，而
這些權利的行使是新聞自由的表徵。

4.黨的刊物也必須公開園地，讓同志討論各種公開分歧的觀點。

5.新聞自由不是絕對的自由，而是一分為二：資產階級沒有新聞自
由、無產階級獨占出版事業。

6.無產階級的新聞自由和無產階級專政是辯證的統一。因為在無產
階級的國家裡，新聞就是黨的喉舌，也是人民的喉舌，黨不可能
自我反對，人民也不可能自我反對。

　　根據以上六點，社會主義國家的新聞自由若不特別加上階級，幾乎
和資本主義國家沒什麼兩樣（楊開煌，1994：9-10）。

　　但依據賴祥蔚的研究，指出美國最高法院法官P. Stewart於1974年
時詮釋的第四階級理論，Stewart認為新聞自由並非保障大眾交換意見的
言論廣場，而是要保障新聞媒體的獨立、自主性，以便監督政府（賴祥
蔚，2006：106-111），這和楊開煌的對資本主義的新聞自由中的人人享
有自由發表意見的保障面向是有所不同的。

　　針對媒介第四權理論而言，新聞媒體的主要功能是為了整體社會
利益而監督政府，以檢驗施政的正當性。黃聖堯、李韋廷亦認為對新聞
自由的保障，與《憲法》第11條所保障的人民有言論、講學、著作及出
版的自由，應有所不同。但也指出在自由之家與無疆界記者組織發表的
「新聞自由年度調查報告」中，發現媒體在商業競爭下造成新聞自由的
濫用，反而成為應被監督的機構，媒體自律與改造，普遍性地受到重視
（黃聖堯、李韋廷，2006：1-33）。

三、信任的瓦解與公民新聞的提倡

　　在新聞亂象當中，所謂爆料風潮的蔓延，也是常為人所詬病的。在
蔡蕙如（2007）針對客觀新聞與爆料新聞之間所做的比較，她指出客觀
新聞的判定標準是其所報導的內容，在真實性上具真實與相關的特性，

公正性上具備中立與平衡的報導方式，無黨派色彩，事實與意見公開。但爆料新聞，其所傳播的新聞內容則常不與事實相關、不一定查證、錯誤的資料也不負責，雖然打著揭弊的名號，卻不行查證之實，對於消息來源毫不把關，媒體任由政治人物互相攻訐，雖有公共性，但揭弊意涵與事實卻異常低落，常是有聞必錄，也不公正，這樣的新聞報導模式，也瓦解了一名記者應有的反思能力與社會責任，這也是傳播媒體在追求經濟利益過程中，常用的手段與方法，而漸漸造成民眾普遍對媒體不信任的態度（蔡蕙如，2007：8-16）。對此，法蘭克福學者，哈伯瑪斯亦發現大眾媒體受到私有化和商業化的影響，讓少數人的私利取代多數人的公共利益，一旦大眾不再將媒體視為公共領域（即私人的商業性質遠大於監督政府的公共利益時），新聞工作者將失去新聞工作的神聖性，新聞媒體也無法繼續擔任第四權的角色了（林照真，2005：3-4）。

1980年代中期，「公共生活與新聞界工程」（Project on Public Life and the Press）研究計畫主任Jay Rosen及*Wichita Eagle*報紙主編Davis Buzz Merritt，在上述的媒介第四權的權力類型及其監督政府，企業組織制度化問題，將媒介的社會責任，延伸出另外一種的媒介責任論觀點。他們兩人認為應倡導公共新聞學（Public Journalism）的概念，其主要訴求是媒介要能夠，並且應該改進公民討論和促成社區問題的解決；而其實踐方式之一就是要詳細而長期地報導社會中重要爭議的議題（彭翰編著，2006：102-103），此一主張，或許我們可認為就是為了解決傳播媒介傳播的資訊過於短暫而膚淺，以致無法深入瞭解社會問題的核心，以及因多方的作用力互動和拉扯之下產生的複雜結構，以致無法解決社會或社區的問題而提出的見解。而新聞傳播媒體不再被信任時，應當思考並反省本身是否正處於一種左手製造問題，右手呼籲改善問題的窘境中，解決論述與實踐上的矛盾之後，主張媒介第四權的合理性，才得以存在。

第五節 結語

　　傳播媒介在現今資訊環境中，無論對政府、人民合法團體、組織或宗教等，如欲扮演監督的角色，促使相關單位真正落實資訊透明化，對民主的發展與民眾的福祉，當有很大的貢獻；而這也正是一種民眾的期待，期待我們的傳播媒介能在公共事務上，透過媒介符號權的適切運用，倫理中的善良的意志與人類善性中的惻隱之情的善推行為，幫助公民團體組織成長，並替民眾與弱勢團體發聲，督促我們的社會更加符合公平與正義。而傳播媒介及其表現，若定位於資本主義中以獲得最大利益為目的的工具，失去改善社會的理想性的話，將伴隨著許多經過偽飾的，甚至對社會正義嚴重傷害的利益輸送行為，民眾對大眾傳播媒介的信任度也就難以提升了。

問題討論

一、德國哲人康德（Immanuel Kant, 1724-1804）為何主張「善良的意志」的倫理觀？其內涵為何？其所說的「定然律令」，又具備哪些特徵？

二、新聞事業形成所謂的「專業的傲慢」的可能原因有哪些？有何負面效應？如何改變這種情形？

三、第四階級與第四權說的內涵之差異性為何？又如何落實媒介第四權才能獲得社會的信任？

參考書目

Allen, Stuart（2004），陳雅玫譯（2006）。《新聞文化：報紙、廣播、電視如何製造真相？》（News Culture）。臺北：書林。

Hausman, Carl（1992），胡幼偉譯（1995）。《良心危機：新聞倫理學的多元觀點》（Crisis of Conscience: Perspectives on Journalism Ethics）。臺北：五南。

Sanders, Karen (2003)，鄭郁欣、林佳誼、蔡貝倫譯（2008）。《探索新聞倫理》（Ethics and Journalism）。臺北：韋伯文化。

但昭偉（2009）。〈政府、人權與倫理──為個人自由的最大化進一言〉。《哲學與文化》，36(1)：85-98。

林照真（2005）。〈調查新聞學vs.公共新聞學：兩個「公共領域」新聞理想型的對話與交融〉。《中華傳播學會年會論文》，編號S33。

林麗雲（2005）。〈威權主義國家與電視：臺灣與南韓之比較〉。《新聞學研究》，85：1-30。

馬驥伸（1997）。《新聞倫理》。臺北：三民書局。

陳特（2009）。《倫理學釋論》。臺北：東大圖書。

彭家發、陳憶寧編著（2006）。《現代新聞學》。臺北：國立空中大學。

彭翰編著（2006）。《新聞學進階Q&A》。臺北：風雲論壇。

黃聖堯、李韋廷（2006）。〈新聞自由測量指標之比較研究──以自由之家與無疆界記者組織年度調查報告為例〉。《中山人文社會科學期刊》，14(2)：1-33。

楊開煌（1994）。〈社會主義「新聞自由」之評析〉。《台大新聞論壇》，1(2)：1-28。

葉海煙（2001）。《中國哲學的倫理觀》。臺北：五南。

劉昌德（2006）。〈新聞自律機制之回顧與再思考〉。《中華傳播學會年會論文》，編號G20。

劉煥雲、張民光（2006）。〈儒家倫理思想之特色與現代社公平正義之實踐〉。《漢學研究集刊》，2：127-164。

蔡蕙如（2007）。〈進步的揭弊性格？──「爆料新聞學」在臺灣〉。《中華傳播學會年會論文》，編號1-1-B4。

賴祥蔚（2006）。〈新聞自由的臨摹與反思〉。《新聞學研究》，87：97-

129。

賴祥蔚（2007）。〈媒體素養與言論自由的辯證〉。《新聞學研究》，92：
　　97-128。

謝青龍（2009）。〈論道德判斷與倫理發展之關係〉。《哲學與文化》，
　　36(6)：3-27。

羅文輝（1996）。〈新聞事業與新聞人員的專業地位：逐漸形成的專業〉。
　　《台大新聞論壇》，1(4)：280-292。

羅文輝、張文（1997）。〈臺灣新聞人員的專業倫理：1994年的調查分
　　析〉。《新聞學研究》，55：244-271。

第四章　電視新聞報導法規與倫理

中國文化大學新聞系副教授

莊伯仲

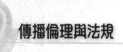

摘要

　　法規（regulations）是一種法律條文，藉由立法的方式強制規範新聞從業人員服從；而倫理（ethics）則是新聞從業人員自己建立的行為準則，藉由自身要求與外界期待讓從業人員自發性的遵守，也可說是一種職業道德。所以法規是他律，而倫理則屬自律，兩者共同促使新聞從業人員能堅守崗位，並完成社會使命。

　　但是，我國並沒有「新聞法」這樣的法律，它不像《憲法》、《刑法》或《民法》一樣，已經具體地成文條列，並且集結成冊，可供吾人查詢與檢索。儘管如此，臺灣新聞法規卻也涵蓋在相關法律條文中，因此，本章希望能將分散於各處的主要法條整理出來，以供參考。

　　本章將以兩大層面探討之：第一，針對新聞相關法規進行整理，包括《廣播電視法》、《衛星廣播電視法》及《兒童及少年福利與權益保障法》等；第二，以新聞倫理規範探討新聞產製，叮嚀從業人員應當謹守職業道德。另外，本章亦將探討相關違規個案。

第一節　電視新聞報導主要法規

一、置入性行銷

　　林照真（2005）認為臺灣媒體之所以淪為置入性行銷的溫床，肇因於媒體數量過多，超過市場負荷，導致媒體「均貧」現象，使得幾乎每一家媒體都得絞盡腦汁掙錢、搶廣告主的預算。而媒體為了增加收入，會安排新聞節目，甚至是新聞時段製作業配新聞為廣告商服務，置入性行銷可以說是完全侵入新聞時段，挑戰新聞該有的公信力，讓新聞成為

廣告宣傳中的一環。

置入性行銷之所以會成為全民話題，肇因於它是以一種潛移默化的方式改變閱聽人對於產品的印象，利用一種低涉入感的模式悄悄的侵入閱聽人的腦袋中。廣告主利用傳播媒介巧妙的將欲推銷之商品、口號或形象，藉由新聞、戲劇或節目呈現出來。造成閱聽人分不清廣告與節目、新聞之間的差別，好讓閱聽人將兩者混淆在一起，此時，廣告主便得到原先設定的目的，達到宣傳效果。

鄭自隆（2008）發現電視置入有：策劃報導、議題討論、活動配合、專輯置入、道具使用、場景呈現等六種主要的方式。徐振興、黃甄玉（2005）則認為這些被置入的內容經由付費、再透過設計安排，且以不醒目的手法將產品放入媒體內容中，進而影響閱聽人。例如在臺灣的電視新聞報導中，主播服裝是某家公司贊助，節目後出現感謝字卡。甚至在報導消費新聞時刻意露出產品、商標，或者提及優惠訊息，這都屬於置入行為。

然而，置入性行銷可以肆無忌憚的出現在電視新聞中嗎？《衛星廣播電視法》第19條第一項就如此規範：「**節目應維持完整性，並與廣告區分。**」所以答案當然是否定的。

置入式的宣傳策略也遭到各界批評，學界多認為電波頻率是公共財，不應落入特定廠商手中，並且電視節目製作人也應擔負起社會責任，避免為特定廠商背書。廖淑君（2006）主張，政府利用置入進行政令宣導，將有可能構成節目廣告化現象，有違廣播電視相關法規中關於節目與廣告分離原則、節目廣告化或廣告節目化認定原則之虞，理應受到規範與限制。而臺灣記者協會更曾在馬英九2008年競選總統時要求他宣示「反置入性行銷」，馬總統雖予承諾，但因未能貫徹執行，而遭到批評。

2010年底，中時資深記者黃哲斌因無法忍受報社指派業務配合的新聞，憤而提出辭呈，並於部落格發表〈乘著噴射機，我離開《中國時報》〉一文，引起極大迴響。除有上萬人連署反對政府收買媒體，新聞傳播院校與媒改團體也串聯表示不排除發起遊行。執政的國民黨順應民

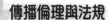

意，2011年1月12日於立法院三讀通過《預算法》修正案，規定政府各機關以及公營事業、政府捐助基金50%以上成立的財團法人，及政府轉投資資本50%以上的事業，未來的政策宣導時應明確標示為廣告，而且不能用置入性行銷的方式辦理。此舉雖獲各界肯定，但一來並未限制候選人或商業組織的置入行為，二來真正高明的置入並不會輕易被看穿，所以修法後的成效仍有待觀察。

此外，不只是電視新聞，一般節目也須拿捏產品置入的尺度。2010年12月22日國家通訊傳播委員會（以下簡稱NCC）即以年代綜合臺因廣告與節目區隔不清，置入性行銷嚴重，有多次違規紀錄，決議予以撤照，並開罰二百一十萬元。這是NCC首次撤銷衛星頻道業者執照，舉國關注，也引發業者後續的連串抗爭，但最終仍於2010年12月31日午夜正式停播。

值得一提的是，為活絡影視產業，引入企業資金，NCC於2012年底大幅鬆綁相關規範，有條件同意產品置入和冠名贊助，但必須符合「三不一揭露」原則，亦即不影響獨立製作精神、不鼓勵購買促銷、不過分顯示商品及揭露業者名稱。不過新聞和兒童節目並不在開放範圍。

二、羶色腥

在收視率當道的傳播生態中，對於商業電視臺來說，收視率正是一種潛力指標。各家電視臺籠罩在營收壓力之下，毫無經濟自主空間，最後導致惡性競爭，不斷地運用羶色腥（sensationalism）的方式製作節目，然後吸引閱聽人收看，最後再打著高收視率的幌子，誘使廣告主投入資金，而形成一種惡性循環。

所謂的黃色新聞（yellow journalism）係指帶有欺騙性的煽動性大標題、偽造圖片、捏造新聞等。隨著電視的普及率增加，原本在報紙上的「黃色新聞」問題，也逐漸出現在電視上，由於電視的聲光效果，使「黃色新聞」中的色情、暴力、血腥問題更加嚴重。有鑑於此，我國《性侵害犯罪防治法》第13條特別規定：「**宣傳品、出版品、廣播、電**

視、網際網路內容或其他媒體，不得報導或記載被害人之姓名或其他足資辨別被害人身分之資訊。」可見我國法律對性侵害犯罪被害人的保護。

　　如同大家所知，電視新聞是觀眾所重視與信任的，也有很多家庭把電視新聞視為闔家觀賞的節目，但其內容與對觀眾所產生的影響是值得探討的問題。所以，當電視新聞中的暴力血腥畫面有增加的趨勢，愈有戲劇性、突發性或衝突性的事件，被報導的可能性增高，因此有關謀殺、攻擊或犯罪事件的報導，在新聞節目中常會大量出現。根據林照真（2009）的統計，純粹的「犯罪新聞」的確有助於提高收視率，這也解釋了即使連美國媒體愈來愈不喜歡花時間做調查報導，不做政治、財經、科技等硬新聞（hard news），反而將新聞聚焦在追逐犯罪現場的戲劇性畫面，拍攝一些煽情的畫面，以便提高收視率並獲取商業利益。

　　至於臺灣，莊伯仲、賴祥蔚（2009）發現「意外新聞」、「衝突新聞」，這些社會新聞竟是電視頻道用來衝高收視率的首選，而且從收視率調查中發現，高收視的新聞中竟高達二至三成都屬於社會類新聞，所以死屍橫陳、流血斷肢、哀嚎求救，以及立場對峙的兩方人士鬥毆、破壞的鏡頭屢見不鮮，此乃其來有自也。

　　另就維護觀眾免於恐懼的權利來說，電視新聞不宜播放色情、暴力、犯罪等畫面，甚至以近距離特寫鏡頭做詳細描述，否則也有違反分級制度之虞，以下詳述之。

三、違反分級規定

　　NCC針對普、護、輔、限四種分級制度之不同規範尺度制定出《電視節目分級處理辦法》，該法所要求的對象是電視節目，電視新聞並非直接規範的範圍，但是在該法第13條中，特別載明「**新聞報導節目得不標示級別，其畫面應符合『普』級規定。**」

　　正因為電視新聞只容許普遍級的存在，因此當報導內容超過此界限，跨越到輔導級、保護級，甚至是限制級時，都將會被視為違法。

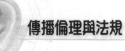
因為新聞屬於電視頻道所播出之內容，該法作為電視新聞報導之遵循法則有其正當性，理應避免跨越級別，觸及限制級、輔導級與保護級之內容，須以普遍級的規範作為新聞製作的最高指導原則。

《電視節目分級處理辦法》第9條明定各級別不得播出之特殊內容如下：

(一)涉及「暴力、血腥、恐怖」項目依其級別不得播出之特殊內容

級別	例示項目
限制級	1.過度描述殺人或虐待動物等嚴重違反人道精神者。 2.過度描述暴力、血腥、恐怖情節，其表現方式為一般成年人無法接受的情形。
輔導級	1.強調血腥、暴力、恐怖之情節，如：利器刺（割）入肌膚畫面或身體腐（溶、蛀）蝕等近距鏡頭。 2.暴力、血腥、恐怖程度足以影響少年身心健康或引發模仿者，如：殺人或自殺過程的細節描述、肢體受傷殘之細節過程等。 3.將自殺描繪為遇到壓力、挫折或其他問題之適當反應。
保護級	1.鬥毆、打殺等情節太長或太頻繁。 2.重複加諸身體或心理上的暴力。 3.令人驚恐不安的天災、意外、戰爭或社會暴力事件之細節。 4.有引發模仿之虞的危險行為或有傷害他人之虞的惡作劇行為。 5.描繪自殺過程情節。
普遍級	1.任何對兒童發生不良影響之暴力、血腥、恐怖等情節。 2.易引發兒童模仿有傷害自己或別人之虞之情節。

(二)涉及「靈異等超自然現象」項目依其級別不得播出之特殊內容

級別	例示項目
限制級	有靈異或玄奇詭異之情節，一般成年人無法接受者。
輔導級	1.驅邪、通靈或其他玄奇詭異等涉及超自然現象，其情節令人驚恐不安者。 2.將涉及算命、風水、解運或其他類似之超自然事物，描述為解決問題的方式，易令人驚恐不安者。
保護級	1.靈異情節或一再重複緊張、懸疑氣氛內容或畫面，易引發兒童驚恐和情緒不安者。

級別	例示項目
保護級	2.刻意尋訪或試驗靈異現象等之內容。 3.涉及算命、風水、解運或其他類似之超自然方式，易致觀眾迷信者。
普遍級	有導致兒童驚慌或焦慮不安之虞者。

(三)涉及「性行為、色慾或具性意涵」項目依其級別不得播出之特殊內容

級別	例示項目
限制級	1.明顯渲染性行為，屬於猥褻的鏡頭或情節，如：誇張的性行為、性行為過程具體描述、生殖器之撫摸或口交等。 2.脫離常軌的性行為鏡頭，如：雞姦、輪姦、屍姦、獸姦、使用淫具等。 3.描寫施加或接受折磨、羞辱而獲得性歡樂之情節。 4.描述強暴過程細節，表現方式使人以為對他人進行性侵害是被認可之行為。
輔導級	1.強暴過程的細節描述。 2.強烈性暗示的對白、聲音或動作。 3.從劇中人物之動作可以看出涉及暴力、凌辱、猥褻或變態等性行為。
保護級	1.令人尷尬、反感之性話題、性暗示或肢體接觸。 2.有誤導兒童偏差性觀念或對兩性關係不當認知之虞者。 3.為增加娛樂效果或以戲謔方式呈現之涉及性的話題或內容。
普遍級	任何涉及性行為、色慾或具性意涵等之內容。

(四)涉及裸露鏡頭依其級別得播出之特殊內容

級別	例示項目
限制級	1.可保留未暴露生殖器及陰毛之裸露鏡頭。 2.可保留為劇情需要，且無性行為、猥褻意味或渲染方式，而裸露生殖器及陰毛者。
輔導級	可視節目內容需要，保留下列不涉及猥褻或性行為之鏡頭： 1.背面全裸。 2.透過毛玻璃或其他有相同遮掩效果之全裸。
保護級	劇情必要時，得保留下列不涉及猥褻或性行為之鏡頭：
普遍級	1.六歲以下的兒童全裸。 2.以裸露上半身為常習者。 3.背面上半身裸露鏡頭。

(五)涉及「不當之言語、動作」項目依其級別不得播出之特殊內容

級別	例示項目
限制級	過度低俗、粗鄙、令人反感之言語、動作，一般成年人無法接受者。
輔導級	低俗、粗鄙、令人反感之言語、動作，對少年身心發展有不良影響者。
保護級	1.強調或一再出現低俗、粗鄙、令人反感之言語或動作，易引發兒童模仿或造成不良示範作用者。 2.容易被兒童模仿的危險動作（其他雖不容易被兒童模仿，但仍然有可能被少年觀眾模仿的危險動作，則需以影像及聲音發出警告）。
普遍級	1.粗鄙、無禮或有不良意含之言語、手勢。 2.易對兒童身心產生不良作用之言語、動作。

四、妨害兒童或少年身心健康

　　兒童與少年是國家未來主人翁，其身心健康至為重要。所以《衛星廣播電視法》第17條規定：「衛星廣播電視事業及境外衛星廣播電視事業播送之節目內容，不得有下列情形之一：一、違反法律強制或禁止規定。二、妨害兒童或少年身心健康。三、妨害公共秩序或善良風俗。」NCC可對嚴重違規者處以撤銷頻道執照之處分。

　　而《兒童及少年福利與權益保障法》第45條亦明確規定：「新聞紙不得刊載下列有害兒童及少年身心健康之內容。但引用司法機關或行政機關公開之文書而為適當之處理者，不在此限：

　　一、過度描述（繪）強制性交、猥褻、自殺、施用毒品等行為細節之文字或圖片。

　　二、過度描述（繪）血腥、色情細節之文字或圖片。

　　為認定前項內容，報業商業同業公會應訂定防止新聞紙刊載有害兒童及少年身心健康內容之自律規範及審議機制，報中央主管機關備查。

　　新聞紙業者經舉發有違反第一項之情事者，報業商業同業公會應於三個月內，依據前項自律規範及審議機制處置。必要時，得延長一個月。

有下列情事之一者，主管機關應邀請報業商業同業公會代表、兒童及少年福利團體代表以及專家學者代表，依第二項備查之自律規範，共同審議認定之：

一、非屬報業商業同業公會會員之新聞紙業者經舉發有違反第一項之情事。

二、報業商業同業公會就前項案件逾期不處置。

三、報業商業同業公會就前項案件之處置結果，經新聞紙刊載之當事人、受處置之新聞紙業者或兒童及少年福利團體申訴。」

2009年11月間，壹傳媒集團的網路「動新聞」以動畫鉅細靡遺模擬社會事件，因為太過情色、血腥、暴力，且侵犯當事者人權，而引發爭議，各界紛紛出現反彈，遭到多個公民團體抗議。臺北市政府即依據《兒童及少年福利與權益保障法》的前身《兒童及少年福利法》第30條第十二款違反媒體分級辦法之規定，予以重罰五十萬元共兩次。

有鑑於此，《廣播電視法》第21條也規定：「廣播、電視節目內容，不得有左列情形之一：……。四、傷害兒童身心健康。五、妨害公共秩序或善良風俗。……」可見這些法條都一再地警示新聞從業人員應該善盡守門功能，不能讓新聞內容跨級播出或是違反公序良俗，而生不當。

值得一提的是，《兒童及少年福利與權益保障法》第69條也規範：「宣傳品、出版品、廣播、電視、網際網路或其他媒體對下列兒童及少年不得報導或記載其姓名或其他足以識別身分之資訊：

一、遭受第49條或第56條第一項各款行為。

二、施用毒品、非法施用管制藥品或其他有害身心健康之物質。

三、為否認子女之訴、收養事件、親權行使、負擔事件或監護權之選定、酌定、改定事件之當事人或關係人。

四、為刑事案件、少年保護事件之當事人或被害人。」

行政機關及司法機關所製作必須公開之文書，除前項第三款或其他法律特別規定之情形外，亦不得揭露足以識別前項兒童及少年身分之資訊。

　　除前二項以外之任何人亦不得於媒體、資訊或以其他公示方式揭示有關第一項兒童及少年之姓名及其他足以識別身分之資訊。

　　第一、二項如係為增進兒童及少年福利或維護公共利益，且經行政機關邀集相關機關、兒童及少年福利團體與報業商業同業公會代表共同審議後，認為有公開之必要，不在此限。

　　因此廣電媒體若有必要報導具有這些身分的兒童或青少年時要特別留意，除了不可標示其姓名之外，臉部還須加上馬賽克，說話也須經變音處理，否則恐有觸法之虞。

五、媒體審判

　　《廣播電視法》第22條規定：「廣播、電視節目對於尚在偵查或審判中之訴訟事件，或承辦該事件之司法人員或有關之訴訟關係人，不得評論；並不得報導禁止公開訴訟事件之辯論。」此法的制定就是避免媒體在法律判定嫌疑人罪行之前先行展開媒體公審，造成日後司法審理的困難。

　　因此，國內出現了許多新聞自由與偵查不公開的辯論及研究，為了就是要在這兩者之間取得一個平衡，避免日後出現媒體審判，甚至是媒體殺人的情形。陳弘昇（2007）提到，偵查不公開原則是避免媒體公審，影響被告接受公平審判的機會，我們都知道一旦將相關的偵查資料公布在媒體上，就會引起熱烈地討論，而閱聽人在媒體的渲染之下，未經查驗證據就認定嫌疑人的行為是犯罪事實，那麼更可能影響到法官日後的心證形成，而破壞被告接受公平審判的權利與原則。畢竟媒體在嫌疑人未被定罪之前妄加論斷，使得司法審判失衡，影響法官的自由心證，甚至造成誤判，這是吾人極不樂見的現象。

六、錯誤報導

記者是人，人難免有錯。《廣播電視法》第23條就規範「對於電臺之報導，利害關係人認為錯誤，於播送之日起，十五日內要求更正時，電臺應於接到要求後七日內，在原節目或原節目同一時間之節目中，加以更正；或將其認為報導並無錯誤之理由，以書面答覆請求人。前項錯誤報導，致利害關係人之權益受有實際損害時，電臺及其負責人與有關人員應依法負民事或刑事責任。」

此辦法的出現，對於新聞記者其實也是一個福音。如此一來，即便是記者不慎報導錯誤資訊，也有法定的道歉機會。不過道歉畢竟是一種消極的解決方式，仔細做好每一次查證的工作才是積極的正確態度。

七、妨害秘密

《刑法》第315條之規範「有下列行為之一者，處三年以下有期徒刑、拘役或三萬元以下罰金：一、無故利用工具或設備窺視、竊聽他人非公開之活動、言論、談話或身體隱私部位者。二、無故以錄音、照相、錄影或電磁紀錄竊錄他人非公開之活動、言論、談話或身體隱私部位者。」之2第三項則進一步規範「製造、散布、播送或販賣前二項或前條第二款竊錄之內容者，依第一項之規定處斷。前三項之未遂犯罰之。」2012年部分媒體過度報導富少淫魔李宗瑞迷姦偷拍被害女子，內容雖未明顯裸露，但因事涉妨害秘密，包含《自由時報》和《中國時報》共七名主管與記者被臺北地方法院分別判處有期徒刑三至六個月，均可易科罰金。

 ## 第二節 電視新聞報導相關倫理

　　前述規範電視新聞羶色腥、媒體審判、錯誤報導、產品置入的法律條文也有對應的專業道德。《中華民國電視道德規範》第四章第4條規定：「有關犯罪及風化案件之新聞，在處理技術上應特別審慎，不可以語言圖片描述犯罪方法，並避免暴力與色情鏡頭。」第10條也規定：「對於正在法院審理中之案件不得評論，以免影響審判。」第11條建議「新聞報導及評論，如發現錯誤，應儘速更正。倘涉及名譽，則應儘速在相同時段，給對方申述或答辯之機會。」第12條則提到：「新聞內容不得直接為某一廠家或其產品作宣傳，以謀取廣告利益。」

　　我們還可以從整個新聞產製方式來檢視其他倫理。首先，考驗的是新聞記者對消息來源的掌握、新聞內容的查證，再來，我們可以檢討新聞記者對於採訪內容的撰述品質，像是有無寫錯字、是否帶入個人觀點等，最後呈現在閱聽人面前時，是否還是純淨新聞。接下來本節謹就新聞倫理相關層面討論之。

一、消息來源

　　《中央通訊社編採手冊》提到：「記者對與消息來源之間的關係應有良好的拿捏，以防陷於立場偏頗，或讓人誤解。記者應該瞭解，一般的消息來源基於他們一己之需，總想爭取記者的好感，甚至有所操控。」倘若記者從一開始的新聞來源就已經辨識不清，何來後續的新聞報導。所以消息來源是新聞事實的構成要素，同時也是一種敘事修辭方式，這種修飾方式對重建新聞真實有重要的作用，但往往也最容易成為捏造虛假新聞手段。可見新聞記者的確需要加強自律，才不致誤導閱聽人。

　　臺灣新聞記者協會也在其《新聞倫理公約》第3條提到：「新聞工

作者不應利用新聞處理技巧，扭曲或掩蓋新聞事實，也不得以片斷取材、煽情、誇大、討好等失衡手段，呈現新聞資訊或進行評論。」，此乃殊途同歸。

二、新聞查證

新聞從業人員在整個傳播生態失衡的環境下，確實很難像過去的報人一樣，秉持公共性熱忱去從事編採。但這並不表示新聞最基本的構成要件都得逐一放棄，查證工作仍是記者的最基本工作，但是現在電視新聞卻淪為秀場舞臺，記者成了演出班底，導致新聞的真實性不再重要，而漸漸失去原本地位，因為這一切好像都是操弄出來的。

為了預防類似事件發生，臺灣新聞記者協會制定的《新聞倫理公約》第11條提到：「新聞工作者應該詳實查證新聞事實。」意思是說，新聞記者應該查明真相，才能下筆論述。其實，馬星野先生早在《中國新聞記者信條》裡就曾提到：「吾人深信：評論時事，公正第一。凡是是非非，善善惡惡，一本於善良純潔之動機，冷靜精密之思考，確鑿充分之證據而判定。忠恕寬厚，以與人為善，勇敢獨立，以堅守立場。」時代在變、環境在變、潮流也在變，但不管從哪個角度來看，從業人員仍應謹守新聞信念，莫忘心中那把衡量道德的尺。

三、夾敘夾議

《中央通訊社編採手冊》提到：「新聞切忌捏造、竄改、扭曲、不實的陳述、含沙射影、心存惡意、八卦、謠言、誇大、道聽塗說、夾敘夾議，這類作法最後都將付出很大的代價。」新聞是一種事實，所以它不應該帶有評論。新聞記者的工作在於呈現真相，而評論部分本來就會因個人特質不同而有所差異。為此，《中華民國電視道德規範》第四章第6條提出建議：「新聞分析及評論應與新聞報導嚴格劃分，因前者含

主觀成分，後者爲純客觀之事實。」如此一來，我們就可以分辨新聞報導與新聞分析的不同，新聞內容也不再夾敘夾議，讓人摸不著頭緒。

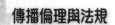 ## 第三節　結語

　　臺灣的電視新聞報導近年來愈受質疑，多數閱聽人及學者皆認爲主要的違法狀況，在於新聞報導的處理方式過於戲劇化而失去眞實性。新聞記者有如演員，不斷地以誇張的言詞與肢體表現，甚至是畫面重現，來換取較高的收視率，導致新聞頻道成爲秀場，記者們漸漸不再客觀採訪，反而是帶有主觀意識的參與演出。

　　研究者認爲此現象不只肇因於新聞從業人員長期缺乏對法規的認識，更在於電視經營者不重視相關規範，越演越烈。事實上，言論自由雖爲《憲法》所保障，但是仍有許多法律條文足以規範記者處理新聞尺度；除此之外，先人也早就制定一套用來規範記者的從業行爲，並加深道德素養的新聞倫理條例。

　　若以新聞道德面來思考，筆者認爲電視臺在新聞處理上，經常在客觀條件犯錯，例如：上錯標題、數據錯誤等，這些雖爲小錯，但若能避免，相信對於整體新聞呈現會日趨完美；主觀條件由於牽扯過多的電視臺立場與政治、經濟等因素，所以難以在短期間獲得改善。除此之外，媒體審判是違反新聞倫理的最大宗案件，部分記者經常充當法官，並兼任檢調發言人，自覺具有瞬間定罪定案的能力，忽視司法調查之獨立性與公平性，此種行爲已違反犯罪嫌疑人之人權，嚴重的話，還會影響司法體系的運作，殊爲不當，應立即改善。

　　因此，教育界在媒體素養的通識教育中應該加入新聞倫理課程，單單只是教育新聞科系的學生並無法體現整體效果，若能從小給予正確的新聞倫理觀，讓閱聽人與媒體人同時受到教育，那麼整個傳播生態才有改善的空間，否則只有在惡性循環中不斷地往更底層深陷，無法自拔。

　　結論發現，新聞法規可從各方面找到利基點，從《兒童及少年福利

與權益保障法》進而關心新聞內容的呈現是否違反兒少身心健康發展；從《廣播電視法》可以找到主管機關對於新聞呈現的法規；從《電視節目分級處理辦法》探討何爲新聞的合理呈現範圍。除此之外，我們還可以從倫理層面來檢視新聞記者的專業素養，新聞呈現的方式與內容是否合乎專業意理。我們發現臺灣新聞的違規案例幾乎無日不有，新聞記者的犯錯率偏高，顯示電視臺高層人員對於相關法規與倫理未能充分認知與足夠重視。

　　筆者認爲，一方面規管單位未來應該更重視這些問題，嚴格依法行政，該罰則罰。尤其是電視新聞，因爲頻譜屬於全國公衆，更須受到監督與檢驗。畢竟閱聽人需要的是可以供應正確資訊的新聞頻道，而不是充斥著人工商品的戲劇頻道。另一方面，徒法不足以自行，不論是第一線記者、各級主管、抑或是媒體老闆，都應反思新聞專業，所作所爲要能服膺社會公器角色，莫把閱聽人的期待給忽略了。

問題討論

一、爲什麼電視新聞不應該讓廣告商置入？這又會對閱聽人造成什麼樣的影響？

二、能否舉出近期的新聞違反法規與倫理的案例？請試著分析之。

三、一般人對於媒體素養的認知有多少，請試著討論之。

參考書目

林照真（2005）。〈「置入性行銷」：新聞與廣告倫理的雙重崩壞〉。《中華傳播學刊》，8：27-44。

林照真（2009）。《收視率新聞學：臺灣電視新聞商品化》。臺北：聯經。

徐振興、黃甄玉（2005）。〈產品訊息疑似置入偶像劇之研究〉。《中華傳播學刊》，8：65-114。

陳弘昇（2007）。《偵查不公開與新聞自由衝突之權衡》。臺北市立教育大學社會科學教育學系碩士論文。

莊伯仲、賴祥蔚（2009）。《98年觀察電視節目與廣告內容表現》。國家通訊傳播委員會委託研究計畫。

廖淑君（2006）。〈政府從事電視置入性行銷法律規範之研究〉。《廣告學研究》，26：83-107。

鄭自隆（2008）。《電視置入：型式、效果與倫理》。臺北：正中。

第五章　傳播誹謗與隱私保護

國家通訊傳播委員會主任秘書

文化大學新聞系兼任助理教授

何吉森

摘要

　　新聞傳播言論有促進「監督」政治、凝聚社會公意的功能，固應予高度尊重，但如明知不實，或未盡傳播專業應有之查證，造成他人名譽受損，即應負誹謗或名譽侵權責任。另報導事項雖屬真實，確係屬他人私領域之私隱，涉及人格尊嚴與心靈安寧，此部分之傷害，愈真實傷害愈大。於本章我們將學習傳播侵權最常見的兩種類型，誹謗與侵害隱私，其成立要件、免責情形及其責任之類型化，將是討論重心。

　　本章第一節從誹謗言論的構成要件直接切入，說明其核心概念，再從民刑事及行政法上責任予以類型化。第二節則從隱私權保護之概念、理論基礎及類型來闡述傳統之隱私權觀念。第三節將討論資訊時代的誹謗與隱私議題與爭訟實務。

第一節　誹謗言論

一、誹謗罪的構成要件

　　於英美學界通說，稱誹謗（defamation）指某人用文字或口語損害某一特定人名譽的錯誤陳述（false statement），此一陳述要向第三者（非受害人）傳布，以致那一特定人遭受公眾的仇恨、藐視或嘲笑。由此可知「錯誤陳述」在英美是誹謗成立的要件，如非錯誤，或尚未散布將難構成誹謗。而我國《刑法》第310條第一項：「**意圖散布於眾，而指摘或傳述足以毀損他人名譽之事者，為誹謗罪。**」其構成要件與前述英美通說不同，實務解析時應予以注意，以下先就我國《刑法》誹謗罪基本型態之構成要件予以分析。

(一)行為主體：即誹謗者

◆行為主體為實際指摘或傳述之自然人

　　由於法人（如公司、社團或財團法人等）之人格乃法律所擬制，及法人不可能接受自由刑等刑罰處分之刑事罰理論，法人不能為誹謗罪的行為主體，只有具有意思能力的自然人才能為誹謗罪的行為主體。實務上有以媒體公司或報社、雜誌社為告訴對象，因無當事人能力，經法院為不受理判決❶（林天財等，2007：22）。

◆犯罪主體需為實際的行為人

　　我國《刑法》採行為主義，實務上有以報社實習生為被告提告，然因實習生雖掛名但非實際撰稿之人，非實際行為人本身，而獲判無罪❷（林天財等，2007：24）。又除記者、編輯外，社長、負責人如實際參與編務或知悉而有共謀時，均需負誹謗之責。

(二)行為客體：即被誹謗者

◆誹謗對象含自然人與法人

　　除自然人外，其他如公司、商號或非營利組織等法人或非法人團體，均可成為誹謗行為之客體❸。

◆需為特定或可得推知之人

　　除特定指涉之人外，如由行為人指摘或傳述之意旨，按社會客觀觀念觀察，得以推知所指為何人者亦屬之❹。若非該特定人而提起誹謗之訴，既非犯罪被害人，法院應為不受理判決❺；如無從按社會客觀觀念，藉以推知行為人指摘或傳述所指為何人，如僅稱「他」、「法官」、「該老師」等，無從具體指涉或推知某特定人，任何人亦無權提告❻（林天財等，2007：27）。

(三)違法行為構成要件

◆主觀意思要件為「故意」[7]且「意圖散布於眾」

　　所稱故意包含直接故意與間接故意，前者指行為人明知為不實，且對其行為之結果有所認識，卻仍決意指摘或傳述促使其預見之結果（毀損他人名譽）發生。後者對結果之發生雖僅是預見，但確仍聽任其發展，不予查證而予以報導，終至發生[8]。

　　稱「意圖散布於眾」，只要有意圖即足，不特定大眾（即第三人）知悉與否在所不問，此點與英美誹謗言論需陳述已向第三者（非受害人）傳布始構成，有所不同。然而，如任憑內心主觀之「意圖」即予以認定犯罪，對言論或新聞自由均將造成傷害。實務上，法院判決仍會視行為人之行為舉止，判斷其是否有散布於眾之意圖，如「僅於電話中指摘或傳述」、「僅在友人聚會餐飲中發洩心情」、「僅向法院自訴或向行政機關陳情」，實務判決均不認為有此意圖[9]。

◆客觀上有指摘或傳述足以毀損他人名譽之具體事實

1.「指摘」或「傳述」

　　前者為就某事實予以指明揭發。後者為宣傳轉述，轉載揭發某一事實。又誹謗罪在《刑法》為即成犯，誹謗之指摘或轉述行為如已完成，事後縱為更正，亦於誹謗罪之成立不生影響[10]，惟得作為法官科刑時裁量之參考。又連續於報章刊載數日涉及誹謗之文章，為本罪之接續犯，原則上以一行為視之。

2.足以毀損他人名譽

　　此即學理上所稱內容之「誹謗性」（林世宗，2005：309-314；呂有文，1983：333），通說採外在名譽說[11]，認為該指摘或傳述之事實內容，從整體審視，依當時社會一般有理性人通念之認知，在客觀上足使他人之人格或聲譽遭受負面評價之危險（林天財等，2007：17；法務部，1996：6）。是否毀損他人名譽，應就被害人之地位及事實內容以

客觀方式認定之[12]。至於實際上他人之社會評價是否遭受損毀，在所不問[13]。

3.須為「具體」「事實」

誹謗罪之構成，其指摘或傳述者須係「具體」之事實，其與公然侮辱罪僅係謾罵之語不同，如公然罵人為「垃圾」、「瘋子」等不構成誹謗罪，但可能成立《刑法》第309條之公然侮辱罪[14]。

稱具體之「事實」，自然不包括個人主觀之「評論」或「意見」，如《刑法》第310條第三項規定所述，誹謗罪以指摘虛偽事實之言論為處罰對象，此僅針對「事實」而言，如為「評論」或「意見」理論上均與誹謗罪責無涉。惟我國《刑法》第311條第三款又規定：對於可受公評之事，以善意發表言論，而為適當之評論，不罰。引起「事實」與「意見」應予區分之論，及誹謗罪係採絕對主義或相對主義之辯[15]。

由於事實的記載要求真實，否則可能構成誹謗；意見的陳述雖亦可能構成誹謗，但可引用公平評論（fair comment）作為抗辯。因此對某一言論是否為事實或意見陳述，有必要予以區分，**表5-1**所列因素可作為判斷之參考。

事實陳述與意見發表在概念上本屬流動，有時難期其涇渭分明，若意見係以某項事實為基礎或發言過程中夾論夾敘，將事實敘述與評論混為一談時，則應考慮事實之真偽問題。

表5-1　「事實」與「意見」區分表

判斷標準	說明
由其所使用的特定文字本身做判斷。	依文意解釋，如報導稱「吳揆稱：……」對引號後之文字，應確實查證。
由此陳述是否可被證實做判斷，如為可查證即為事實之陳述，若為不可查證即為意見之表達。	如報導時稱「連小學生的表演都不及格」，可能被評定為事實；稱「表演似跳躍的怪物」，可能被評定為意見。
就整篇文章通體觀之。	就文章整體文理作解釋。
除文字本身外，尚可就其他客觀環境及各種可能的影響加以考量。	如專欄或社論的文字多被解為意見陳述。

二、誹謗罪的阻卻違法事由

言論若涉及前述誹謗罪之構成要件，基本上雖已完成犯罪之要件，但法律上爲調和言論自由與個人名譽權之保護衝突，乃在《刑法》分則之誹謗罪條文上另訂阻卻違法事由，如有下述情形，應可認定其無實質違法性，自可阻卻違法[16]（林山田，1978：181；褚劍鴻，1983：1032-1037；廖正豪，1976：52-53）。

(一)能證明爲眞實之不罰

《刑法》第310條第三項規定：「對於所誹謗之事，能證明爲眞實者，不罰。但涉於私德而與公共利益無關者，不在此限。」此所謂眞實，只要主要或重要部分能證明爲眞實即可，稱「能證明」指足以證明其所主張之事爲眞實即可，不必經法院裁判確定爲眞，故如果有足夠的理由使行爲人信以爲眞，且依社會通念亦判斷爲有理由者，即可免於誹謗罪責，民國89年大法官會議釋字第509號解釋文，亦重申此意旨。在刑事證據法則上，原告（被誹謗者）先就誹謗之事實證明被告（行爲人）罪行存在後，舉證責任轉由被告，被告應提出證據資料說明其「有相當理由確信所指摘或傳述事項爲眞」。而我國在刑事訴訟採職權主義，法院亦應就其眞實與否，依職權予以調查[17]。

大法官在釋字第509號解釋中強調，被告如欲免責，應對於其主張論述證明爲眞實，但此項規定（310條第三項）不能作爲免除「檢察官或自訴人於訴訟程序中，依法應負行爲人故意毀損他人名譽之舉證責任」之藉口。論者，乃以此稱未來誹謗罪控方應積極對行爲人是否有「眞實惡意」（actual malice）負舉證責任。由於要證明行爲人明知言論爲不實，或有重大過失不予查證而惡意發表言論，其困難度將間接使新聞自由與言論自由受到保護，與美國1964年蘇利文警長控告紐約時報案（New York Times Co., v. Sullivan, 376 U.S. 254 (1964)）同，有其特別的

時代意義。

《刑法》310條第三項但書規定，對於所誹謗之事，如涉於私德而與公共利益無關者，縱爲眞實亦應處罰；反之，如指摘他人涉於私德之事（如開設賭場、外遇）而與公共利益有關者，如能證明爲眞實，自應不罰。例如指摘某從事公職之人，不遵守《公務人員服務法》，經常出入賭場、色情場所等，可能被認爲與公共利益有關之私德。私德是否與公共利益有關，應就社會共同生活規範，客觀觀察是否足以造成不利益於公眾之情形（褚劍鴻，1983：1032；法治斌，1996：110-111）。

針對前述將私德列爲誹謗罪處罰條件之一，論者認爲此舉將名譽權與隱私權之區分混淆，實無必要，建議刪除。因爲前者重在不實言論對名譽之毀損，後者則無論其眞假，重在私隱之保密與個人資料公開之自主保護。本文亦認爲讓人產生誤解（false light）及不當揭露（publicity）之隱私權保護，向爲隱私權討論之重點，實無於《刑法》誹謗罪中再就此規定之必要（林天財等，2007：69）。

(二)以善意發表言論之不罰

《刑法》311條規定，以善意發表言論，而有下列情形之一者，不罰。無論其是否能證明其事爲眞實，均屬之。又此所稱「善意」基本上指無誹謗他人名譽之意思（褚劍鴻，1983：1035-1037），即其目的非在毀損他人名譽，方式亦合理，言詞無過度等。

◆因自衛、自辯或保護合法之利益者

「自衛」指出於防衛自己之權益，「自辯」指爲自己辯白，「保護合法之利益」指維護自己依法應享受之權益。三者均須不逾越維護自己權益必要之程度。論者引用絕對免責特權（absolute privilege）之觀念，認爲因自衛、自辯或保護合法之利益所發表之言論，基本上即係人民或政府依據《憲法》所賦予之基本權利，於行政、立法或司法程序中發表言論，縱有損他人名譽，本即應予以免責[18]（林世宗，2005：396-415；林天財等，2007：74-77）。《刑法》第311條卻將之列入須以善意發表

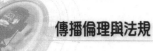

言論始得免責之相對免責權（qualified privilege）中，立法上有待斟酌。

◆公務員因職務而報告者

本款指依法令從事於公務之人員，基於其職務範圍事項對外所爲之報告。如前所述，此原亦屬絕對免責特權（absolute privilege）之觀念。

◆對於可受公評之事，而爲適當之評論者

此款將評論列爲誹謗罪討論之範疇，是否妥適？引起爭議（詳前述）。惟考其立法理由，係在平衡言論自由與名譽權之衝突，對具體事件就客觀通念如屬與國家社會有涉者，均屬受《憲法》保障，可受公評之層次，如其評論內容適當，自可免責[19]。所謂「適當」評論，簡言之即是要就事論事，不作人身攻擊之公平評論。惟適用時，應注意評論的事項需是公眾所關切的事項，如述及事項，亦需爲眞實，不能憑空臆測。

◆對於中央及地方之會議或法院或公眾集會之記事，而爲適當之載述者

對於中央及地方行政、立法機關各項會議、各級法院及民眾團體各項集會之報告、演講、討論、決議、質詢等事項之轉載，縱所報導之內容不實，但基於「中立報導免責」之原則，應予以不罰。此乃爲使民眾知曉各該機關或團體之行政措施與施政監督，並滿足國民主權應有之知的權利，但其載述仍須適當，不可有渲染誇大、歪曲事實之情形。傳播業者於報導時應注意載明可辨識之來源，及盡到傳播倫理與專業要求之查證與平衡報導，即可免責。實務上，如高等法院臺中分院89上字第1470號判決，有關立委候選人徐成焜控告劉政鴻誹謗案，法院以被告所陳述既是依據立法院公報所載經濟委員會審查議案之紀錄，並非無據，而判被告無罪。

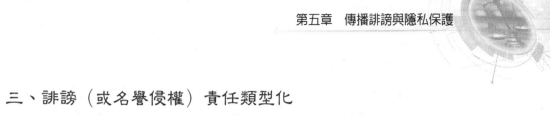

三、誹謗（或名譽侵權）責任類型化

(一)美國之誹謗責任分類

美國之誹謗訴訟，因涉及言論自由，聯邦法院多以嚴謹之標準處理，其分類標準如下：

◆以誹謗方式區分

有言辭誹謗（slander）與文字誹謗（libel）兩種類型。前者，因傷害較小，起訴者須負舉證受到特別損害；後者，起訴者不須證明有特別損害。惟廣播雖係透過聲音傳播，但因造成傷害大，案例上仍認定屬文字誹謗。

◆以責任區分

有一般民事誹謗、商業誹謗（trade libel）及刑事誹謗等三種類型。誹謗多屬民事賠償（torts）問題。

1.民事誹謗：一般民事誹謗須具備三要素始能被受理：
(1)原告須確認其為被誹謗的對象，且第三人亦有同樣之認定。
(2)公開散布，必須有當事人以外的人讀到、聽到該內容。
(3)對個人名譽造成損害[20]。
2.商業誹謗：指某人指控其貨品因被錯誤報導遭受損害。
3.刑事誹謗：在《刑法》上多屬已造成社會秩序或道德不安之情形，始有起訴之可能，例如：
(1)用文字或口語破壞安寧，例如煽動他人叛亂、損害死者名譽引起暴亂。
(2)用文字或口語破壞公共道德及詆毀神明，例如報導地下獎券消息、不敬神明等。

◆以當事人身分區分

誹謗案當事人身分之特殊性，涉及到言論自由與名譽權保護之範疇及社會公益，美國在實務案例上，對其誹謗責任有明顯之差異。

1.一般人之誹謗責任

一般民事誹謗案，原告非公眾人物，被告非大眾媒體，應回歸習慣法要求被告負真實舉證之責任，法院認為此類案件，不會影響言論自由，重心放在名譽權之保護。

2.大眾傳播之誹謗責任

(1)媒體對公務員的誹謗責任：如前述蘇利文警長控告紐約時報案（New York Times Co., v. Sullivan, 376 U.S. 254 (1964)），涉及大眾知的權利之新聞自由與公務員個人名譽保障之權利衝突，法院認為除非公務員能證明被告之陳述有實質惡意（actual malice）（即明知其陳述為不實或有重大過失），否則新聞自由應受保護。理由為：錯誤陳述乃自由辯論時所難於避免，本案總編輯在審稿時已合理相信該廣告所陳述內容大部分屬實（substantially correct）；及對公務員職務上行為之批評，不得僅因其為有效批評且貶抑其職務上名譽而喪失其憲法上的保障。

美國法院願容忍媒體之錯誤事實報導原因在於：新聞採訪之內容與字數多，又有截稿的時間壓力，調查之困難度高；及為避免導致媒體自我檢查之寒蟬效應。

(2)媒體對公眾人物的誹謗責任：在Gertz v. Robert Welch Inc.（418 U.S. 323 (1974)）案中，Gertz為自由主義者，因被某雜誌指稱為列寧主義者而控告，法院援引蘇利文案，認為如涉及大眾知的權利之新聞自由與公眾人物個人名譽保障之權利衝突，公眾人物須積極證明被告之陳述有實質惡意，否則新聞自由應受保護。理由為：一般人為澄清事實，利用的資源少，不像公眾人物有機會接觸媒體；及公眾人物有機會上媒體，其發表意見乃希望影響別人，爰此公眾人物應多負媒體有實質惡意的舉證責任。

本案陪審團原以一般性損害判被告賠五萬美元，一審法官以原告

為公眾人物而否決此一判決，但最高法院認為公眾人物之定義為：社會上眾所周知之知名人物，或在特定範圍內（如影藝界）具有一定影響力，或投入公共問題之專業人士等，不含非自願之公眾人物。本案Gertz因非屬公眾人物，而被最高法院撤銷原判決。

(3)媒體對一般人的誹謗責任：在Philadelphia Newspapers Inc v. Hepps（534 U.S. 405 (1986)）一案，《費城時報》刊登系列報導指原告與犯罪組織有關聯，影響州政務，本案原告雖非公眾人物，但因媒體所報導為大眾所關切之事務（public concern），故不要求媒體負舉證真實責任，而要求原告負證明被告報導非事實之責任。

3.議員之誹謗責任

賦予國會議員言論免責特權，係為避免國會議員於議會之言論受箝制，使其免於行政權之恫嚇與司法權之審判，而予以免責特權，此權利含括議員之助理。

(二)我國之誹謗責任分類

我國對於用文字或口語損害某一特定人名譽的錯誤陳述，除民事上應負侵權行為之損害賠償責任外，尚應負刑事責任。

◆刑事責任

我國一般誹謗罪尚未除罪化，其刑事責任可區分為：

1.普通誹謗罪

依《刑法》第310條第一項規定，以言語口頭誹謗者，處以一年以下有期徒刑、拘役或五百元以下罰金。

2.加重誹謗罪

依《刑法》第310條第二項規定，以文字、圖畫誹謗者，處以二年以下有期徒刑、拘役或一千元以下罰金。至於以大眾傳播工具，如電視或無線電廣播而指摘或傳述者，基於罪刑法定原則之考量，於我國尚難

以加重誹謗罪論處（林山田，1978：179；韓忠謨，1982：388）。一般民眾召開記者會，口頭提供誹謗資料，期望記者刊登報章，應成立加重誹謗罪之教唆犯（褚劍鴻，1983：1031）。

3.誹謗死者罪

依《刑法》第312條第二項規定，對已死之人誹謗者，處以一年以下有期徒刑、拘役或一千元以下罰金。所稱已死之人指已死亡之自然人，不包括已解散之法人。

4.損害他人社會上之信用罪

依《刑法》第313條規定，散布流言或以詐術損害他人之信用者，處以二年以下有期徒刑、拘役或科或併科一千元以下罰金。所稱他人之信用，指自然人與法人之社會上經濟評價，如財務上支付能力、誠實信用的表現等。

5.特別誹謗罪

依《刑法》第116條規定，對友邦元首或派至我國之特別代表犯妨害名譽之罪者，如普通誹謗罪與加重誹謗罪，得加重其刑至三分之一。

◆民事侵權之損害賠償責任

誹謗行為涉及毀損一個人在社會上應該受到與其個人社會地位、人格相當的尊敬或評價，此種對名譽權之損毀，係對人格權之侵害，依《民法》第18條規定，得請求法院除去其侵害；如有受侵害之虞時，得請求防止之，並得請求財產上之損害賠償與非財產上之賠償（慰撫金）[21]。名譽權受侵害一經成立，依法應負民事賠償責任，其成立要件及效力之法律依據如下：

1.一般名譽侵權行為之成立要件[22]（邱聰智，1988：86-103）

依《民法》第184條第一項前段規定，因故意或過失，不法侵害他人之權利者，負損害賠償責任；同條項後段規定，故意以背於善良風俗之方法侵害他人之權利或利益者，亦同。前者稱為「權利侵害」，以故意或過失為之均可；後者稱為「利益侵害」，須故意以背於善良風俗之方法為之[23]。名譽權之侵害同屬權利或利益之侵害。我國實務上，法院

針對名譽權侵權行爲多僅依據《民法》第184條第一項規定，未再細分係採前段或後段規定，論者認爲爲平衡言論自由與名譽權之衝突，針對涉及言論自由之名譽權侵害，宜採較嚴格之第184條第一項後段規定，即以是否具「眞實惡意」之「故意以背於善良風俗之方法」作爲判斷名譽權侵權行爲成立之要件，如判斷侵權行爲成立，須檢視行爲人是否故意造假、明知不實或未盡應有之查證之責等，應可參採（林天財等，2007：155-157）。

　　次依《民法》第184條第二項規定，「**違反保護他人之法律，致生損害於他人者，負賠償責任。但能證明其行爲無過失者，不在此限。**」《刑法》第310條之誹謗罪即屬保護他人之法律，本項規定保護範圍包括權利及利益，惟採「推定過失責任」，由於行爲人「違反保護他人之法律」，故加重其舉證責任。

　　如上述，我國實務上，法院針對名譽權侵權行爲多係依據《民法》第184條第一項規定，至於誹謗罪之構成要件是否得作爲檢視名譽權侵權行爲之成立要件？依最高法院90臺上字第646號判例顯採否定之看法：「《民法》上名譽權之侵害非即與《刑法》之誹謗罪相同，名譽有無受損害，應以社會上對個人評價是否貶損作爲判斷之依據，苟其行爲足以使他人在社會上之評價受到貶損，不論其爲故意或過失，均可構成侵權行爲」，故名譽權侵權行爲一般認爲不以「意圖散布於衆」爲必要、無《刑法》第310條第三項前段之免責規定❷，從而大法官釋字第509號解釋，並不能在名譽權之民事侵權案件中引之爲抗辯之事由。從積極維護言論自由之角度，故屬爲德不卒（林天財等，2007：171-175），但基於刑事謙抑原則，及大法官認爲國人對他人權力尊重的態度與現行民事賠償制度之功能未完善，亦不無關聯。然而在實務界採刑事從嚴，民事從寬之趨勢下，亦驅使民衆爲求名譽平反，在訴訟策略上多採侵權訴訟之途徑，畢竟名譽侵權行爲人如有未盡社會生活相當注意之過失，致他人社會外部名譽受損，即可能成立侵權。

2.共同侵權行爲及僱用人之侵權責任

　　我國《民法》第185條至192條之2規定特殊侵權行爲，其中與傳播

事業之名譽侵權較有關者為共同侵權行為及僱用人之侵權責任。前者，如《民法》第185條：「數人共同不法侵害他人之權利者，連帶負損害賠償責任。不能知其中孰為加害人者，亦同。造意人及幫助人，視為共同行為人。」；後者，如《民法》第188條：「受僱人因執行職務，不法侵害他人之權利者，由僱用人與行為人連帶負損害賠償責任。但選任受僱人及監督其職務之執行，已盡相當之注意或縱加以相當之注意而仍不免發生損害者，僱用人不負賠償責任。」

3.名譽侵權行為成立之損害賠償方法

一旦成立名譽侵權行為，依法受害人得請求：

(1)請求法院除去其侵害或防止侵害之保護請求權

《民法》第18條規定：「人格權受侵害時，得請求法院除去其侵害；有受侵害之虞時，得請求防止之。」前者為侵害除去請求權，後者為侵害防止請求權。實務運作時，為防止侵害請求法院下禁令，應注意恐有事前箝制言論之憲法爭議。

(2)損害賠償請求權

有關財產上之損害，依《民法》第184條規定請求損害賠償。其方法，依《民法》第213條至215條規定，以回復他方損害發生前之原狀為原則，因名譽權之侵害多屬不能回復原狀，故以金錢賠償其損害。賠償之範圍，依《民法》第216條規定，除法律另有規定或契約另有訂定外，以填補被侵害人所受損害及所失利益為限。有關非財產上之損害，依《民法》第195條第一項前段規定：「不法侵害他人之身體、健康、名譽、自由、信用、隱私、貞操，或不法侵害其他人格法益而情節重大者，被害人雖非財產上之損害，亦得請求賠償相當之金額。」此即係以「慰撫金」來賠償對於人格權之精神上侵害，其核給標準與財產上損害之計算不同，實務上，常以被害人除精神上所受之苦痛、過失輕重、雙方當事人之身分地位、教育程度、經濟狀況等，酌定慰撫金之數額（法務部，1996：15-18）。

(3)請求回復名譽之適當處分

《民法》第195條第一項後段規定：「其名譽被侵害者，並得請求

回復名譽之適當處分。」其方法，常見者有：於媒體公布判決書，如呂秀蓮控告新新聞案之判決；於媒體刊登道歉啓事；請求媒體更正錯誤，或給予答辯之機會等。

◆行政法責任

有關名譽權之保護，在現行行政法規中亦有相關規範，課予義務人行政法律上之義務，如未遵守義務，依法自應負其法律上責任。

1.《公職人員選舉罷免法》第104條

意圖使候選人當選或不當選，以文字、圖畫、錄音、錄影、演講或他法，散布謠言或傳播不實之事，足以生損害於公眾或他人者，處五年以下有期徒刑。

2.《總統副總統選舉罷免法》第90條

參照《公職人員選舉罷免法》規定，於總統副總統選舉時，意圖使候選人當選或不當選，以文字、圖畫、錄音、錄影、演講或他法，散布謠言或傳播不實之事，足以生損害於公眾或他人者，處五年以下有期徒刑。

3.《著作權法》

《著作權法》第15條至第17條明定，著作人格權，指著作人就其著作享有公開發表之權利；著作人於著作之原件或其重製物上或於著作公開發表時，有表示其本名、別名或不具名之權利；著作人享有禁止他人以歪曲、割裂、竄改或其他方法改變其著作之內容、形式或名目致損害其名譽之權利。侵害著作人格權者，依該法第85條規定，被害人得請求財產上及非財產上之損害賠償責任，並得請求表示著作人之姓名或名稱、更正內容或爲其他回復名譽之適當處分。

4.《廣播電視法》第22條

《廣播電視法》爲避免造成媒體審判，曾參照廢止前之《出版法》第33條規定，於第22條明定：「廣播、電視節目對於尚在偵查或審判中之訴訟事件，或承辦該事件之司法人員或有關之訴訟關係人，不得評論；並不得報導禁止公開訴訟事件之辯論。」民國82年公布之《有線電

視法》第52條，亦有相同規定。民國88年1月20日《出版法》廢止後，因對平面媒體已無相關規範，僅限制廣電媒體不得對引起社會關注之訴訟案件作評論，並無實益，且若嚴格執行，對新聞自由將造成重大戕害，有礙媒體第四權之行使。故民國88年公布實施的《衛星廣播電視法》已無相關規範，同年修正《有線電視法》時亦刪除該規定。民國95年國家通訊傳播委員會成立後進行（無線）《廣播電視法》修正，亦認禁止公開訴訟事件之報導或評論，本屬法院秩序維護之一環，無將之列為廣電媒體義務之必要，爰刪除該條款。

按訴訟事件及事件當事人或關係人，本身多為社會關注之焦點，如完全禁止廣電媒體公開評論，確有礙新聞自由或廣電自由，且由行政機關事前禁止廣電媒體評論所有訴訟事件及事件當事人或關係人，亦有箝制言論之弊，將之刪除應屬合宜。惟近來部分政治評論節目對訴訟事件不當評論，造成未審先判之問題，亦引起各界關切，建議可參酌英美有關藐視法庭之責任規範，於訴訟程序法律中予以明訂，或可收匡正之效。

5.《精神衛生法》第23條

傳播媒體之報導，不得使用與精神疾病有關之歧視性稱呼或描述，並不得有與事實不符或誤導閱聽者對病人產生歧視之報導。傳播媒體違反《精神衛生法》第23條規定者，依同法第52條規定，處新臺幣十萬元以上五十萬元以下罰鍰，並限期更正；屆期未更正者，按次連續處罰。

6.《傳染病防治法》

近來，傳染病疫情常引起社會恐慌，該法第9條規定：「利用傳播媒體發表傳染病流行疫情或中央流行疫情指揮中心成立期間防治措施之相關訊息，有錯誤、不實，致嚴重影響整體防疫利益或有影響之虞，經主管機關通知其更正者，應立即更正。」違者，依同法第64條規定，處新臺幣九萬元以上四十五萬元以下罰鍰。散布有關傳染病流行疫情之謠言或傳播不實之流行疫情消息，足以生損害於公眾或他人者，依同法第63條規定科新臺幣五十萬元以下罰金。

7.《身心障礙者權益保障法》第74條

傳播媒體報導身心障礙者或疑似身心障礙者，不得使用歧視性之稱

呼或描述，並不得有與事實不符或誤導閱聽人對身心障礙者產生歧視或偏見之報導。身心障礙者涉及相關法律事件，未經法院判決確定其發生原因可歸咎於當事人之疾病或其身心障礙狀況，傳播媒體不得將事件發生原因歸咎於當事人之疾病或其身心障礙狀況。違反者，依同法第86條規定，由目的事業主管機關處新臺幣十萬元以上五十萬元以下罰鍰。

 # 第二節　隱私權保護

一、隱私權概念

隱私權（the right of privacy）指人們消極的要求不受干擾的權利，及積極的對於自己的身分和資訊的使用有一定程度的控制權。強調個人自我存在、自我控制及自我決定，亦即從不受他人干擾（the right to be let alone）的傳統隱私觀念，到現代資訊社會共同生活關係中對個人資訊之自我控制與決定（林世宗，2005：440）。

(一)隱私權之內涵

隱私權之內涵可分述如下：

1. 隱私權係存乎於個人人格的權利，而非屬於財產上之權利。
2. 隱私權所保障乃個人之「人格尊嚴」與感受，屬於主觀之人格權。
3. 因為其係屬於人格的權利，故其權利並非可能永久存續，會因權利人的死亡而消滅。
4. 隱私利益，經權利人自身或經其同意加以公開，該利益之權利性即喪失。
5. 貢獻於社會或專業之公眾人物，在相當限度內，應解為其隱私權

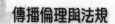

受限制。

6.侵害隱私即屬侵害他人人格尊嚴與心靈安寧。

7.眞實得作爲誹謗侵權之抗辯，卻不得作爲隱私侵權之抗辯，且愈眞實愈有隱私。

8.隱私權不得受他人侵害，是直接源自於憲法而應受保護之權利。

(二)保護隱私權對個人與社會之功能

現代社會高度資訊化，個人私隱常被有意或無意的窺視、蒐集與利用。保護隱私權對個人與社會均有其一定之功能：

1.對個人資訊及生活的自我決定。

2.從我思故我在到我傳播故我在，培養一個自我、活潑有創見的個人。

3.促進個人心理健康，作爲社會的安全閥。

4.給犯錯者一個自新的機會。

二、隱私權保護之理論基礎

隱私權爲何要保護？究竟何種程度內的私領域主張，始能夠成立憲法上的基本權保護？學說上對隱私權保護之理論基礎如下：

(一)隱私領域理論

此說認爲所謂私領域，是指在整體個人的行爲空間中，可以明確區分出一個值得保護的「秘密區域」（private space），這個區域是相對於不受保護、具有公共性質的行爲空間（public space）而被刻意區分開來的。是否爲私領域，應以對一個有理性之人是否造成冒犯爲判斷基準。其結構及稱謂雖異，但以獨自領域劃分，且與公領域相對應則同，可再細分如下：

◆自我領域

此領域之侵害行為包括：將他人間談話加以秘密錄音；偷窺他人書信祕密及其他在業務上非適當之行為。

◆隱秘領域

此領域之侵害行為包括：未經他人許可，將他人資訊或紀錄予以公開，惟其為害不甚重大或屬於極普通之情形，則不在此限。

◆個人領域

此領域之侵害行為包括：未經許可將他人肖像公開刊載。

◆私生活領域

此領域之侵害行為包括：將他人家庭中爭吵或糾紛內容予以公開；公開他人婚姻情形、性生活；對他人表達孝思之內容公開或對其先人之紀念物加以汙蔑。

◆人格領域

此領域之侵害行為包括：對他人業務行為監視，並作成調查或監察報告。

(二)角色理論

此說亦稱資訊保留權理論，認為每個人在社會上都有一定的職務與功能，即所謂社會角色。此等角色之扮演，應有相當數量與其角色有關的資料與訊息應公開，始克完成其職務與功能，在某種意義下此公開，甚至為其職務或功能所必要而不可或缺的。而在與此角色相關以外之個人資料，則不但沒有必要公開，有時反而會造成困擾。從而在個人有關資料中，永遠有一部分可以保留而免於被其他人知悉之資料，此種情形因對象不同而異其內容，但各有一定之範圍。根據此說，個人資料因其社會角色之不同，而有不同之隱私性。如個人健康資料，於總統角色應公開，於他人則不是；一定職等以上及特殊職務之公務人員，依法應公

布其財產,其理由即在此。

(三)自我表現理論

此說認為對於所謂私領域或人格領域的保護,指的應該是權利人對於與其人格相關的資訊,有自治的及自我確定的權限,同時也包括了權利人對自我的描述,及該自我描述擬對外擴及的影響有多大範圍的決定。因此,本說相較於其他理論所不同者,在於其特別強調私領域保護,應同時包括了對於個人隱私領域範圍決定的自由,亦即個人在公共領域中之私人決定。今日社會觀念開放,個人勇於表達自我,秀出自己,常見個人部落格在網路上公開自己隱私照片,如無違反公序良俗,均屬個人自由。

(四)溝通理論

此理論認為所謂對私領域之保護,相對於溝通對個人在社會中的完整性,以及人格成立與形象的重要關聯,其實應以溝通之不可侵犯為其基本條件。因而溝通的侵害也就相等於私領域之侵害;而溝通侵害之判斷基準重點不在於溝通的方式及內容,而取決於溝通對象及其所應負載之被信賴程度,以及個別的溝通形式。 此說強調隱私權保護之法益在「人」之私密性,而非「場所」之公開與否,並以是否開啟「溝通」管道作為決定之基礎,對他人已明示不願溝通,或刻意隱瞞以窺探之方式強制他人溝通,均屬侵權行為。

上述的四種理論都各有其相對應之批評,批評的主要重點都集中在各該理論在完整性的不足,多數的見解都僅只在部分個別的面向發揮其詮釋之功能。

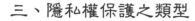

三、隱私權保護之類型

隱私權依其分類標準不同，得從以下類型觀察其內容：

(一)依所侵犯之法益不同，區分爲四種態樣

隱私權侵害爲侵權行爲探討之範疇，美國侵權行爲（torts）學者 William L. Prosser教授從侵害隱私權角度切入，歸納出四種侵害隱私權的類型❹：

◆對他人生活安謐所爲之隱私權侵害（intrusion upon the plaintiff's seclusion or solitude or into his private affairs）

入侵型（intrusion）隱私侵權，指侵犯他人之個人與生活私隱、獨處或私人事務。1971年Dietemann v. Time, Inc.（449 F.2d 245 (1991)）案，就新聞媒體爲隱匿調查密醫之報導，作成記者探訪隱私判例，法院判處成立隱私權侵害之理由爲：「憲法保障新聞自由，非即給予媒體合法執照得以侵入、竊取，或以電子設備侵入他人之住家或辦公室內部，更非因侵入對象被合理懷疑犯罪而得合法爲之。」

入侵型隱私侵權之成立要件有四：

1.媒體親自逾權入侵，或以延長工具侵入窺視。如係有權採用他人非法入侵取得之資料，則不成立。

2.未經同意而侵入住宅、產業或營業場所。如有默示或隱含同意，如1976年Florida Publishing Co., v. Fletcher案，因係於嚴重新聞事件，緊急受公務員邀請進入探訪，則不成立。

3.在私人場所或住宅窺探或攝影。如係在公眾場所攝影，如1980年Marks v. King Broadcasting案，在藥店窗外之街道往內拍，則不成立。

4.侵犯須對一個理性的人具有高度冒犯性。

◆**公開他人之姓名、肖像或揭發其他不願為他人所知悉之私人資料所為之隱私權侵害（publicity given to his name or likeness or to private information about him）**

揭露型（publicity）隱私侵權，指揭發足以使人困窘難堪之私人事務，如個人薪資收入、財務狀況、性傾向、醫療紀錄、犯罪紀錄、婚姻、性生活等。其成立要件有三：

1. 揭露私人且屬未公布之資料。由原告舉證。私人資料之認定，應參酌發生地點是否為公開場所、該私人資料在社會中是否已有多人知道、是否屬官方公布之紀錄，如性犯罪被害人資料。
2. 所公布的資料對一個理性的人具有高度冒犯性。如Daily Times Democrat v. Graham（162 So. 2d 474 (1964)）案，被告記者趁風吹裙起，於公開場所拍攝女性底褲，法院以一個人非自願且迅速地陷於尷尬情境，享有不被公開之隱私權，判處媒體敗訴。
3. 公布之資料非屬大眾所關切的事。所公開之事務應再就其對被害人之冒犯性（offensiveness）與新聞性（newsworthiness）衡量比較，如被報導人身分之重要性，與報導事項是否是大眾關切的事項，與新聞性的關聯性成正比。而「非志願性公眾人物」亦會喪失一般民眾所應該擁有的隱私權。

◆**使他人處於人為誤解情況之隱私權之侵害（placing him in a false light in the public eyes）**

誤解型（false light）隱私侵權，指公開有關他人事務，使他人於公眾受到誤解。其成立要件有三：

1. 錯誤資料觸犯具有理性的人。由原告舉證。
2. 被告有疏忽或實質惡意。由原告舉證。如1978年Arrington v. New York Times, Inc案，《紐約時報》一則黑人中產階級興起的報導，配上一位走在街上外表似黑人中產階級人物的照片案，及1984年DeGregorio v. CBS，CBS拍攝紐約中央公園秋天景色，以遠景拍

到遠端一對正在走路之男女，旁白乃以紐約愛的故事為題報導，法院對兩案，以其錯誤資料尚未觸犯具有理性的人，且被告無惡意，因一個人走在路上，自願成為公開場所之一部分，就合理之通常情況，合法地被拍照公開暴露，無隱私權之期待可能。

3. 扭曲與虛構行為。扭曲之認定，視照片或標題與報導主題是否無關，如無合理聯繫，如1984年Duncan v. WJLA-TV案，記者隨意特寫攝影街頭婦女，將之與報導皰疹內容連結，即屬之。所稱虛構之認定，指捏造新聞情節。

◆基於商業上之目的，侵犯他人人格所致之隱私權之侵害（the commercial appropriation of element of his personality）

盜用型（appropriation）隱私侵權，指未經同意而將名人之姓名、肖像、照片，作為商業廣告使用，獲取利益。如1905年Pavesich v. New England Mutual Life Ins案，未經本人同意，將其照片與感謝狀刊載於報紙上。喬治亞州最高法院Andrew J. Cobb法官在判決中指出，個人在社會中雖然須捨棄部分自然權利，但並非全部權利均須拋棄。個人可以決定在何時何地以何種方式展現他自己，這是自由權的一部分。這項權利當然包括隨時自大眾的目光中退出的自由。其成立要件有四：

1. 為商業利益使用。
2. 使用個人姓名、肖像或類似形象（identity）之物。
3. 未經當事人同意。
4. 造成當事人商業損害。

保障名人之姓名、肖像之「公開權」（right of publicity），其理由為：保護名人成就所衍生金錢或商業上經濟利益，或其他具財產價值之專屬權利、藉以鼓勵個人花費時間與資源發揮才智和努力於公共領域獲得肯定，及避免他人侵害而獲致不當得利或發生欺騙行為。

(二)依所侵犯之隱私權之隱密屬性，區分爲四類（法務部，1996：491-494）

◆個人資訊隱私（information）

指個人基本資料、交往書信、健康醫療隱私、犯罪紀錄；有關來電顯示、電話通訊紀錄等電話管理服務；有關電子郵件、電腦數據傳輸資料等。

◆身體事物（physical）

指個人身體、財物、個人生活情況等。包括銀行存款資料隱私權、裸體隱私、避免性騷擾之性隱私。強迫測謊爲壓迫被測驗人之隱私，乃強制傳達被測驗人之思想感情與情緒，亦被認屬此類隱私權討論議題。

◆個人專屬所有（proprietary）

指與個人人格、身分和名譽相關之姓名、肖像與形象之個人專屬所有隱私議題。一般認爲是美國隱私權法中最重要部分。

◆個人事務之決定（decision）

指個人不受制約，能獨立決定自己隱私生活的權利。一般認爲係美國隱私法最新的發展，其討論議題包括避孕、墮胎、懷孕、分娩與強制絕育之生育自決；有關撫養與教育子女、同性戀婚姻、變性者婚姻之家庭自決隱私與醫療選擇等。

四、美國及我國隱私權之發展

(一)美國的隱私權發展

美國對隱私權之保障法制史，爲各國重要參考典範，如1890年Samuel D. Warren與Louis D. Brandeis兩教授於哈佛大學法學期刊，發表

The Right to Privacy一文，提出隱私權概念。1903年紐約州議會修正其《紐約州民權利法》（New York Civil Rights Act），對於未經書面同意，而利用他人之姓名、肖像與照片做廣告用途或商業目的者，屬於侵權行為，構成一種輕罪，並准予被害人請求損害賠償跟禁制令。在此之前，法院多否認隱私權為法律上權利。

1960年，William L. Prosser教授在*California Law Review*發表〈隱私〉一文，就隱私權的內容做一歸納，認為法律上的隱私權侵害應包含四種侵權行為。1966年《資訊自由法》（the Freedom of Information Act of 1966）針對個人隱私權有間接的保護，授權政府對於此類紀錄得拒絕對外公開或揭露。

1974年之《聯邦隱私權法》（the Federal Privacy Act, 5 U.S.C.A. 552a (a)-552a (g)），對於行政機關所蒐集或保存的個人資訊在程序上和內容上有較詳細的規範，被認為是隱私權保護的基本大法。該法採「公平資訊使用原則」（fair information practice），亦即未經通知當事人並獲其書面同意之前，資訊擁有者不得將當事人為特定目的所提供的資料用在另一個目的上。此法美中不足之處在於僅規範政府行政部門的行為，對於私人、企業蒐集使用資料的行為則未規範[20]。

其餘隱私法案與傳播事業有關者，如1980年之《隱私權保護法》（Privacy Protection Act）明定搜索新聞編輯室之限制條件；1984年之《聯邦有線通訊政策法案》（The Federal Cable Communication Policy Act）明定有線電視系統經營者蒐集有線電視訂戶個人資料之程序與使用等規定；1988年之《錄影帶隱私權保護法》（Video Privacy Protection Act of 1988）限制錄影帶租售業者洩露顧客訂購訊息。

1980年代後，因應網路與資訊社會，美國訂定一系列隱私保護法案。其間因為個人資料的保護問題，引起歐美貿易爭議，相關法律於下一節詳述。

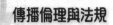

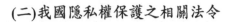

(二)我國隱私權保護之相關法令

　　相對於美國隱私權法案粲然大備，我國在隱私權法治之建置方面，仍待學術與實務方面努力。我國隱私權保護之相關法令如下（法務部，1996：489-491）：

◆隱私權是《憲法》所保障的基本權利

　　通說認為《憲法》第10條居住自由與第12條祕密通訊自由，係我國隱私權之憲法根源，但對於隱私權之完整保護及面對資訊時代之積極自主權等，則仍有賴《憲法》第22條之概括保護規定（張永明，2001：58）。大法官釋字第585號、603號解釋：「隱私權雖非憲法明文列舉之權利，惟基於人性尊嚴與個人主體性之維護及人格發展之完整，並為保障個人生活秘密空間免於他人侵擾及個人資料之自主控制，隱私權乃為不可或缺之基本權利，而受憲法第22條所保障」。

◆《刑法》

　　《刑法》第310條第三項規定：「對於所誹謗之事，能證明其為真實者，不罰。但涉於私德而與公共利益無關者，不在此限。」此為誹謗罪與隱私權之混淆，本文認為宜對「私德之隱私」作放寬解釋，不宜將此項視為隱私權之犯罪。

　　《刑法》第306條之侵入住宅罪、《刑法》第307條之違法搜索罪及《刑法》第315至319條之妨害秘密罪，為傳統對隱私權之保障。鑑於近來社會上發生多起不肖業者或個人利用針孔攝影機等設備，擅自按裝在公眾出入的飯店、賓館、汽車旅館及其他公共場所，竊錄偷窺錄影帶，並持以散布販賣的案例，已嚴重危害社會善良風氣及個人隱私權，引起社會大眾恐慌，復以現行《刑法》、《兒童及少年性交易防制條例》等規定，並不能完全規範此種類型之犯罪，故有必要在《刑法》中修正增訂新的犯罪類型，並加重其刑罰，爰於《刑法》分則妨害秘密罪章中，增訂第315條之1「窺視竊聽竊錄罪」、第315條之2「便利窺視竊聽竊錄

及散布竊錄內容罪」及《刑法》第318條之1「洩露電腦或相關設備祕密罪」等規定，以期使個人隱私之保護更為周延❹。

◆《民法》

隱私權係屬人格權之一種，依《民法》第18條第二項之規定，人格權受侵害時，以法律有特別規定者為限，得請求損害賠償或慰撫金。惟人格權為抽象之法律概念，每隨時間、地點及社會情況之變遷而有異，為顧及現代法律思潮對個人隱私之保護，爰修正《民法》第195條第一項，就受不法侵害得請求損害賠償之人格權不僅及於身體、健康、名譽及自由等，更擴張其範圍，及於信用、隱私、貞操等權，此外，其他人格法益受不法侵害而情節重大者，亦得請求賠償相當之金額，使隱私權之保護更臻完備。《民法》保障雖廣，但要請求賠償須負舉證責任，此於電子商務有其困難。

◆行政法令

1.《個人資料保護法》

為規範電腦處理個人資料，避免人格受侵害，並促進個人資料之合理利用，我國於84年公布《電腦處理個人資料保護法》，該法除將公務機關與非公務機關對個人資料之蒐集、電腦處理與利用分別設有限制規定外，亦明定當事人就其個人資料享有查詢及請求閱覽、請求製給複製本、請求補充或更正、請求停止電腦處理及利用、請求刪除等權利。同時規定保有個人資料之公務機關與非公務機關應採取各種配合措施，以確保個人資料之正確及安全，並對個人之權利受到侵害時明定救濟方法。此外，亦賦予目的事業主管機關檢查、管制與處罰等權限。

《電腦處理個人資料保護法》於99年5月修正，並更改名稱為《個人資料保護法》，刪除有關非公務機關之適用範圍採列舉及須先取得執照等規定，並擴大保護範圍，將醫療、基因、性生活、健康檢查等得識別個人的特別資料均納入。其中較引起注意的條文為第9條及第51條，前者明定大眾傳播業者基於新聞報導之公益目的而蒐集非由當事人提供之個人資料，得免事先告知當事人，即所謂「媒體免責條款」；後者對

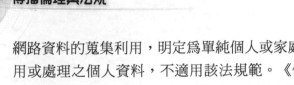

網路資料的蒐集利用，明定為單純個人或家庭活動之目的，所蒐集、利用或處理之個人資料，不適用該法規範。《個人資料保護法》於101年10月1日施行，有關如何處理第9條「基於新聞報導之公益目的」等不確定法律概念，將是個挑戰。

2.《通訊保障及監察法》

為保障人民秘密通訊自由不受非法侵害，並確保國家安全，維護社會秩序，特制定之。明定通訊監察除為確保國家安全、維持社會秩序所必要者外，不得為之。通訊監察不得逾越所欲達成目的之必要限度，且應以侵害最少之適當方法為之。

該法第5條規定：有事實足認被告或犯罪嫌疑人有法定各款罪嫌之一，並危害國家安全或社會秩序情節重大，而有相當理由可信其通訊內容與本案有關，且不能或難以其他方法蒐集或調查證據者，得發通訊監察書。通訊監察以截收、監聽、錄音、錄影、攝影、開拆、檢查、影印或其他類似之必要方法為之。但不得於私人住宅裝置竊聽器、錄影設備或其他監察器材。執行通訊監察，除經依法處置者外，應維持通訊暢通。103年1月修正，除通訊監察外，亦明定調取「通信紀錄」及「通信使用者資料」之程序。

3.《性侵害犯罪防治法》

為防治性侵害犯罪及保護被害人權益，特制定之。該法第13條規定：「宣傳品、出版品、廣播、電視、網際網路內容或其他媒體，不得報導或記載被害人之姓名或其他足資識別被害人身分之資訊。但經有行為能力之被害人同意或犯罪偵查機關依法認為有必要者，不在此限。違反前項規定者，由各該目的事業主管機關處新臺幣六萬元以上六十萬元以下罰鍰，並得沒入前項物品、命其移除內容或下架或採行其他必要之處置；其經通知限期改正，屆期不改正者，得按次處罰。但被害人死亡，經目的事業主管機關權衡社會公益，認有報導必要者，不罰。」

4.《兒童及少年福利與權益保障法》

為保護應予安置之兒童及少年，安置期間，非為貫徹保護兒童及少年之目的，不得使其接受訪談、偵訊、訊問或身體檢查。兒童及少年接

受訪談、偵訊、訊問或身體檢查，應由社會工作人員陪同，並保護其隱私。

　　宣傳品、出版品、廣播、電視、網際網路或其他媒體不得報導或記載遭受該法第49條或第56條第1項各款行為之兒童及少年之姓名或其他足以識別身分之資訊。兒童及少年有施用毒品、非法施用管制藥品或其他有害身心健康之物質之情事、為否認子女之訴等親子關係事件之當事人或關係人或為刑事案件、少年保護事件之當事人或被害人者，亦同。惟如係為增進兒少福利或維護公共利益，且經行政機關邀集相關機關團體共同審議後，認有公開之必要，不在此限。

5.《銀行法》

　　《銀行法》第48條第二項規定，銀行對於客戶之存款、放款或匯款等有關資料，除法律另有規定情形之外，應保守秘密。

6.《醫療法》

　　《醫療法》第72條規定，「醫療機構及其人員因業務而知悉或持有病人病情或健康資訊，不得無故洩漏。」

7.《行政程序法》

　　《行政程序法》第46條規定，涉及個人隱私、職業秘密、營業秘密，依法規規定有保密之必要者，不得閱覽、抄寫、複印或攝影有關資料或卷宗。

第三節　資訊時代的誹謗與隱私議題

　　資訊化社會（information society）之溝通方式及資訊蒐集，對名譽權及隱私權之保護造成重大挑戰。

　　網際網路作為一種新的溝通方式，能夠以最快的速度，使用最少的經費，傳輸最大量資訊，給最多的群眾，傳播學者相信其將引發對昔日傳播典範（paradigm）的檢討，甚至變動。有資料顯示，有一種持續進行的原動力將網站轉化為「推」，而非「拉」的媒體。所謂推的觀念是

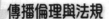

指傳送訊息給網際網路使用者，而非期望使用者主動上網站取得訊息。

網際網路的特性，爲去中心化、跨國傳播、匿名性、超連結及變動快速，是新一代最重要的溝通與學習工具。網際網路是同時兼具個人化（隱私性）與公共化（公開性）特性之傳播媒介，也是內容可信度低的風險媒介。

隨著網際網路互動功能之發展，讓名譽與隱私權之保護問題更加複雜，如2010年紐約一位企業顧問因不滿有人利用YouTube網站匿名誹謗而興訟，法院判決Google須揭露該匿名者之身分，此事件同時涉及誹謗與用戶隱私保護的問題。

一、網路之誹謗性問題涉及其公開散布性、匿名與ISP責任分擔問題

(一)網路之散布特性

網際網路兼具個人通訊與大眾傳播之特性，故如「寄發電子郵件給特定人，而非張貼在不特定人均可共見之公共網站或網路之布告欄」，依據新竹地院90自字第44號判決，不認爲達到意圖散布之要件。

但如將相關訊息透過BBS站、新聞討論區、未設密碼之部落格、個人網站等多數人得以見聞的方式，達到散布不實言論之結果，實務上認爲已構成網路誹謗。如1997年政大外交系學生在BBS站校園版指稱某教授驅使學生爲其學術事業勞動，臺北地方法院認學生未經查證是否屬實即於網路傳述散布已構成誹謗。

(二)網路之匿名性

網路匿名是網路傳輸的傳統，也是一種價值，此特性使網路謠言與誹謗問題更加複雜。一般認爲以匿名發表言論係受憲法保障之言論自由基本權，惟此權利並非絕對，在出現相關弊端後，要求公開姓名、相關

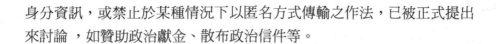

身分資訊，或禁止於某種情況下以匿名方式傳輸之作法，已被正式提出來討論，如贊助政治獻金、散布政治信件等。

(三)ISP對誹謗責任之分擔問題

於網路上散布誹謗言論，指摘或傳述者，依現行法制仍須負責，惟網際網路負責傳輸訊息之系統管理員，是否要分擔誹謗責任，美國法院在1991年Cubby v. CompuServe一案（776 F. Supp. 135 (S.D.N.Y.1991)），認為CompuServe只負責發送訊息，不具有編輯上的控制權，係訊息發送者（distributor），而非出版者（publisher），故不須分擔誹謗責任。惟以是否具有編輯上的控制權來區分責任，仍有判定之疑義。美國1996年《電信法案》（Telecommunication Act of 1996, 47 U.S.C. 230）為此明定ISP業者不須為內容直接負責，且業者如基於自律而對屬於猥褻或其他令人不悅之言論採取各項過濾或防護措施，亦不須負法律責任。我國《電信法》亦採此原則，第8條第一款規定電信之內容及其發生之效果或影響，均由使用電信人負其責任。

至於ISP業者對於被告知有侵權或誹謗之言論後，如未配合取下（take down）是否須負責任，目前《電信法》尚無相關規範，惟我國2009年4月修正通過之《著作權法》，參採美國1998年《數位千禧年著作權法案》（The Digital Millennium Copyright Act of 1998, DMCA），採用「通知／取下」（notice & take down）機制，ISP業者只要配合著作權人「通知」，「取下」侵權內容或相關資訊，即可免除侵權之損害賠償責任。ISP業者對於其他網路侵權或毀謗行為，能否援引適用，是值得探討的議題。

二、資訊時代的隱私權

資訊時代之通訊更加快速與便利，政府是最早與最廣泛使用資訊科技者，為納入管理，聯合國經濟合作暨發展組織（OECD）針對網路

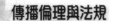

傳輸個人資料之問題，於1980年即訂定《隱私保護與個人資料跨境流通指導原則》（Guidelines on the Protection of Privacy and Transborder Flows of Personal Data），提出個人資料保護八項原則。繼之歐洲理事會於1995年發布《個人資料保護指令》，要求各成員國應以立法管理個人資料，及成員國應在第三國確有適當程度之保護個人資料措施始將資料傳遞至該第三國。近期，亞太經濟合作會議（APEC）於2004年通過《APEC隱私保護綱領》（The APEC Privacy Framework）提出隱私保護九項原則，包括：預防損害、告知、蒐集限制、個人資料利用、當事人自主、個人資料完整性、安全管理、查閱及更正、責任原則。

我國1995年制定《電腦處理個人資料保護法》，即以OECD個人資料保護八項原則為重要參考。歐盟《個人資料保護指令》催生各國制定更嚴謹的個人資料保護法，我國為避免可能因隱私保護法規不夠健全，妨礙未來電子商務之發展，乃積極進行相關法規之檢討研修，經參考前述各世界組織訂定之指令、原則，以在個人資料隱私權保護與促進資料合理利用間取得平衡為目標，於2010年5月修正通過《個人資料保護法》。

資訊時代的隱私權，集中在下列議題上，美國對該等議題均制訂有相關之法案，值得參酌。

(一)工作場合的電子監控

此議題在探討員工的隱私權與雇主的財產權，及員工的合理隱私權期待為何等。

(二)網路上個人資訊的蒐集

個人網路上活動之紀錄及個人通訊內容的隱私權，含攔截與揭發電子通訊、非法侵入儲存的通訊等。如美國於1986年針對資訊隱私訂定《聯邦電子通訊隱私權法案》（Electronic Communication Privacy Act of 1986, ECPA）。

(三)濫發電子郵件

濫發郵件者將其營運成本加諸於他人，對ISP業者及使用者造成極大困擾，已成為各國共同關切之議題。

(四)兒童的線上隱私權保護

禁止以不當方式蒐集兒童及其家庭資料，父母有權決定兒童之隱私資料是否可以為他人所蒐集，如1998年通過之《兒童線上隱私保護法》（The Children's Online Privacy Protection Act of 1998）。

(五)科技發展與隱私權議題

探討生物辨識系統，含面孔辨認、指紋、聲紋、瞳孔辨識系統。如美國1988年通過《電腦比對和隱私權保護法》（Computer Matching and Privacy Protection Act of 1988）。

(六)匿名隱私權與來電顯示

探討於網路匿名傳播該被尊重到何種程度？如有害司法時，該予限制嗎？其核心問題為來電顯示，贊成者認為此可保護受話方決定是否接聽電話的權利，反對來電顯示者則認為，此功能將洩露打電話者之個人資料與電話號碼。我國雖無類似美國1991年之《電話隱私法》（Telephone Privacy Law），但實務運作與該法之作法同，即電信業者可提供此服務，但客戶得選擇不透露電話號碼之權利，亦不會增加其他服務費。

問題討論

一、美國New York Times Co., v. Sullivan案，及我國大法官509號解釋在誹謗案法制之意義為何？

二、隱私權保護之理論或後設哲學基礎為何？

三、網路時代之非線性傳輸對名譽權與隱私保護之衝擊為何？

注釋

❶參見高等法院臺南分院91抗171判決。

❷參見臺北地方法院88自745判決。

❸參見司法院20年院字第534號解釋。實務界亦認爲依誹謗罪之名譽權通說見解屬於外部名譽權，而法人在社會亦享有一定之地位與評價，故可成爲誹謗客體。

❹參見司法院37年院解字第3806號解釋。

❺參見高等法院85抗字第488號判決。

❻參見臺中地方法院86中簡字第1124號判決。

❼《刑法》第12條明定：行爲非出於故意或過失者，不罰。過失行爲之處罰，以有特別規定者，爲限。因誹謗罪不罰過失犯，故其主觀之意思要件，需爲故意。

❽直接故意，如記者故意造假而作渲染報導，參見高等法院84上易字第1363號判決，立委陳清寶訴金馬日報社案；間接故意，如記者僅憑傳聞，未予查證即報導，參見臺北地方法院88易字第1949號判決，榮總醫師張茂松訴獨家報導週刊案。

❾參見臺北地方法院88易字第1164號判決、高雄地院89自字第16號判決、臺北地院87自字第748號判決、臺北地院89易字第729號判決。

❿參見司法院19年院字第303號解釋。

⓫名譽概念學說有內在名譽、外在名譽及感情名譽三說，通說認爲以社會對一個人之人格價值評價，屬於相對價值。

⓬參見士林地方法院92自字第172號裁定，連惠心訴壹週刊案，有關指摘割雙眼皮事，法院以目前社會大眾對割雙眼皮手術接受度高，認爲不會對自訴人之社會觀感造成影響。其他如評論他人似瘋子，非指摘他人確實爲瘋子，不致令人誤認被指摘之人係精神有問題之人，參見臺北地方法院88自字第1057號判決。

⓭是否造成個人名譽受損，原則上由一般人客觀事實上認定，再兼採環境因素，如說話當時之對象、讀者水準及普遍想法。

⓮誹謗罪與公然侮辱罪之區別爲：誹謗罪指摘之事實需具體，公然侮辱罪則否；誹謗罪之行爲不以公然爲必要，私相傳達散布亦可，公然侮辱罪則必須以公然爲必要；誹謗罪之主觀意思除故意外，尚需有散布於眾的意圖，公然侮辱罪則只須有侮辱之故意即可。參見高等法院95上易字第2011號判

決、高等法院臺中分院90上易字第1202號判決。

❶❺採絕對主義說者，認為誹謗應只針對不實之事實陳述言論論罪，不及於「評論」或「意見」，意見縱屬惡毒，亦無從由法官來論斷，而應由其他意見或輿論來匡正，參見最高法院93臺上字第1805號判決；採相對主義說者，認為依《刑法》第311條第三款規定，對屬於意見之言論，如其出發點是出於善意而發表適當的評論，始不論其意見為何，參見高等法院80上易字第1370號判決，泰豐公司訴聯合晚報案，法院以報社對十年前往事無端再為公評，已屬不當。

❶❻有關不罰規定之性質，在理論上有四學說：阻卻構成要件事由：認第310條第三項款規定基本上已是構成要件之一，如非不實自然構成要件不成立；阻卻違法說：主張言論如無不實或以善意發表言論，基本上即非惡意損毀他人名譽，無實質違法性，自可阻卻違法；阻卻責任說：認此並非故意，欠缺責任意思條件，故應阻卻責任；阻卻刑罰說：認第311條所列事由多基於公益，法律規定不罰，係因其欠缺處罰條件。本文採阻卻違法說。

❶❼參見釋字第509號解釋。

❶❽絕對特權（absolute privilege）之觀念，於行政程序中發表言論，如行政官員職務上之報告言論；於立法程序中發表言論，如國會議員於議事中之言論；於司法程序中發表言論，如律師於法庭中辯護之言論，縱有損他人名譽，亦應予以免責。

❶❾評論本身有屬單純意見之評論，無關具體事實，如對人無端謾罵，此與誹謗無涉，而與公然侮辱有關；惟評論常與可受公評之具體事實有關，此時如表意者非以損害他人名譽為唯一之目的，即屬善意之適當評論，應予不罰。

❷❶依美國侵權法之損害賠償制度，分為：(1)一般性損害，指當然誹謗，不必舉證受有特殊損害，由陪審團依誹謗之事實估定；(2)特殊性損害，如能證明受特殊損害，得請求賠償。如工作損失、顧客減少。言辭誹謗，因傷害較小，須特別證明有損害；(3)懲罰性損害（punitive damage），旨在懲罰具有惡意之誹謗，以報業誹謗報導為多。

❷❶名譽權與生命、身體、自由、肖像、姓名、信用、隱私等權利，合稱人格權，《民法》上對人格權之保護依《民法》第18條第一項規定，對一般人格權均得要求除去或防止侵害；同條第二項則規定可請求損害賠償，及對有法律特別規定者，如《民法》第19、192-195條之生命、身體、自由、肖像、姓名、信用、隱私等特別人格權，亦可請求非財產上損害賠償（慰撫金）。

㉒一般侵權行為之成立，其要件有六：(1)須有加害行為；(2)需侵害權利或利益；(3)須致損害；(4)行為須不法；(5)行為人須有責任能力；(6)行為人須本於故意或過失；亦有認應包含(7)加害行為與損害間須有因果關係。

㉓「權利」包含財產權（債權及物權）及非財產權（人格權及生命權）；「利益」為權利以外，法規及公序良俗所保護之一切利益。名譽權係權利亦屬利益。

㉔呂秀蓮控告新新聞雜誌侵權案，原臺北地院判決認為被告陶令瑜等人有相當理由確信其傳述之事項為真，據以認定其等不構成侵權行為，但高等法院卻認《民法》第195條名譽侵權不適用《刑法》第310條第三項前段規定。參見臺北地院89訴字第5548號判決及高等法院91上訴字第403號判決。

㉕1974年之《隱私權法》第28A章，於第652條B對隱私空間的侵入作規定、第652條C對竊用他人姓名肖像作規定、第652條D對公開他人隱私事項之責任作規定、第652條E對扭曲他人形象作規定。

㉖美國隱私權法之原則，有：資訊蒐集、保存應予公開（公開原則）；個人有權取用、拷貝自己的資料（個人取用原則）；個人有修正、修改自己資料之權利（個人參與原則）；蒐集資訊之機構、資訊種類及蒐集方式，應有限制（蒐集限制原則）；機關內部使用資訊應予限制（使用限制原則）；向機關外部透露個人資訊應有限制（透露限制原則）；持有資訊之機關負積極責任，確保業務之推行係合法並合理（資訊管理原則）；持有資訊之機關，應就個人資訊政策、運作及系統負責（責任原則）。

㉗類似規定，於美國《模範刑法典》（Model Penal Code）第250.12條亦對某些侵犯隱私行為，例如不法竊聽或監視訂有刑責。

參考書目

Castells, Manuel（1996），夏鑄九等譯（1997）。《網路社會之崛起》（*The Information Age: Economy, Society and Culture*）。臺北：唐山。

呂有文（1983）。《刑法各論》。臺北：三民。

林天財等（2007）。《誹謗：臺灣本土實證案例解析》。臺北：五南。

林世宗（2005）。《言論新聞自由與誹謗隱私權》。自版。

林山田（1978）。《刑法特論（下冊）》。臺北：三民。

法治斌（1996），〈誹謗罪：表意自由之緊箍〉。《媒體誹謗你、我、他》，國立政治大學傳播學院研究暨發展中心編，傳播與法律系列研討會(三)。臺北：政大傳播學院。

法務部（1996）。《名譽權保護之研究》。臺北：法務部。

邱聰智（1988）。《民法債編通則》。臺北：輔仁大學法學院。

財團法人資訊工業策進會（1999）。《網路vs.法律》。科技法律中心。

楊建華（1994）。《民事訴訟法要論》。臺北：三民。

張台先、陳玥菁編譯（1999）。《網路法律》。臺北：儒林。

張永明（2001）。〈資料庫公開與個人隱私保護〉。《監聽法vs.隱私權》，國立政治大學傳播學院研究暨發展中心編，傳播與法律系列研討會(七)。臺北：政大傳播學院。

張瑞星（1997）。《Internet法律問題上線》。臺北：永然文化。

黃東雄（1991）。《刑事訴訟法論》。臺北：三民。

褚劍鴻（1983）。《刑法分則釋論（下冊）》。臺北：臺灣商務印書館。

廖正豪（1976）。〈論名譽權侵害與誹謗罪（下）〉。《刑事法雜誌》，第十二卷，第十五期。

韓忠謨（1982）。《刑法各論》。臺北：三民。

謝穎青（2005）。《通訊科技與法律的對話》。臺北：天下文化。

第六章　網路時代的新聞報導與著作權

中國文化大學新聞系專任助理教授
國立清華大學通識教育中心兼任助理教授
羅彥傑

摘要

　　新聞媒體與從業人員基於報導時事之目的，不可避免會引用、取材、拍攝或擷取他人享有著作權保護之著作。即便這些行為是基於新聞自由、促進公眾資訊自由流通等公共利益，但若稍有不慎，仍可能有侵害他人著作權之疑慮。本章旨在從新聞媒體工作者的角度切入，探討侵害著作權之成立要件。依序勾勒著作權與新聞自由之關係，我國《著作權法》中有關「合理使用」之規定可如何適用於新聞報導，以及隨著網際網路興起而衍生的新聞合理使用之問題剖析。最後，筆者依據自身實務經驗，提出一套如何避免落入侵害他人著作權陷阱之趨吉避凶策略，希冀供新聞實務界的新手與有志從事新聞工作的學生參考。

第一節　前言

　　新聞媒體工作者如記者、編輯，最擔心自己為完成上級交付的新聞編採任務，而在無意間侵害到的他人權益，除了名譽權（誹謗罪與公然侮辱罪）與隱私權外，可能當屬著作權。著作指屬於文學、科學、藝術或其他學術範圍之著作，而著作人則指創作著作的人。著作權分成「著作人格權」與「著作財產權」，前者屬於著作人本身，不可讓與或繼承；後者屬於可讓與或繼承的權利。前者致力於保護著作完整性以及著作人與該著作之間的關聯，反對以貶損方式呈現著作（Cornish, 1999；引自劉孔中譯，2000）。後者則是保護著作物具有財產價值的部分，使著作財產權所有人獲取經濟利益，以重製權為重心（賴文智、王文君，2007：77-78）。

　　傳統媒體時代下的記者與編輯，扮演的是新聞內容產製者的角色，加上新聞時效性與截稿、降版壓力，因此在製作內容的過程中，難免會

因便宜行事而取材那些涉及他人著作權的內容。在網際網路時代下，記者與編輯不僅只是在產製內容的過程中取用網路上來路不明、可能涉及著作權的素材而已，而且還可能將這些製作完成後的內容刊登在媒體官方網站、App即時新聞、臉書（facebook）粉絲專頁乃至自己經營的部落格等不同平臺上，無形中大大提高侵權的風險。另外，一般網友現在也有極多機會「接近使用」這些由新聞媒體免費供應的新聞，甚至直接把新聞內文、圖片、影片或其連結，轉載分享至自己的臉書動態。此舉是否有侵害著作權的疑慮，也值得斟酌。

著作權與商標、專利權一樣，均屬智慧財產權的一種。根據我國《著作權法》第10條，「著作人於著作完成時享有著作權。」這指著作人無須進行申請或辦理登記，也無須公開發表，即自動取得著作權保護，且在規定期限內（著作財產權存續期間是著作人的生存期間加上其死亡後五十年；著作人格權之保護在著作人死亡後仍視同生存）持續存在。他人的轉載使用，均須取得著作人同意。原則上，侵害著作權屬「告訴乃論」罪，故發生侵害時，著作權人可自行決定是否要對侵權之人進行刑事告訴。著作權遭侵害的著作人，可請求民事救濟與提起刑事訴訟（賴文智、王文君，2007：133-153）。侵害著作人格權者，負損害賠償責任，被害人得請求賠償相當之金額。因故意或過失不法侵害他人之著作財產權或製版權者，亦負損害賠償責任。

第二節 著作權與新聞自由

著作權與新聞自由、言論自由向來均密不可分，但著作權代表私權之保護，不同於新聞自由代表的公益，言論自由則兼具私權與公益。著作與言論自由一樣，都是憲法保障個人基本自由或權利的一種類型。自1710年英國頒布《安妮法》（*The Statute of Anne*），多數國家先後歷經著作權法立法與修法，並透過國際條約約束，其共同點是強調「使用者付費」與「合法授權」的概念。而新聞自由則屬於制度性與工具性的權

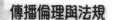

利，目的是促成公眾資訊自由流通，即「知的權利」，且包含若干有別於言論自由的權利，譬如蒐集新聞資料的權利，這使得著作權保護與新聞自由可能有所扞格，甚至有引發媒體的寒蟬效應之虞。我國《憲法》第11條規定「人民有言論、講學、著作及出版之自由」，這當中除提到了言論自由與著作自由外，亦隱含新聞自由。林子儀（1998：73-84）大法官從第四權理論出發，以政府應受監督的必要性與重要性為由，認為新聞自由具有下列五種特性：一，新聞自由為一種制度性的基本權利，而非一種個人性的基本權利；二，享有新聞自由之權利主體為新聞媒體而非一般大眾；三，新聞自由是一種工具性的基本權利；四，新聞自由並非是以保障或促進新聞媒體自身的利益為中心；五，新聞自由提供新聞媒體一些言論自由保障之外的特別保障，譬如採訪新聞的權利。這種採訪新聞與促進資訊流通的權利，免不了會與法律對著作財產權的保護產生抵觸與衝突。因此，要保障新聞自由，增進公共利益，需給予新聞媒體及其工作者對他人著作合理使用的空間，限制著作財產權的行使。

　　新聞實務上，記者經常要報導文學、科學、藝術或其他學術範圍之著作，而這些新聞報導可能必須引用受著作權保護的著作物部分內容，包括文字、圖片（包含照片與漫畫插畫）、音樂與影片。根據《著作權法》第9條第一項第四款規定，「單純為傳達事實之新聞報導所作成之語文著作」，不得為著作權之標的，在解釋上已將新聞照片、錄影畫面、漫畫插畫等排除在外。另根據《保護文學及藝術著作之伯恩公約1979年巴黎修正案》（1979年伯恩著作權公約）第2條第八項規定，「本公約之保護規定，不適用於日常新聞或僅具新聞資訊性質之各項事實。」此一解釋，是基於「單純傳達事實之新聞報導」或「日常新聞」不具備「著作」的性格與要件，故不為著作權之保護對象，倒非基於人民知的權利才限制其著作權（蕭雄淋，1992：190，蕭雄淋，2015：116）。

　　著作權保護的構成要件，包括原創性（獨立創作）、人類精神上之創作、具有一定之表現形式、足以表現出作者的個別性，以及必須非屬不受保護之客體（謝銘洋，2008：13-28；林洲富，2011：21）。當前，特別是網際網路時代下的新聞報導，以夾敘夾議，或綜合數篇新聞報導

呈現的方式居多，但所引用著作能否受到著作權保護，仍視其是否具備原創性或創作性，引用行爲究竟屬於重製❶或改作❷。換言之，A媒體若只是將來自B媒體與C媒體的數篇新聞報導拼湊成一篇報導（譬如彙整世界主要報紙頭版頭條新聞），應屬重製各該新聞報導，因無改寫的創作行爲，不可能成爲改作的衍生著作。另外，A媒體若是整理B媒體與C媒體的數篇新聞報導，另外寫成一篇新的傳達事實之新聞報導，這些新聞報導均無法成爲著作權之標的。然而，A媒體若是參考B媒體與C媒體的數篇新聞報導，並添加自身對於時事的觀點或評論分析，而製作成的特稿、社論，則A媒體的特稿與社論應屬受著作權保護的語文著作（經濟部智慧財產局，2011：26）。

　　至於新聞媒體工作者新聞報導、評論、照片與插畫的著作權歸屬，屬於新聞媒體僱傭關係之成果展現，《著作權法》表現在第11條：「受雇人於職務上完成之著作，以該受雇人爲著作人。但契約約定以雇用人爲著作人者，從其約定。依前項規定，以受雇人爲著作人者，其著作財產權歸雇用人享有。但契約約定其著作財產權歸受雇人享有者，從其約定。」第21條：「著作人格權專屬於著作人本身，不得讓與或繼承。」這意味在一般（無契約約定）的情形下，實際創作的新聞媒體工作者（受雇人）享有著作人格權，而新聞媒體（雇用人）則享有著作財產權。此一立法兼顧受雇人與雇用人之利益，因爲該著作乃是受雇人精神人格之表現，使其享有著作人格權，不僅符合創作事實，且符合《著作權法》尊重精神創作之要旨。另一方面，雇用人對該著作之完成亦有貢獻，且多爲金錢、財務之支援，使其取得著作財產權，得以實現並享有該著作之經濟價值，亦與其需要相符（謝銘洋，2004：97-98）。

　　新聞媒體對特定人物進行採訪寫作，或摘錄、詮釋、分析其受訪語文內容，可統稱爲新聞報導。著作權歸屬，必須視其新聞處理表現方式，或所謂的新聞報導類型來決定。不同的處理表現形式，著作權歸屬結果可能各異（章忠信，2006：102-105）。若是「投稿」作品，譬如讀者投書或專欄，根據《著作權法》第41條，著作財產權原則上仍歸投稿人所有，作者不必經刊載單位同意，就可將此著作收錄在其個人出版的

專書或轉貼在其個人或其他網站上，甚至授權其他人利用，刊載單位不得主張任何權利；至於刊載單位方面，如未與作者有另外約定，都不可再就該著作另行利用，例如將該著作置於報社之電子報，或另行收編出版專輯，或轉授權他人利用，如有需要做這些原出刊以外的利用，都應再行洽談授權條件（章忠信，2011/04/11）。**表6-1**以平面媒體為例，在未特別約定著作人的情況下，新聞報導類型決定著作權歸屬狀況。

表6-1　新聞報導類型與著作權歸屬：以平面新聞媒體為例

受訪者自述之語文著作	受訪者享著作人格權與著作財產權
人物專訪Q&A	屬共同著作，受訪者與記者共享著作人格權，新聞媒體組織與受訪者共享此專訪的著作財產權。
人物特寫	記者享著作人格權，新聞媒體組織享著作財產權。
純淨新聞	不得為著作權之標的。
特稿與新聞分析	記者享著作人格權，新聞媒體組織享著作財產權。
社論	新聞媒體組織享著作人格權與著作財產權。
讀者投書	著作人（該名投稿者）享著作人格權與著作財產權。
新聞圖片與插畫	原則上，著作人（包括攝影者與插畫家）享有著作人格權與著作財產權。若著作人受僱於新聞媒體組織，則新聞媒體組織享有著作財產權。

資料來源：作者自製。

第三節　新聞報導中的合理使用

　　通訊傳播事業肩負一國知識傳遞與資訊流通，促進多元文化均衡發展的社會責任。其中，新聞媒體基於守望社會、監督政府之公共利益而享有新聞自由，在通訊傳播事業中的責任尤其重大。也因此，著作權保護的原則並非絕對，特別是著作財產權須受限制，方有助於知識與文化之擴散，也能由此培育更多的精神創作。這也是為何我國《著作權法》第1條即提到，本法不只是保障著作人著作權益，也包括調和社會公共利益，與促進國家文化發展。

　　著作財產權須受限制，意味基於特定的內容與目的，在一定的範圍內，得無須取得合法授權即可使用他人著作，不構成著作財產權的侵害，亦即所謂的「合理使用」原則❸，這表現在《著作權法》第三章第四節第四款「著作財產權之限制」第44條至第65條，而這當然包括新聞報導。以廣播、攝影、錄影、新聞紙、網路或其他方法進行時事報導者，在報導之必要範圍內，得利用其報導過程中所接觸之著作（第49條）。同時，為報導、評論或其他正當目的之必要，在合理範圍內，得引用、翻譯與散布已公開發表之著作（第52、63條）。惟利用時，應明示其出處（第64條）。

　　例如，電視新聞報導普立茲新聞攝影獎大展的展覽資訊與內容，並派攝影記者拍攝開幕酒會。為使觀眾瞭解此一活動，記者拍攝該展覽展出的攝影作品，並透過電視臺播送。這原本涉及著作財產權中的重製權與公開播送權，但《著作權法》第49條規定在報導的必要範圍內可利用所接觸的著作，故不算侵權。但值得注意的是，若非時事報導，例如製作藝文節目而介紹這些攝影照片，除非符合第52條，否則須先取得著作財產權人同意方可拍攝或公開播送。但即便符合第52條，也須注意是否為報導、評論或其他正當目的之必要，例如只是以某張攝影照片作為節目光碟的封面，則有侵權之虞（謝銘洋、馮震宇、陳家駿、陳逸南、蔡明誠，2005：80-81）。

　　外國籍人士的著作物，在我國境內亦同樣受到《著作權法》的保護。我國於2002年1月1日加入世界貿易組織（World Trade Organization, WTO）後，須履行「與貿易有關之智慧財產權協定」（Agreement on Trade-Related Aspects of Intellectual Property Rights, TRIPS），有義務對WTO全體會員國國民之著作予以著作權保護。而依TRIPS第9條規定適用《伯恩公約》的結果，對WTO全體會員國均應保護著作人的翻譯權（經濟部智慧財產局，2011：15-16）。譬如國內新聞媒體最常引述美國、英國、日本等國新聞媒體的報導，甚至直接引用照片、圖表，而這些國家均為WTO會員體之一，除有合於合理使用之情形外，應取得其同意或授權。

然而，何種使用方式堪稱「合理」？《著作權法》第65條第二項提到，是否合於第44條至第63條規定或「其他合理使用之情形」，「應審酌一切情狀」，尤應注意以下判斷之基準：

1.利用之目的及性質，包括係為商業目的或非營利教育目的。
2.著作之性質。
3.所利用之質量及其在整個著作所占之比例。
4.利用結果對著作潛在市場與現在價值之影響。

合理使用原則是英美兩國法官造法下的產物，主要是從普通法與衡平法的案例所發展。英國自《安妮法》後，逐漸發展出允許嗣後作者及評論者使用前作者著作的「合理摘錄」（fair abridgement）原則，並可追溯至1740年的Gyles v. Wilcox案。美國聯邦最高法院大法官Joseph Story於1841年的Folsom v. Marsh案，將英國的判例法原則予以綜合，創造出合理使用原則的主要法則。美國國會在1976年《著作權法》第107條規定這個司法創設的合理使用原則，但仍保留該原則在適用上的彈性空間。而我國《著作權法》第65條即來自美國《著作權法》第107條，旨在提供法院以「個案分析」為基礎，賦予其最大彈性裁量權，使其參酌具體個案，判斷是否構成合理使用而做最妥適的個案認定（王敏銓，2011：116；林利芝，2011：259；曾勝珍、洪維拓，2013：110-131）。

值得注意的是，單純為傳達事實之新聞報導所作成之著作，只有語文著作不受保護。至於非語文之著作，如報紙雜誌的照片、插圖等，仍可受到著作權保護。A媒體或一般網友若公開使用B媒體所拍攝的照片，即便明示出處，仍有可能侵害B媒體對該張照片的著作財產權。此時，A媒體或一般網友或可援引《著作權法》第65條第二項的四項判斷基準，強調使用行為屬於「其他合理使用」。不過，這四項基準若有一項無法通過，仍有可能被認定不構成合理使用（章忠信，2010：174）。這是因為法院會採取個案審酌與整體衡量原則，綜觀所有情狀予以通盤考量，且判斷基準不以第65條第二項第一至四款為限，而係涵蓋所有個案事實（蔡惠如，2011：194-195）。舉例而言，儘管明示出處不表示當然

構成合理使用，而未明示出處亦非表示絕無構成合理使用之可能，但明示出處會是法官列為審酌的情況之一，也有助於法官審酌其「利用之目的」（曾勝珍、洪維拓，2013：142-143）。

　　《蘋果日報》在2009年11月13日以頭版報導「立委吳育昇帶香奈兒美女上薇閣」，《聯合晚報》副總編輯與攝影記者當天即以A1與A3版報導，重製《蘋果日報》就孫仲瑜所拍攝照片之攝影著作兩張，經檢察官提起公訴，認涉犯《著作權法》第91條第二項意圖銷售而擅自以重製之方法侵害他人著作財產權罪嫌。被告則否認意圖銷售，稱已盡最大努力尋找孫仲瑜照片未果，並強調有特別註明翻拍自《蘋果日報》，而且是全版面一起翻攝。案經臺北地院一審，上訴至智慧財產法院、最高法院，均判被告無罪。

　　一審判決結果指出，具有原創性的人類高度精神創作，始能受到著作權保護。攝影著作係指由主題之選擇，光影之處理、修飾、組合或其他藝術上之賦形方法，以攝影機產生之著作，始受保護。新聞照片係在新聞事件發生之瞬間攝取其臨場情形，將會因各人所欲表現者而有不同，非不得受著作權保護。判決書指出，《蘋果日報》攝影記者拍攝時未使用閃光燈，亦未先徵得孫仲瑜同意，非一般新聞事件係公然拍攝，無注重畫面美感，既無「光線之抉取」，亦無「主題之選擇」，非「利用角度之選取用以傳達個人精神之創作」，因此不具有攝影者個性及獨特性，而達於《著作權法》「著作」之原創性要件。雖然被告與辯護律師不否認這兩幅攝影圖片之原創性，而答辯是「合理使用」，但臺北地院仍認定這兩幅圖片不具原創性，非屬於《著作權法》保護之攝影著作，故判被告無罪。

　　上訴判決則指出，原創性廣義解釋包括原始性與創作性，國內外實務上對創作性之判斷採最低創作性、最起碼創作（minimal requirement of creativity）之高度或門檻（threshold），認定新聞照片也可能具有原創性。智慧財產法院認為，這兩幅照片雖僅單純人像照片，但因牽涉之技術要求較一般照片多，且極端仰賴拍攝者遠距夜攝功力，故具原創性。此事件因前無他人報導，屬即時新聞，符合《著作權法》第49條明定時

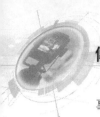

事報導得主張合理使用他人著作,且未逾越必要範圍(雖為商業使用,仍屬時事報導範疇;與新聞事件高度相關之攝影著作;使用質量之比例不低,但仍未脫時事報導所需範疇;未影響照片之潛在市場或現在價值),自屬阻卻違法,故駁回檢方上訴。最高法院亦駁回上訴。

第四節　涉及網際網路的新聞合理使用

　　網際網路相關技術係在軍事封閉網絡下萌芽,後續擴及研究、學術使用性質,則是在以自由分享為主的環境下發展,未慮及著作權的處理。自1993年美國副總統高爾(Al Gore)在競選政策中提出「國家資訊基礎建設」(National Information Infrastructure, NII),將以網際網路為主的軟硬體建設作為國家發展重點,各國陸續跟進,透過商業化使網際網路蓬勃發展,對著作權制度帶來前所未有的衝擊。這是因數位科技導致著作的重製、轉換、改作、利用與散布,都可在不失真的狀況下進行,而且會對著作造成不可避免、暫時性的重製(例如電腦中暫存記憶體的重製);網路科技則使著作的散布與流通幾乎零成本。未經授權的著作利用行為可被無限放大與擴散這使得「世界智慧財產權組織」(World Intellectual Property Organization, WIPO)1996年透過《世界智慧財產權組織著作權條約》(WIPO Copyright Treaty, WCT)、《世界智慧財產權組織表演及錄音物條約》(WIPO Performances and Phonograms Treaty, WPPT),賦予著作權人及表演人、錄音物製作人等,新的著作財產權——對公眾的傳播權。美國於1998年透過《數位千禧年著作權法案》(The Digital Millennium Copyright Act , DMCA)貫徹對WIPO條約的執行,歐盟、澳洲及日本也紛紛跟進調整,我國則分別在2003、2004年修正《著作權法》,新增公開傳輸權、權利管理電子資訊的保護、防盜拷措施的保護等,甚至2007年更新修正對P2P經營者的責任規範(謝銘洋、馮震宇、陳家駿、陳逸南、蔡明誠,2005:117-118;賴文智、王文君,2007:28-31、157;章忠信,2010:10;黃銘傑,2011:150)。

　　當代的記者與編輯，使用諸如Google等搜尋引擎來找出與新聞事件人物有關的圖片與文字內容，已是家常便飯。此外，記者與編輯也常針對名人在臉書等社群網站的動態進行報導，甚至直接擷取刑事案件被害人與犯罪嫌疑人在臉書發布的照片，當成新聞圖片處理。在Web 2.0時代，網友自己也可以擔任網路公民記者，或者在臉書、部落格架設新聞臺，比照傳統新聞媒體組織所享有的合理使用原則。相較於傳統媒體，網路媒體或一般民眾較無尊重他人著作人格權的觀念，以擷取網路圖片為例，即使註明出處，也時常以「翻攝網路」或「取自網路」一詞帶過。然而，即便清楚註明出處，也非可隨意轉載網路上的文章、圖片或影音檔案。

　　Caristi（2010: 169）指出，諸如臉書與MySpace等社群網站提供了侵害著作權的大量機會，這些侵權行為的嚴重程度雖比不上P2P網站，但因為本質上會員可分享所有種類的內容（包括照片、音樂與影片），某些內容註定會是享有著作權的著作物。即便於「臉書」上撰寫的文章，如具有原創性，於創作完成時即享有該作品之著作權，並同時受到《著作權法》之保護。若未獲這些著作權人的同意或授權，任意上傳、下載或轉貼分享別人的著作，是一種侵害著作權人的「重製權」及「公開傳輸權」的網路侵權行為（經濟部智慧財產局，2014/01/11）。

　　而刊登在新聞紙、雜誌或網路上有關政治、經濟或社會上時事問題的論述，除非已明確註明不許他人轉載、公開播送或公開傳輸者外，也可由其他新聞紙、雜誌轉載，或由廣播、電視公開播送，或於網路上公開傳輸（第61條）。至於其他非屬新聞性、時事性論述的其他著作，如副刊上的小說、散文、學者專家的著作、一般的投稿等，則不得任意轉載或轉貼，任何轉載與轉貼都須徵得原著作人的同意（謝銘洋、馮震宇、陳家駿、陳逸南、蔡明誠，2005：201）。

　　儘管原則上可轉載、公開播送與公開傳輸原刊登在新聞媒體網站上有關時事問題的論述，但實務上，幾乎主要新聞媒體的網站都屬於商業性，在其刊物或網站載明「版權所有，不許轉載」。因此，A媒體若欲使用B媒體「單純為傳達事實之新聞報導」語文著作，無侵權之虞。若B

媒體成為新聞事件的當事者，則A媒體可在報導之必要範圍內使用B媒體的報導內容（第52條）。此外，若國外的C媒體刊載一篇有關政治時事問題的論述，或是該國總統的公開外交演說，A媒體依照我國《著作權法》，得合理使用這篇政治論述或演說講詞，將其翻譯為中文，並刊載於A媒體（第63條）。

若是一般個別網友，在臉書或部落格轉載媒體「非單純為傳達事實之新聞報導」，則可援引第52條：「為報導、評論、教學、研究或其他正當目的之必要，在合理範圍內，得引用已公開發表之著作。」但筆者建議，在未斷章取義或損害該新聞媒體及其撰稿人名譽的前提下，仍宜避免全文轉載，並附上自身對此新聞的評論為佳，且評論之篇幅須大於引用之篇幅。根據內政部之解釋函令，「惟『引用』係指利用他人著作供自己創作之參證、注釋或評註等，是以被引用之他人著作內容僅係自己著作之附屬部分而已，從而如無自己著作之情形，即不符合本條所訂『引用』之要件……。」❹若是新聞媒體轉載或引用網友個人有關政治、經濟或社會上時事問題之論述，只要網友未特別聲明禁止轉載或公開傳輸，亦無法向這些商業性的新聞網站或廣電媒體主張權利（賴文智、王文君，2007：192-193）。新聞媒體主要是訴諸公益或新聞自由作為合理使用的依據。但若是個人，則合理使用的抗辯換成是供個人或家庭為非營利之目的，或者並未影響著作的潛在市場與現在價值。

實務上，不論是新聞媒體工作者或一般網友，最常涉及侵權的並非他人語文著作，而是圖片與插畫。從網路下載圖片與插畫來利用，除非利用的方式能合於《著作權法》第44條至第65條合理使用的規定，否則都要先取得著作財產權人的授權或同意才可以利用。賴文智、王文君（2007：178）指出，Web 2.0時代最便利的創作方式之一，就是利用他人已公開發表著作進行剪輯、混搭與改作。若《著作權法》第52條有關「合理引用」的規定無法適度擴大解釋，從事這類新興創作活動將有不確定的風險。譬如，網路上的戲謔仿作（parody）作品，都是利用他人著作並融入自主創意，或是嘲諷原著作以外之社會事件的創作行為，在網路上形成「Kuso惡搞文化」。目前國內學者傾向認為，Kuso作品雖在

形式上重製了原著作的表達而侵害重製權，但也添加嘲諷元素，並對原著作做出批判反思，形成類似評論的表達方式，從而構成新著作（林利芝，2011：276）。

　　另外，若是在自己經營的部落格分享YouTube網站上的影片，係以「複製網址連結」之方式，單純轉貼YouTube影片網址超連結，而未將影片內容重製在自己的網頁，不涉及著作的重製及公開傳輸，自然不會涉及侵害著作權。惟如知悉該影片屬於未經著作財產權人同意上傳YouTube網站者，仍可能構成他人侵害公開傳輸權之共犯或幫助犯（經濟部智慧財產權局，2014/04/11）。

第五節　結語：新聞工作者的趨吉避凶策略

　　在數位媒體匯流的趨勢沛然莫之能禦，與網際網路資源取之不盡、用之不竭的時代下，新聞媒體的記者與編輯比過去享有更多的優勢與工具，但也面臨比以往更無法逆料的風險與陷阱。原則上，新聞媒體及其工作者的上上之策，仍是盡可能尋求他人著作物的合法授權。若礙於新聞時效或尋求授權困難，又想規避被控告侵權的風險，則勢必得發展一套趨吉避凶的策略。

　　記者與編輯趨吉避凶的第一步，是使自己在報導中使用的文字、圖片與插畫等不屬於著作權保護的標的。純粹傳達事實的新聞報導，不在著作權保護範圍內。如果正好有政府機關發布的新聞稿、文書、圖片、翻譯物或編輯物，也請儘量利用。其次，在使用他人著作時，應考慮到其著作是否具原創性，或者確實表現出作者的個別性。若確實有原創性與作者個別性，應儘量避免使用。另外，在挑選使用新聞素材時，應避免便宜行事。以國際新聞為例，新聞媒體經常會有固定取得授權的外國新聞通訊社或圖片資料庫，即便其提供的語文與圖片資料未必最符合所需，但至少是安全或可資替代來路不明的網路圖片的一項選擇。

　　第二步，由於是否構成侵害著作權的前提，須先審視該著作是否具

原創性，因此被告可質疑原告著作不具原創性，包括是否符合最低創作性或最起碼創作的門檻。就目前涉及侵害著作權爭議的法院裁判書，被轉載、公開播送或公開傳輸的新聞圖片本身是否具有原創性，經常是兩造辯論爭鋒的焦點，但這一部分只能仰賴法院根據個案來認定。

第三步，在不得已而必須利用他人著作時，盡可能利用的是其觀念，而非其表達形式。現今不論是平面或廣電媒體，在新聞報導中帶入評論與分析、夾敘夾議已是常態。記者、編輯可以用自己對於他人觀點或觀念的「理解」，用自己的文字重新予以鋪陳描述，也就是所謂的「演繹」或變換措詞（paraphrase），甚至再加上自己的評論與判斷，以求增加自身著作的原創性比例。記者與編輯必須盡可能讓觀點多元化，亦即嘗試把與此事件相關的所有觀點都帶入報導中，如此一來，他人的評論與觀點在記者與編輯的巧妙詮釋與安排下，就有機會整合為記者個人所創造出的全新「觀念」。《著作權法》第10條之1規定：「依本法取得之著作權，其保護僅及於該著作之表達，而不及於其所表達之思想、程序、製程、系統、操作方法、概念、原理、發現。」這指的就是《著作權法》對於「觀念／表達」之保護有別（章忠信，2010：5）。倘若涉及的是較敏感的新聞圖片與插畫，筆者建議記者與編輯可請攝影記者另行拍攝事件或現場照片，或者補拍情境示意的照片。若欲使用他人的插畫或圖表，則可預先請美術編輯協助另行繪製，但前提是納入更新資料或未曾在他人插畫或圖表呈現的資訊或評論。

第四步，若已確認被告在未徵求原告授權同意下，使用對方具有原創性的著作，則只能藉由「合理使用」抗辯，且未逾越必要範圍。被告可援引《著作權法》第49條與第52條，強調是在時事「報導之必要範圍內」，或屬於「在合理範圍內」引用已公開發表之著作。至於是否合於這些情況，被告可以第65條第二項規定的四項判斷基準，主張利用該著作係在合理使用的範圍內，作為最後抗辯理由（曾勝珍、黃鋒榮，2012：178-179）。此時，若利用原告著作的目的為非營利教育目的，或者有明示出處，或者著作性質與新聞事件高度相關，或者引用的質量及其在整個著作中所占的比例低，或者利用結果不影響著作潛在市場與現

在價值，都有可能取得對被告有利之判決結果。

問題討論

一、新聞報導在什麼情況下會違反著作權法？

二、記者或編輯如何避免侵害他人的著作權？

三、轉載新聞媒體的報導或社論，是否侵犯新聞媒體的著作權？

 注釋

❶指以印刷、複印、錄音、錄影、攝影、筆錄或其他方法直接、間接、永久或暫時之重複製作。

❷指以翻譯、編曲、改寫、拍攝影片或其他方法就原著作另為創作。

❸關於「合理使用」一詞,美國《著作權法》第107條稱為fair use,英國《著作權法》第29條則稱為fair dealing。

❹詳見內政部民國82年1月16日臺（82）內著字第8129310號函,詳見http://www.tipo.gov.tw/ct.asp?xItem=215630&ctNode=7448&mp=1。

參考書目

一、中文部分

王敏銓（2011）。〈美國法的合理使用〉，黃銘傑（編），《著作權合理使用規範之現在與未來》，頁115-147。臺北：元照。

林子儀（1998）。《言論自由與新聞自由》。臺北：元照。

林利芝（2011）。〈從KUSO創作探討戲謔仿作的合理使用爭議〉。黃銘傑（編），《著作權合理使用規範之現在與未來》，頁253-279。臺北：元照。

林洲富（2011）。《著作權法──案例式》。臺北：五南。

章忠信（2006）。《著作權法的第一堂課》（二版）。臺北：書泉。

章忠信（2010）。《著作權一本就通》。臺北：書泉。

章忠信（2011/04/11）。〈第四十一條（投稿之著作財產權）〉。上網日期：2014年10月19日，取自http://www.copyrightnote.org/crnote/bbs.php?board=11&act=read&id=49

曾勝珍、洪維拓（2013）。《智慧財產權法專論──著作權之抄襲與侵害》。臺北：五南。

曾勝珍、黃鋒榮（2012）。《圖解著作權法》。臺北：五南。

黃銘傑（2011）。〈日本著作權法合理使用規範之現況及修法議論〉。黃銘傑（編），《著作權合理使用規範之現在與未來》，頁149-181。臺北：元照。

經濟部智慧財產局（2014/04/11）。《智慧財產權小題庫》，http://www.tipo.gov.tw/lp.asp?ctNode=7196&CtUnit=3562&BaseDSD=7&mp=1。

經濟部智慧財產局（2010）。《著作權法暨相關法規》。臺北：經濟部智慧財產局編印。

經濟部智慧財產局（2011）。《認識著作權》（二版）。臺北：經濟部智慧財產局編印。

劉孔中譯（2000）。〈英國著作人格權之研究〉。《智慧財產權月刊》，24：37-49。

蔡惠如（2011）。〈我國著作權法合理使用之挑戰與契機──以著作權法第

65條第2項之判斷基準為核心〉。黃銘傑（編），《著作權合理使用規範之現在與未來》，頁183-204。臺北：元照。

賴文智、王文君（2007）。《數位著作權法》（二版）。臺北：益思科技法律事務所。

蕭雄淋（1992）。〈著作權〉。蔡明誠、翁秀琪（編）。《大眾傳播法手冊》，頁187-218。臺北：國立政治大學新聞研究所。

蕭雄淋（2015）。《著作權法論》（八版）。臺北：五南。

謝銘洋（2004）。《智慧財產權之基礎理論》（四版）。臺北：謝銘洋發行。

謝銘洋（2008）。《數位內容之著作權基本問題及侵權》。臺北：經濟部智慧局。

謝銘洋、馮震宇、陳家駿、陳逸南、蔡明誠（2005）。《著作權法解讀》。臺北：元照。

二、英文部分

Caristi, D. (2010). Coordinating internet policies: The time has come. In S. Papathanassopoulos & R. Negrine (Eds.), *Communications Policy: Theories and Issues* (pp. 166-178). London: Palgrave Macmillan.

第七章　情色資訊、兒少保護與表意自由

國立臺灣藝術大學廣播電視學系教授
中央廣播電臺總臺長
賴祥蔚

摘要

　　情色資訊享有憲法對言論自由的保障，但是基於兒少保護等理由，國內外都有相關法律加以限制。美國從1996年至2009年有四部涉及情色資訊管制的法律都被聯邦最高法院判定為違憲，原因包括這些法律對於情色的定義不夠精準，以及管制範圍過於廣泛等等。相較之下，我國對於情色資訊的管制似乎比較嚴格。我國大法官會議認為情色資訊可以享有憲法對於言論自由的保障，不過在審理《刑法》第235條的違憲訴訟時，同意政府仍然得以予以限制；至於特別因為兒少保護而制定的法律如《兒童及少年性交易防制條例》與《兒童及少年福利與權益保障法》，儘管傳播媒體經常認為這些法律侵犯了言論自由或新聞自由，不過迄今為止只有《兒童及少年性交易防制條例》第29條申請釋憲，大法官會議在2007年做出合憲解釋。

第一節　前言

　　自從傳播媒體問世以來，各種資訊都變得非常容易就可以觸及社會大眾，舉凡平面、廣電乃至於新興的網際網路媒體，無不面臨所承載的資訊是否都適合所有閱聽眾的問題。其中，情色資訊最常引起社會大眾的關心。

　　由於情色（erotic）與色情（pornography）兩詞經常被混淆，因此有必要先略加探討。從字源來看，erotic一詞源自於希臘神話中愛神的名字Eros（羅馬神話的愛神則是比較廣為人知的Cupid），因此衍生而來的erotic一詞也被認為略有「先情後色」的意味。至於pornography一詞也是源自於希臘文，字首porno本有賣淫的意思，字根原為graphos則有描述的意思，兩者結合起來就是指對於賣淫的描述，後來轉為指涉所有猥褻

或性愛的相關內容。

　　一般常見的是兩者雖然都與性有關，但是情色不一定是要引起官能刺激，至於色情則往往是以引起官能刺激為主要目的。學者認為：情色與色情二者都牽涉了與性有關的內容或者題材，但是情色主要是指不含暴力的性題材，是對性活動的非暴力、非虐待性的描述；而色情則是對於性活動的包含暴力與宰制等的描述（林芳玫，1997）。儘管情色給人的感覺似乎比起色情來得可容忍一些，但是不容諱言，有時這二者的界線並非截然分明。

　　對於情色資訊的限制，主要不是要懲罰性，而是懲罰其對於與性有關之社會道德的衝擊。由於擔心未成年人心智尚未成熟，如果太早接觸到情色資訊，難免會受到汙染，因此要求對情色資訊加以限制甚至完全禁止的社會呼聲由來已久。

　　所謂的未成年人，依照我國《兒童及少年福利與權益保障法》第2條：「本法所稱兒童及少年，指未滿十八歲之人；所稱兒童，指未滿十二歲之人；所稱少年，指十二歲以上未滿十八歲之人。」因此未成年人包括了兒童與少年，通稱兒少。相較於此，聯合國《兒童權利公約》第1條則強調：「本公約所稱之『兒童』，係指所有未滿十八歲以下之人。然而適用於兒童之法律中，規定在十八歲以前就成為成年者不在此限。」

　　對於限制甚至完全禁止情色資訊以保護兒少的訴求，也頗有人從表意自由（freedom of expression）的角度出發來表示反對的態度。所謂的表意自由，其實是比傳統的言論自由（freedom of speech）與新聞自由（freedom of the press）更為廣泛的概念，把包括言論等一切表達方式都包括進來。由於表意自由被看成是基本人權，不容侵犯，因此政府可否因為情色資訊可能汙染兒少就對於此一基本人權加以設限，其中頗有討論空間。本章將先回顧相關學理，再探討我國的法規與案例，最後做出結論。

第二節　情色資訊與兒少保護的相關學理

一、美國情色資訊管制的司法發展

回顧歷史，情色資訊與兒少保護等不同陣營之間的立場衝突與思想論辯，其實攸關言論自由與新聞自由等表意自由，而且由來已久。遠者不論，近百餘年就有英國在1868年通過取締猥褻出版品的Hicklin Rule，而美國也在1873年仿效英國，通過了查禁猥褻品的Comstock Act。

英國在1868年的Hicklin案認定猥褻是指會造成身心不穩定者腐敗的色情內容。美國在1933年對知名的文學作品*Ulysses*涉及猥褻案指出：猥褻不該受到憲法保護，不過猥褻與否，應該從作品整體來討論。美國聯邦最高法院在1973年提出著名的Miller標準：是否以挑起情慾為目的、是否對一般人造成冒犯、是否具文學藝術或科學價值。

至於當代美國對於此一議題的論戰，首推因為美國國會通過《通訊端正法》（Communication Decency Act, CDA）而掀起的訴訟攻防與學界討論。

1996年，美國國會通過《通訊端正法》，此舉立即在美國學術界與司法界掀起了長達十幾年、至今未休的論戰；對於這場進行中的盛事，國內學者也有不少人頗為關注（陳起行，2003；劉靜怡，1998）。要探討兒少保護與表意自由的相關學理，實有必要仔細檢視其演變歷史與意義。

由於美國國會從1996年開始，陸續通過了一系列的相關法案，除了《通訊端正法》，還包括1996年的《兒童色情預防法》（Children Pornography Prevention Act, CPPA）、1997年的《兒童線上保護法》（Children Online Protection Act, COPA）以及2000年的《兒童網路保護法》（Children Internet Protection Act, CIPA），其間頗有相關，相互交

纏。為了便於瞭解，本節將先回顧這一系列法律所引起的司法論戰發展歷程，進而檢視相關學理的主張。

一方面，《通訊端正法》禁止所有人在「知情」（knowingly）的情況下，利用通訊設備傳送「不雅」（indecent）的內容給未成年人；同時禁止讓未成年人取得是以「顯然冒犯」（patent offensive）方式描述性行為或性器官的資訊。由於該法對「不雅」等用語的相關定義不甚精確，禁止的牽連範圍也頗為廣泛，「美國公民自由聯盟」（American Civil Liberty Union, ACLU）認為這已經違反憲法保障的言論自由，因此在該法通過的1996年立即針對此法提出違憲訴訟，隔年獲得勝訴。

《通訊端正法》被判定違憲後，美國國會立刻在1997年通過了具有替代性的《兒童線上保護法》。有鑑於《通訊端正法》被判定違憲的前車之鑑，《兒童線上保護法》所禁止的內容特別強調「對未成年人有害（harmful）」；同時也把限制的對象縮小到具有商業性質的網站，而不像《通訊端正法》可以適用於商業與非商業網站。儘管如此，「美國公民自由聯盟」還是立刻在1998年針對該法提出違憲訴訟。在訴訟進行中，美國司法部曾要求搜尋引擎業者Google提供搜尋紀錄，用以支持該法的立場，但是被Google以這樣會侵犯使用者的隱私為由而拒絕。最高法院於2002年宣判該法違憲（535 U.S. 564）。對此，美國政府雖然一直試圖翻案，不過聯邦最高法院在2004年與2009年都予以駁回，最後一次甚至是直接駁回，未有進一步說明，這次判決也終於確定了該法因違憲而失效的結果。

另一方面，1996年通過的《兒童色情預防法》也因為禁止描述青少年性行為，而且範圍還包括了以電腦程式描繪或是合成的「虛擬兒童色情」（virtual child pornography），因此同樣被「美國公民自由聯盟」提起違憲訴訟。聯邦最高法院於2002年宣判該法違憲（535 U.S. 234）。

2000年通過的《兒童網路保護法》，則因為要求所有獲得聯邦經費補助的圖書館，都必須加裝可以過濾網頁的軟體，因此也遭到提起違憲訴訟的下場。聯邦最高法院於2003年判決該法違憲（539 U.S. 194）。

從1996年至2009年，前後十三年一共有四部涉及情色資訊管制的法

律都被聯邦最高法院判定違憲，這自然具有某種重要的宣示意義。相關論戰顯示：政府管制情色資訊不是必然違憲，但是如果對情色的定義不夠精準、管制範圍過於廣泛，則聯邦最高法院傾向認為這是侵犯表意自由的違憲之舉。

二、情色資訊管制與否的學理主張

管制情色資訊的理由頗多，有學者指出，要求政府管制情色資訊的理由主要有兩項：一是「冒犯一般人」，二是汙染未成年者（陳宜中，2009）。除此之外，情色資訊的氾濫還有助長犯罪與傷害女性等，因此歸納來看，情色資訊被管制的理由包括了冒犯一般人、助長犯罪、傷害女性以及汙染兒少等。

在汙染兒少的部分，又有兩個應該注意的學理面向，一是兒少保護與表意自由的分界點究竟何在，二是兒少保護的學理立足點是什麼。

由於提供情色資訊其實也是一種特定形式的表意自由，因此除非此種表意自由對於他人的基本權利造成侵害，政府才有理由加以禁止。針對侵害他人基本權利的情況，有學者明確主張此一侵害必須是「相當明確且實質，並具道德（此指公共政治道德）重要性之傷害」，政府才能加以禁止；除此之外，政府的禁止措施，也必須有效達成目的，並且要避免過度管制（陳宜中，2009）。

學者Schauer（1982）也認為，依照言論自由與比例原則，單單泛論「兒少保護」，並不足以支持大範圍的政府管制措施。此一論點，國內也有學者加以呼應（陳宜中，2009）。

美國聯邦最高法院法官Stevens在審理《通訊端正法》違憲的1997年判決書中特別分析指出：網路世界大多都是主動去得到訊息，不像在閱聽傳統媒體時可能收到意料之外的資訊，而且該法對於「不雅」的定義太含糊；除此之外，網際網路人人都可接近，很難阻止特定族群獲得網路上的資訊，即使有一些過濾程式來避免未成年人接觸，但是這些程式未必可靠，而且這些程式所需花費的成本，將會造成藝術、防止性病團

體等非商業團體的沉重負擔，因而可能限制了他們在網路上的表意自由（521 U.S. 844）。

至於是否因為傳播媒體可能對兒童的身心發展有所影響而要加以保護，目前有三種主要的論述：

一方面，1983年Postman出書宣稱童年已然消逝，因為在廣電媒體出現之後，天真無邪的童年就已不再復見（Postman, 1983）。其實在Postman立論之前不久，已有Elkind（1981）等人提出類似的主張，認為廣電媒體正在扼殺孩子們的童年；在前述人士出書呼籲各界重視之後，接著又有Winn（1984）、Meyrowitz（1985）、Sanders（1995）、Steinberg與Kincheloe（1997）等人持續呼應，強調不只是以往最被重視的廣電媒體在扼殺童年，新興的網際網路其實在這方面更令人擔心。

另一方面，相較於前述悲觀立場將傳播媒體看成天真童年的殺手，若干學者則採取了迥然不同的樂觀立場，抱持這種主張的學者包括了Tapscott（1988）、Papert（1993; 1996）、Katz（1993）、Rushkoff（1996）等，他們批評前述立論其實具有太強烈的保護色彩，甚至是一種不適當的父權心態，他們主張兒童其實不是這麼容易就會受到傳播媒體的影響或是汙染，這些學者甚至認為兒童是比成人還要聰明的主動閱聽人，因此不應該被成人過度保護，反而應該有權進行自主閱聽。

這種論述遭到憂心傳播媒體汙染兒童的學者大加批駁，認為Tapscott等人的樂觀論述太過於一廂情願，忽略了傳播媒體生產層面與兒童生理心理發展的現實情況，並且助長了資本主義傳播媒體製作生產所潛藏的消費主義，使得各種商品得以在此一論述之下，大大方方地透過傳播媒體呈現在全不設防的兒童面前，因而可以成功販售、大賺一筆。

除了前述兩派極端對立的論述之外，Hodge與Tripp（1986）、Buckingham（1993）等人又提出拒斥正反對立的另一論述，強調應該要跳脫本質論，不能過度簡化或以偏概全，以免犯了單因（single-factor）解釋的缺失；他們主張必須從更廣闊的社會脈絡來理解，因為兒童與廣電媒體的關係可能會受到許多內、外在因素的影響，舉凡社會環境、家庭背景、學校學習、同儕互動，乃至於兒童本身的身心發展等，都可能

會產生交互作用，因此當然不能將所有兒童全部都一視同仁、泛泛而論（Buckingham, 2000；引自楊雅婷譯，2003）。許多針對兒童如何受到傳播媒體影響的研究，往往得出不同結論，原因或許就在於此。

　　最近幾年，又有學者從「傳播權」的面向提出探討，認為享有健康的傳播環境應該是一項基本人權。這可以分成積極與消極兩個部分來思考，從積極面向來看，人人應當都有權享有豐富、健康而且有助於個人發展的傳播內容；從消極面向來看，則是人人都有權免於不健康傳播內容的汙染（賴祥蔚，2005）。

　　關於積極面向，最重要的就是要設法增加健康、優質且精彩的傳播內容。可惜的是，這個部分也是目前最為欠缺的部分，其中原因何在，以及政府應該採行何種政策來因應，值得專門討論，本文限於篇幅，無法多加闡述。至於消極面向的現況與缺失，則是本文要討論的重點。

第三節　我國對於情色資訊的管制

一、《刑法》的規定

　　我國與情色資訊管制有關的法律相當多，其中最受矚目的莫過於《刑法》第235條。

　　《刑法》第235規定：「散布、播送或販賣猥褻之文字、圖畫、聲音、影像或其他物品，或公然陳列，或以他法供人觀覽、聽聞者，處二年以下有期徒刑、拘役或科或併科三萬元以下罰金。

　　意圖散布、播送、販賣而製造、持有前項文字、圖畫、聲音、影像及其附著物或其他物品者，亦同。

　　前二項之文字、圖畫、聲音或影像之附著物及物品，不問屬於犯人與否，沒收之。」

　　《刑法》第235條曾經引發法律侵害了憲法言論自由與出版自由條

款的違憲訴訟。司法院大法官會議在釋字第407號解釋文指出：「猥褻出版品，乃指一切在客觀上，足以刺激或滿足性慾，並引起普通一般人羞恥或厭惡感而侵害性的道德感情，有礙於社會風化之出版品而言。猥褻出版品與藝術性、醫學性、教育性等出版品之區別，應就出版品整體之特性及其目的而為觀察，並依當時之社會一般觀念定之。又有關風化之觀念，常隨社會發展、風俗變異而有所不同，主管機關所為釋示，自不能一成不變，應基於尊重憲法保障人民言論出版自由之本旨，兼顧善良風俗及青少年身心健康之維護，隨時檢討改進。」

　　司法院大法官會議在釋字第617號解釋文也認定該法條並未違憲；並且特別指出：「為貫徹憲法第十一條保障人民言論及出版自由之本旨，除為維護社會多數共通之性價值秩序所必要而得以法律加以限制者外，仍應對少數性文化族群依其性道德感情與對社會風化之認知而形諸為性言論表現或性資訊流通者，予以保障。」

　　該解釋文的理由書也指出：「憲法第十一條保障人民之言論及出版自由，旨在確保意見之自由流通，使人民有取得充分資訊及實現自我之機會。性言論之表現與性資訊之流通，不問是否出於營利之目的，亦應受上開憲法對言論及出版自由之保障。惟憲法對言論及出版自由之保障並非絕對，應依其性質而有不同之保護範疇及限制之準則，國家於符合憲法第二十三條規定意旨之範圍內，得以法律明確規定對之予以適當之限制。」

　　由上可知，我國的大法官會議傾向認為情色資訊可以享有憲法對於表意自由的保障，不過政府仍得以予以適當限制。

二、《兒童及少年性交易防制條例》的規定

　　傳播媒體夾帶情色資訊，一向廣受爭議。這些情色資訊，甚至是色情資訊，早期都是以廣告的方式出現，一開始大多出現在平面媒體，特別是報紙的分類廣告，這幾年隨著有線電視的普及化也進占了廣電媒體，甚至是最受兒少歡迎的網際網路。

　　報紙分類廣告常有暗藏春色的情況，這些小廣告在狹小有限的方塊內，雖然不會直接說明意圖，以免太過招搖引來檢警取締，但是有心人仍然一看便知。有些小廣告是以招攬顧客為主，例如利用「讓自己High，激情Party」等文字，吸引「醉翁之意不在酒」的讀者，必要時還可以辯稱這是舞會廣告。針對色情廣告的研究顯示，有一些小廣告甚至會以採用更不具色情暗示的「婚友中心」、「會員交友」、「護膚中心」等名義來登載廣告。有些小廣告則是用以招攬有意從事性工作的讀者，例如利用「輕鬆、免經驗、薪水高」等文字，吸引有意下海者，或是誤以為這不是色情行業而踏入陷阱的求職人員。「廣慈婦職所」的統計顯示，其收容的未成年少女有高達六成一的人是在看了報紙廣告後前往應徵。

　　至於有線電視，色情廣告氾濫的情形也非常嚴重，許多有線電視頻道一到深夜時段便充斥著鶯聲燕語。根據行政院新聞局2004年的調查顯示，有高達八成九四的臺灣民眾贊成應該要淘汰掉那些以色情、暴力及誇大不實廣告為主要內容的有線電視頻道。由此不難推估，民眾對於情色資訊的厭惡程度。

　　情色資訊透過傳播媒體進入家庭之內，其誘惑力有時連部分的成年人都未必招架得住，對於未成年的兒童與少年往往帶來更大的影響與汙染。有鑑於此，我國制定《兒童及少年性交易防制條例》，其中特別針對傳播媒體刊載色情廣告的情況加以規範。

　　以下先引述一則色情廣告引發的知名新聞事件，接著再分別探討法條規定與新聞媒體違法刊登色情廣告的案例。

　　《兒童及少年性交易防制條例》關於情色資訊的禁止與處分，主要規定在該法第29條與第33條。前者處罰業者，後者則處罰傳播媒體。

　　第29條：「以廣告物、出版品、廣播、電視、電子訊號、電腦網路或其他媒體，散布、播送或刊登足以引誘、媒介、暗示或其他促使人為性交易之訊息者，處五年以下有期徒刑，得併科新臺幣一百萬元以下罰金。」此一條文將「引誘、媒介、暗示或其他促使人為性交易之訊息」視為犯罪，這引來是否違反憲法對於言論自由之保障的釋憲申請，大法

餵毒拍裸照　逼女學生賣淫

【湯寶隆、林聰勝／高雄報導】「救救我的援交女友！」一名癡情男今年四月向《蘋果》投訴女友「葳葳」遭應召站誘拐，不僅下海接客，還成為應召站首腦「特助」，此事見報後，高市警方經近四個月時間追查，前晚逮到包括「葳葳」在內五名應召站成員，救出四名女子。刑大偵查佐何昱毅説：「應召站不僅餵毒控制，還強拍裸照逼迫賣淫，手段惡劣，毫無人性！」

今年二月間，十九歲就讀護專的「葳葳」，看到報紙「美夢成真」求職廣告，業者以「保證高薪、日領」、「時薪兩千」誘騙她下海賣淫，後來轉而將她吸收為應召站特助兼會計，她的男友四處求援碰壁，轉向《蘋果》投訴。

消息見報後，高市刑大在檢方指示下偵辦，前晚在高雄市逮捕應召站首腦洪正山（三十七歲，高市人，妨害風化前科）、打手兼馬伕周湘軍（二十七歲，毒品、組織犯罪前科，湖北人）、陳康博（三十五歲，高市人）、陳俊宏（三十六歲，高市人）及「葳葳」、潘姓（二十歲，高縣人）女子等人。

警方同時救出「小惠」等四名女子，起出記帳單、帳冊、警用車輛表，另有制式子彈二顆、匕首及二十多公克的海洛因及安毒。警方説，這個應召站對外以「小胖」或「天鳳企業社」自稱，經營一年多，初估旗下應召女達三十餘人，成員不少是在學生或未成年少女。

警方在洪男手機內發現裸女畫面，經追問才得知「葳葳」因私下接客，遭洪男押到賓館強拍裸照，並以散播裸照要脅，逼她繼續賣淫；另名女子「小惠」則是遭餵毒成癮，每天接客所得幾乎都拿來換毒。

警方説，主嫌洪男原是水電工，後來當起應召站馬伕及皮條客，最後「升格」自己開起應召站。應訊時，警方拿裸照質問他時，他還辯

稱：「我對她們很好，沒有暴力行為。」全案訊後依妨害風化、《兒童及少年性交易防制條例》送辦。

（《蘋果日報》，2007年8月25日）

官會議在2007年對於相關條文做出合憲解釋，在釋字第623號解釋文指出：「上開規定乃為達成防制、消弭以兒童少年為性交易對象事件之國家重大公益目的，所採取之合理與必要手段，與憲法第二十三條規定之比例原則，尚無牴觸。」

從前述條文可知，業者登載性交易訊息如遭查獲，除了可能被判處五年以下的徒刑，還可能要繳交罰金。

第33條則規定：

「廣告物、出版品、廣播、電視、電子訊號、電腦網路或其他媒體，散布、播送或刊登足以引誘、媒介、暗示或其他促使人為性交易之訊息者，由各目的事業主管機關處以新臺幣五萬元以上六十萬元以下罰鍰。

新聞主管機關對於違反前項規定之媒體，應發布新聞並公告之。」

依據施行細則第2條，包括報紙與雜誌等前述的出版品，目的事業主管機關都是直轄市政府以及縣（市）政府。相較於此，廣電媒體的主管機關則是中央的國家通訊傳播委員會（簡稱通傳會）（National Communication Commission, NCC）。至於第二項所稱的新聞主管機關，指的也是直轄市政府以及縣（市）政府。

由前述條文可知，刊載可能促使性交易資訊的傳播媒體，其負責人雖然不會因此被判處徒刑，但是傳播媒體會遭到罰鍰，並且會被公告。

在處罰方式部分，依據臺北市政府2006年訂定的《臺北市政府處理違反兒童及少年性交易防制條例事件統一裁罰基準》：「第一則罰鍰新臺幣五萬元整，每增加一則加罰新臺幣一萬元整，合計最高以新臺幣六十萬元整為限。」

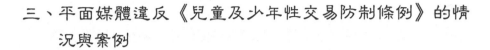

三、平面媒體違反《兒童及少年性交易防制條例》的情況與案例

「美容師免經驗、工讀生兼職日領、保證每日班數、北市最高抽成，意者歡迎電洽。……」

上面這些廣告文字，究竟是合法美容業者的徵才廣告？還是色情業者的招攬廣告？事實上，這些看似美容業徵才，但是又點綴著若干想像空間與暗示語句的小廣告，乃是不折不扣的色情廣告，而且藉由「工讀生兼職」等文字，引誘仍然在學的少年甚至兒童身陷其中。

這一類「假美容，真色情」、用語委婉的色情廣告，其實正是在政府大舉掃黃之後才陸續出現，其用意正是在規避取締。行政院新聞局2001年的年度研究報告就指出：政府大力執行掃黃專案後，色情業者已經不敢再明目張膽地在報刊上以各種性明示用語招攬客人，改成以掛羊頭賣狗肉的方式，化身為「美容」、「護膚」等廣告，以規避政府之執法；其中，採取美容護膚形式的色情廣告，更從先前的19.7%上升到59.9%。

任何讀者只要翻閱過報紙的分類廣告，應該不難發現寫著類似上述文字的小廣告總是屢禁不絕。事實上，根據臺北市政府的處分統計，2006年7～12月平面媒體的違反情形，詳如**表7-1**。

表7-1　2006年7～12月平面媒體的違反情形統計表

月	中國時報		自由時報		聯合報		蘋果日報		小計	
	件數	金額	件數	金額	件數	金額	件數	金額	件數	金額
7	2	11萬	1	6萬					3	17萬
8	1	5萬	2	11萬					3	16萬
9	2	10萬							2	10萬
10	1	5萬	1	5萬					2	10萬
11			1	5萬					1	5萬
12	1	5萬	1	5萬					2	10萬
Sum	7	36萬	6	32萬					13	68萬

資料來源：臺北市政府。

　　至於前述分類廣告違反《兒童及少年性交易防制條例》的類型，詳如**表7-2**。

　　對於刊載這類可能招致性交易的廣告，傳播媒體往往辯稱：這些廣告從字面形式上來看只是一般求職廣告，並無任何足以引誘、媒介或其他促使人為性交易之訊息，而且委託人刊登廣告的目的及實際從事何種商業活動，傳播媒體實在無法光從廣告字面就能知道，而且也未必真會招致性交易，因此不該被罰。不少傳播媒體更在遭到處分後，積極提出訴願與行政訴訟。

　　對此，最高行政法院2003年在判字第145號中清楚指出：「**廣告之內容是否有上開性交易之效果，不能單純僅以刊登文字之文義解釋為準據，應以社會觀念上是否足以達成上述目的為判斷。**」此一判決，大致而言，應該符合社會的一般觀感，也呼應了傳播媒體在賺取廣告費用之餘，應該同時負起社會責任的主張，這也是社會責任論的基本立場。

　　值得注意的是，根據與2005年7～12月的同期數據相比較，臺北市政府在2006年7～12月處罰的違規廣告，不但沒有減少，反而還呈現了

表7-2　違反《兒童及少年性交易防制條例》的廣告類型

違規廣告類型	違規廣告內容	違規則數
刊載美容、護膚、推拿、按摩或工作室等通性字眼，實際媒介性交易。	○○工作室	3
	美容、護膚、推拿、按摩等	
刊載聯誼等交誼性字眼，實際媒介性交易。	聯誼、交友	
強調可約、兼職、24H、可外出，實際媒介性交易。	可約、外出、到府等	1
	兼職	
	24H、不打烊等	
刊載徵求服務小姐等人事廣告，實際媒介性交易。	誠徵美容師、女兼職、服務小姐	3
刊載佳麗、淑女等字眼，暗示媒介性交易。	佳麗、淑女、美眉等	11
	○○女	
刊載明顯引誘性交易字眼或價碼。	○○女人、○妹、S、外全等	
	價碼	
合計		18

資料來源：臺北市政府。

明顯增加的趨勢，而且遭罰的案例出現在多家主要大報。其實不必參考統計數據，光是打開報紙一翻，便能察覺夾帶性暗示的分類廣告仍所在多有，其中原因何在，值得進一步研究。

四、對於兒少的進一步保護

《兒童及少年性交易防制條例》針對可能促使性交易的色情資訊，明文禁止其出現在傳播媒體，進而針對未成年的兒童及少年加以保護，這主要體現在該法的第27條與第28條，對於兒童及少年的性交易與猥褻影像與圖片，給予最周延的保護，包括拍攝、製作、散布、買賣、持有未成年人的性交或猥褻行為的影像與圖片，都將遭到處罰，藉此讓兒童及少年不會受到色情的剝削。

第27條：「拍攝、製造未滿十八歲之人為性交或猥褻行為之圖畫、錄影帶、影片、光碟、電子訊號或其他物品者，處六個月以上五年以下有期徒刑，得併科新臺幣五十萬元以下罰金。

意圖營利犯前項之罪者，處一年以上七年以下有期徒刑，應併科新臺幣五百萬元以下罰金。

引誘、媒介或以他法，使未滿十八歲之人被拍攝、製造性交或猥褻行為之圖畫、錄影帶、影片、光碟、電子訊號或其他物品者，處一年以上七年以下有期徒刑，得併科新臺幣一百萬元以下罰金。

以強暴、脅迫、藥劑、詐術、催眠術或其他違反本人意願之方法，使未滿十八歲之人被拍攝、製造性交或猥褻行為之圖畫、錄影帶、影片、光碟、電子訊號或其他物品者，處五年以上有期徒刑，得併科新臺幣三百萬元以下罰金。

前四項之未遂犯罰之。

第一項至第四項之物品，不問屬於犯人與否，沒收之。」

第28條對於散布、播送、販賣、甚至持有前述資訊者加以處罰：「散布、播送或販賣前條拍攝、製造之圖片、影片、影帶、光碟、電磁紀錄或其他物品，或公然陳列，或以他法供人觀覽、聽聞者，處三年以

下有期徒刑，得併科新臺幣五百萬元以下罰金。

意圖散布、播送、販賣而持有前項物品者，處二年以下有期徒刑，得併科新臺幣二百萬元以下罰金。

無正當理由持有前項拍攝、製造兒童及少年之圖片、影片、影帶、光碟、電磁紀錄或其他物品，第一次被查獲者，直轄市、縣（市）主管機關得令其接受二小時以上十小時以下之輔導教育，第二次以上被查獲者，處新臺幣二萬元以上二十萬元以下罰金。

前三項之物品，不問屬於犯人與否，沒收之。」

就此而論，任何人只要持有未成年人的性交與猥褻資料，包括圖片、影片、光碟等，都會遭到處罰，如果意圖散布，更將面臨徒刑。在網路盛行的當代，任何人在下載影音資訊都要更加留意，以免不小心下載了前述資料，觸犯法條；如果順手把這些資料轉傳給其他網友，更會招來徒刑與高額罰金；萬一下載後自行剪輯並燒錄成光碟，則刑責更重。

《蘋果日報》2006年9月5日一則標題為〈網路相簿貼A片觸法〉的新聞報導中，採取涉案當事人的第一人稱口吻指出：

> 我上班時間不定，平時靠電子郵件轉寄一些生活訊息，哥兒們間更少不了令人血脈賁張的A圖或A片；前陣子流行個人部落格，見友人紛紛架設網頁，我也忍不住手癢加入。我順手把朋友寄的圖片轉貼到相簿裡，還以十八歲為界線，分門別類、集結成冊，甚至想出引人矚目的標題，果然才過兩、三天，瀏覽人次就破百人。沒想到過幾天網頁卻遭檢舉，我心裡一驚，但其他人也有類似行為，應該不會有問題，之後卻接到警方來電，指我已經觸犯《刑法》散布猥褻物品罪，且因圖片內容涉及未成年少女，也違反《兒童及少年性交易防制條例》，不但會被關，還可能被處五百萬元以下的罰金，令我後悔莫及。

《蘋果日報》的這篇報導，應該說出了許多誤蹈法網者的心聲，值

得所有網友借鏡警惕。

　　為了有效制止針對兒少的情色資訊流竄，《兒童及少年性交易防制條例》也將網際網路與數位科技納入規範，因此任何人都可能因為接觸兒少的性交與猥褻訊息而誤蹈法網。必須強調的是，只要連結上任何知名的網路搜尋引擎，輸入關鍵字，都可找到一大堆的前述資料，因此網友只要將這些資料下載至電腦，立刻就因「持有」而違反法律規定，萬一加以散布或燒錄，更會面臨刑責。這一點，尤其值得所有網友特別留意，以免因為一時的好奇而誤蹈法網。

第四節　我國對兒少保護的法律規定

　　針對兒少有權免於傳播媒體不健康內容的汙染，這在廣電三法中早有一些規定。2003年5月28日公布的《兒童及少年福利法》又增添了重要的第46條。2011年11月11日立法院在前述法律基礎上通過了《兒童及少年福利與權益保障法》，本節將探討此一條文的內涵演變並且檢視落實的情況。

一、從《兒童及少年福利法》到《兒童及少年福利與權益保障法》的相關內容

(一)原《兒童及少年福利法》的相關條文

　　原《兒童及少年福利法》第30條規定：「任何人對於兒童及少年不得有下列行為」，在十五項中與情色資訊有關者主要為第九項、第十一項、第十二項與第十三項：「九、強迫、引誘、容留或媒介兒童及少年為猥褻行為或性交。」、「十一、利用兒童及少年拍攝或錄製暴力、猥褻、色情或其他有害兒童及少年身心發展之出版品、圖畫、錄影帶、

錄音帶、影片、光碟、磁片、電子訊號、遊戲軟體、網際網路或其他物品。」、「十二、違反媒體分級辦法,對兒童及少年提供或播送有害其身心發展之出版品、圖畫、錄影帶、影片、光碟、電子訊號、網際網路或其他物品。」、「十三、帶領或誘使兒童及少年進入有礙其身心健康之場所。」

原《兒童及少年福利法》第46條第一項規定:「宣傳品、出版品、廣播電視、電腦網路或其他媒體不得報導或記載遭受第三十條或第三十六條第一項各款行為兒童及少年之姓名或其他足以識別身分之資訊。」

根據此一條文,當兒童及少年遭遇若干情況時,新聞媒體不能在報導中揭露可以識別其身分的資訊。

雖然傳播媒體往往主張其有新聞自由,然而,各種自由與人權,包括新聞自由在內,其實都有其界線,此一界線的形式表現,就是根據憲法授權而通過的相關法律條文。

就此而論,新聞媒體如果違反前述之規定,依照原《兒童及少年福利法》第63條之規定:「違反第四十六條第一項規定者,各目的事業主管機關對其負責人及行為人,得各處新臺幣三萬元以上三十萬元以下罰鍰,並得沒入第四十六條第一項規定之物品。」

至於新聞媒體的主管機關,我國的立法慣例都是將電子媒體與平面媒體分開處理,宣傳品、出版品為直轄市及縣(市)政府;廣播電視、網際網路為行政院新聞局;其他媒體,視其性質,屬於中央者,為行政院新聞局;屬於地方者,為直轄市及縣(市)政府。國家通訊傳播委員會成立後,新聞媒體的中央主管機關也從行政院新聞局改為通傳會。在所有的縣(市)政府中,臺北市政府率先根據《兒童及少年福利法》,在2004年7月15日通過了《臺北市媒體報導違反兒童及少年福利法規定新聞處理原則》。

由於擔心新聞媒體對暴力與色情多加描述,2010年乃有所謂「蘋果條款」出現,要在原先的《兒童及少年福利法》新增此一條文:「新聞紙不得刊載下列有害兒童及少年身心健康之內容:一、描述(繪)犯

罪、施打毒品、自殺行為之細節文字或圖片。二、描述（繪）暴力、色情、血腥、猥褻、強制性交細節之文字或圖片。」由於此一條款涵蓋範圍甚廣，引起侵犯新聞自由的憂心，此一憂心反映的正是言論管制與言論自由的長遠衝突。

(二)《兒童及少年福利與權益保障法》的相關條文

《兒童及少年福利與權益保障法》第四章為「保護措施」，對於兒少保護有更完整的規範，該法第43條規定：「兒童及少年不得為下列行為」，其中之第三項與情色資訊相關：「觀看、閱覽、收聽或使用有害其身心健康之暴力、血腥、色情、猥褻、賭博之出版品、圖畫、錄影節目帶、影片、光碟、磁片、電子訊號、遊戲軟體、網際網路內容或其他物品。」

該條文並且規定：「任何人均不得供應第一項之物質、物品予兒童及少年。」

該法第44條規定：「新聞紙以外之出版品、錄影節目帶、遊戲軟體應由有分級管理義務之人予以分級；其他有事實認定影響兒童及少年身心健康之虞之物品經目的事業主管機關認定應予分級者，亦同。」

第45條規定：「新聞紙不得刊載下列有害兒童及少年身心健康之內容。但引用司法機關或行政機關公開之文書而為適當之處理者，不在此限：

一、過度描述（繪）強制性交、猥褻、自殺、施用毒品等行為細節之文字或圖片。

二、過度描述（繪）血腥、色情細節之文字或圖片。

為認定前項內容，報業商業同業公會應訂定防止新聞紙刊載有害兒童及少年身心健康內容之自律規範及審議機制，報中央主管機關備查。

新聞紙業者經舉發有違反第一項之情事者，報業商業同業公會應於三個月內，依據前項自律規範及審議機制處置。必要時，得延長一個月。」

　　針對網際網路的部分，第46條並且規定：「為防止兒童及少年接觸有害其身心發展之網際網路內容，由通訊傳播主管機關召集各目的事業主管機關委託民間團體成立內容防護機構，並辦理下列事項：

　　一、兒童及少年使用網際網路行為觀察。

　　二、申訴機制之建立及執行。

　　三、內容分級制度之推動及檢討。

　　四、過濾軟體之建立及推動。

　　五、兒童及少年上網安全教育宣導。

　　六、推動網際網路平臺提供者建立自律機制。

　　七、其他防護機制之建立及推動。

　　網際網路平臺提供者應依前項防護機制，訂定自律規範採取明確可行防護措施；未訂定自律規範者，應依相關公（協）會所定自律規範採取必要措施。

　　網際網路平臺提供者經目的事業主管機關告知網際網路內容有害兒童及少年身心健康或違反前項規定未採取明確可行防護措施者，應為限制兒童及少年接取、瀏覽之措施，或先行移除。

　　前三項所稱網際網路平臺提供者，指提供連線上網後各項網際網路平臺服務，包含在網際網路上提供儲存空間，或利用網際網路建置網站提供資訊、加值服務及網頁連結服務等功能者。」

　　除此之外，原《兒童及少年福利法》第30條的條文內容，到了《兒童及少年福利與權益保障法》成為第49條，項目也從十五項增加到十七項，主要是原先的第十二項詳增為新法的第十二至十四項。該法第49條規定：「任何人對於兒童及少年不得有下列行為」，其中第九項、第十項、第十一項、第十二項、第十三項、第十四項與第十五項與情色資訊較有相關：

　　「九、強迫、引誘、容留或媒介兒童及少年為猥褻行為或性交。

　　十一、利用兒童及少年拍攝或錄製暴力、血腥、色情、猥褻或其他有害兒童及少年身心健康之出版品、圖畫、錄影節目帶、影片、光碟、磁片、電子訊號、遊戲軟體、網際網路內容或其

他物品。

十二、對兒童及少年散布或播送有害其身心發展之出版品、圖畫、錄影節目帶、影片、光碟、電子訊號、遊戲軟體或其他物品。

十三、應列為限制級物品，違反依第四十四條第二項所定辦法中有關陳列方式之規定而使兒童及少年得以觀看或取得。

十四、於網際網路散布或播送有害兒童及少年身心健康之內容，未採取明確可行之防護措施，或未配合網際網路平臺提供者之防護機制，使兒童或少年得以接取或瀏覽。

十五、帶領或誘使兒童及少年進入有礙其身心健康之場所。」

　　至於原《兒童及少年福利法》第46條的規定，在《兒童及少年福利與權益保障法》改列第69條：「宣傳品、出版品、廣播、電視、網際網路或其他媒體對下列兒童及少年不得報導或記載其姓名或其他足以識別身分之資訊」，其中就包括「遭受第四十九條或第五十六條第一項各款行為」；但是同條又補充指出：「行政機關及司法機關所製作必須公開之文書，除前項第三款或其他法律特別規定之情形外，亦不得揭露足以識別前項兒童及少年身分之資訊。

　　除前二項以外之任何人亦不得於媒體、資訊或以其他公示方式揭示有關第一項兒童及少年之姓名及其他足以識別身分之資訊。

　　第一、二項如係為增進兒童及少年福利或維護公共利益，且經行政機關邀集相關機關、兒童及少年福利團體與報業商業同業公會代表共同審議後，認為有公開之必要，不在此限。」

二、傳播媒體違反法規的情況與案例

　　原《兒童及少年福利法》通過以來，第46條第一項之規定，在中央與地方出現了截然不同的落實情況。在中央層級，不論是行政院新聞局或國家通訊傳播委員會，都不太援引此一條文去規範傳播媒體（賴祥蔚，2007/08/06）。反觀在地方層級，光是臺北市政府，2004年認定六

案，2005年認定九案，2006年也認定六案，這三年就已經裁罰了二十一案。

由於新聞媒體對於認定標準常有質疑及不同看法，臺北市政府特別邀請專家學者與業者代表成立「臺北市政府媒體違規審議委員會」來負責認定新聞媒體的內容是否違反規定，以減少爭議，在此同時，又編寫了《性侵害、性騷擾及兒童少年新聞報導被害人保護相關法律規定及案例說明》，針對常見疑問進行說明。

遭罰之新聞媒體，對於《兒童及少年福利法》第46條常有之疑問，主要有以下幾點：

第一點是「行政、司法等機關發布之資料已刊載被害人姓名或其他身分資訊，媒體據以報導，何以仍須受罰？」

臺北市政府指出：「媒體依據行政、司法等機關發布之資料報導，係屬個別行為，如違反相關規定，仍應各該法律規定處理。經查部分法律已規定政府機關公文示書不得揭露被害人姓名及其他身分資訊，如《性侵害犯罪防治法》第12條第二項規定：『*行政機關、司法機關及軍法機關所製作必須公示之文書，不得揭露被害人之姓名、出生年月日、住居所及其他足資識別被害人身分之資訊。*』《兒童及少年福利法》第46條第二項亦有類似規定。為此，臺北市政府曾經多次發文函請司法院、內政部警政署轉知所屬機關，發布新聞稿或其他公示資料應依規定不得揭露被害人姓名或其他身分資訊，並避免媒體因援引而受罰。不過司法院所發布的新聞稿卻仍時有違反情況，為此，2010年該法修法時，還特別在新的條款中補充強調：司法機關所製作必須公開之文書可以不在此限。

第二點是「『其他足資識別被害人身分之資訊』範圍廣泛，如何報導才不致違規？」

臺北市政府建議：「媒體報導時除不刊載被害人及其親屬姓名外，應採取下列方式：刊載照片時，被害人及其親屬之臉部應完全模糊處理，並避免刊載住家或其他可能識別被害人身分之建築物照片。以刊載『臺北市』『某校』『某公司』方式，取代村里街道、實際就讀學校或

工作場所名稱。」

　　第三點是「《兒童及少年福利法》第30條第十五款『其他對兒童及少年或利用兒童及少年犯罪或爲不正當之行爲。』規定係屬不確定法律概念，媒體常因疏忽而觸法，該款規定是否應明確界定適用範圍？」

　　臺北市政府指出：「按《兒童及少年福利法》立法目的係爲促進兒童及少年身心健全發展，並保障其權益，因而，該法第30條除於第一款至第十三款明定各項禁止行爲外，並於第十四款增列概括性規定。」至於該款規定如何明確界定適用範圍部分，則是由該法的中央主管機關內政部認定。

　　傳播媒體如果對於地方政府的裁罰感到不服，依法可以提起訴願，由行政院新聞局的訴願委員會受理。近年來共有十幾起關於《兒童及少年福利法》的案件提出訴願，不過結果都是遭到駁回。

　　《兒童及少年福利與權益保障法》立法通過之後，主要變化除了法律條文更縝密之外，主要變化包括臺北市報業公會在2012年成立了「兒少新聞自律委員會」，開始進行報業公會的自律把關。

　　值得注意的是，在網際網路時代，前述法規在執行上遇到不少難題，主要是經常有網路媒體刊載或是網友轉貼的內容涉及違反上開條文，但是如果電腦網路的登記地不在我國，或是網友匿名轉貼，則主管機關在實際進行裁罰時，經常出現難以執行的情況，因爲政府公權力難以對境外電腦網站施展，即使是針對境內的電腦網站，如果是網友匿名轉貼，則電腦網站可能會援引《個人資料保護法》而拒絕透漏網友資訊，如此一來，不免出現《兒童及少年福利與權益保障法》難以完全落實的情形。

第五節　結語

　　情色資訊雖然也是一種表意自由，但是由於兒少保護等理由，國內外都有對於情色資訊加以限制甚至完全禁止的主張，並各自通過相關法律。

　　美國從1996年至2009年有四部涉及情色資訊管制的法律，被最高法院判定違憲。相關判例顯示：政府管制情色資訊雖然師出有名，但是如果對情色的定義不夠精準、管制範圍過於廣泛，則最高法院往往傾向認為這是侵犯表意自由的違憲之舉。

　　針對網際網路，情況尤其特殊，如同最高法院法官Stevens指出：網路世界大多都是主動去得到訊息，不像在閱聽傳統媒體時可能收到意料之外的資訊；除此之外，網際網路人人都可接近，很難阻止特定族群獲得網路上的資訊；而且強制要求各網站都採取阻止措施，將會造成非商業團體的沉重負擔，因而限制了他們在網路上的表意自由（521 U.S. 844）。

　　我國的大法官會議認為情色資訊可以享有憲法對於表意自由的保障，不過在審理相關法律的違憲訴訟時，似乎比較傾向同意政府仍得以予以適當限制。這部分以《刑法》第235條的違憲訴訟為代表。

　　至於特別從兒少保護此一立場出發而制定的法律，則以《兒童及少年性交易防制條例》與《兒童及少年福利與權益保障法》為主，前者是避免兒少因為接觸情色資訊而成為性交易的受害者，後者則是進一步保護兒少免於接觸包括情色資訊在內的有害內容，同時更禁止傳播媒體在報導與兒少有關的負面新聞事件時，不得揭露足以辨識兒少身分的資訊。

　　相較之下，我國的法律對於情色資訊的管制，似乎比起美國來得嚴格。由於國情有別，不宜輕易斷定孰優孰劣。至於這些法律是否符合我國憲法對於表意自由的保障，則有待觀察，因為儘管傳播媒體對於這些法律規定的內容時有抱怨，認為這些法律已經侵犯了傳播媒體的言論自由或新聞自由，不過迄今為止的釋憲案都偏向於認定相關法律條文合憲。

問題討論

一、如何看待美國近十幾年有四部涉及情色資訊管制的法律被判定違憲？

二、情色資訊有必要受到憲法的保障嗎？理由何在？

三、政府對於情色資訊的法律管制，應否先問能不能發揮實際效果？

四、基於兒少保護而限制情色資訊的傳布，有無必要？

五、如何評估我國傳播媒體在情色資訊與兒少保護方面的實際表現？

參考書目

一、中文部分

D. Buckingham（2000），楊雅婷譯（2003）。《童年之死：在電子媒體時代下長大的孩童》（*After the Death of Childhood: Growing up in the Age of Electronic Media*）。臺北：巨流。

林芳玫（1997）。〈色情媒介及其效果：閱聽人研究的再省思〉。《廣播與電視》，3(1)：95-125。

陳宜中（2009）。〈色情管制爭議中的言論自由〉。《人文及社會科學集刊》，21(3)：389-429。

陳起行（2003）。〈由Reno v. ACLU一案論法院與網際網路之規範〉。《歐美研究》，33(3)：599-628。

劉靜怡（1998）。〈從美國聯邦最高法院Reno v. ACLU判決談網路內容規範的過去、現在與未來〉。《月旦法學雜誌》，32：99-114。

賴祥蔚（2005）。〈從言論自由到傳播權〉。《臺灣政治學刊》，9(1)：199-231。

賴祥蔚（2007/08/06）。〈誰讓兒少更坎坷〉。《自由時報》，第15版。

二、英文部分

Buckingham, D. (1993). *Children Talking Television*. London, U. K.: The Falmer Press.

Elkind, D. (1981). *The Hurried Child: Growing Up Too Fast Too Soon*. Mass.: Addison Wesley.

Hodge, B., & Tripp, D. (1986). *Children and Television: A Semiotic Approach*. Cambridge: Polity.

Katz, J. (1993). The media's war on kids. *Rolling Stone, 25* Nov., 47-49.

Meyrowitz, J. (1985). *No Sense of Place: The Impact of Electronic Media on Social Behavior*. Oxford: Oxford University Press.

Sanders, B. (1995). *A is for Ox: The Collapse of Literacy and the Rise of Violence in an Electronic Age*. New York: Vintage.

Schauer, F. (1982). *Free Speech*. Cambridge, U. K. Cambridge University Press.

Steinberg, S., & Kincheloe, J. (eds.) (1997). *Kinderculture: The Corporate Construction of Childhood*. Boulder: Westview.

Tapscott, D. (1988). *Growing Up Digital: The Rise of the Net Generation*. New York: McGraw-Hill.

Papert, S. (1996). *The Connected Family: Bridging the Digital Generational Gap*. Atlanta: Longstreet.

Papert, S. (1993). *The Children's Machine: Rethinking School in the Age of Computer*. New York: Basic Books.

Postman, Neil (1983). *The Disappearance of Childhood*. London: W. H. Allen.

Rushkoff, D. (1996). *Playing the Future: How Kids' Culture Can Teach Us to Thrive in an Age of Chaos*. New York: Harper Collins.

Winn, M. (1984). *Children without Childhood*. Harmondsworth: Penguin.

第三篇
廣告倫理與法規

第八章　廣告代理與公關業之倫理

實踐大學博雅學部副教授

張美慧

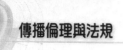

摘要

　　本章主旨在於討論廣告代理業與公關業的倫理問題。透過大眾傳播媒體，廣告與公關能夠對整個社會發揮極為強大的影響力，也因此可能遭遇許多道德難題，亟需思考與探討。本章將從廣告代理與公關業在商業倫理學的問題界定開始，探討廣告代理與公關業在現代民主社會的工作本質與角色定位，分析其可能面臨的倫理衝突、職業道德，最後談論國內外專業倫理原則或相關法規。

第一節　前言

　　本章將討論一個相當有意義的主題：廣告代理與公關業的倫理。雖然很少人會否認「倫理」的重要性，但一講到「倫理」總讓人肅然起敬，彷彿必須定心凝神坐下來深刻思索一番，而不是存在於柴米油鹽日常生活現實之中；其實不盡然如此，倫理是非常複雜且實際的問題，不僅作為一個人時時可能遭遇倫理難題，作為一個廣告人或公關人，工作上也可能遭遇到獨特的倫理問題。那麼，「廣告代理與公關業的倫理」究竟是指什麼？難道是指「敬業」、「負責」、「抗壓性」、「團隊合作」、「尊重上司」之類所謂職場倫理嗎？

　　事實上，關於倫理的探討屬於「倫理學」（Ethics）範疇，這是傳統西方哲學的重要科目之一。許多專業領域都開設倫理課程，如新聞倫理、企業倫理等，但這些課程通常經驗傳授多於學術探討，而在倫理學中可找到相關議題的縝密思考與論辯，更有助我們進一步深入思考。

　　倫理學是「將哲學的批判、分析方法應用到倫理道德領域，探討我們日常生活中一般習而不察的道德判斷和道德規則，甚至對道德規則背後的假設提出質疑」（林火旺，2004：11）。倫理學依照研究的對象、

注重的角度、所產生的意義與所欲達成的目的不同而有如下區分（林火旺，2004：17-20）：

1. 描述性道德學（descriptive morals）：研究不同的道德主張和實踐，從而發現有關人類行為、態度的重要事實，是關於「實然」的研究。

2. 規範倫理學（normative ethics）：研究道德觀念和道德判斷，並對道德原理的合理性進行探討，例如什麼是道德上應實踐或禁止去做的行為、什麼是道德上的良善德性等等，是關於「應然」的研究。在規範倫理學中，可再區分「基礎倫理學」（fundamental ethics）及「應用倫理學」（applied ethics）；前者關切的是道德理論、道德判斷方法論的建構，並提出系統性的解釋；後者則關切各個實踐領域中道德問題的解決。

3. 後設倫理學（meta-ethics）：討論道德論述及其所使用語詞、概念的意義、道德規範的效力係絕對或相對的、道德是主觀或客觀等課題。

　　廣告代理與公關業的倫理問題，屬於商業倫理學的一支，是規範倫理學中的應用倫理學研究領域。將「商業」與「倫理」並置，看起來似乎也很不協調，實則不然。試想，若是商業和倫理毫不相干，社會大眾為什麼一聽到「黑心商品」就憤慨不已？眾所皆知企業存在的目的就是營利，那麼憑什麼要求企業要負起社會責任？追求最大利潤和倫理要求是否必然衝突？當商業利益與其他價值之間有衝突時（例如：環境保護）又該如何取捨？這些沒有標準答案的灰色地帶，都是商業倫理學的重要課題。廣告與公關屬於商業活動的一環，在市場經濟蓬勃發展、經濟走向全球化的今天，有越來越多複雜的議題需要納入商業倫理的思考，對於經常要面對不同廣告主、利益團體、來自四面八方各種壓力的廣告人與公關人來說，更需要追問「這樣的行為／決策是否符合道德判準」，釐清應然面與實然面之間的差異，從而找出解決問題的可能選項。

第二節　廣告代理與公關業：定義與共通特性

走在街上，路邊大幅看板林立，還不時有人遞傳單給你；打開電視，廣告簡直比節目還多；連上網路，網頁邊欄閃動著醒目的橫幅（banner）邀請你參加活動……在二十一世紀現代化生活的每一天裡，處處充斥形形色色的廣告與公關；為了要深入探討，我們需要先定義「廣告」、「公關」工作，並從異中求同，找出二者的共通特性，以討論廣告代理與公關特有的倫理爭議。

一、廣告

美國行銷協會（American Marketing Association, AMA）在1963年提出關於廣告的官方定義，影響廣告界與行銷界對於廣告的看法長達四十多年；雖然還有許多學者與研究者嘗試定義廣告，但大致上相去不遠。根據AMA定義，廣告指的是「由可識別的廣告主用公開付費的方式對產品、服務或某項行動的意見或想法等進行非人員性的任何形式介紹或促銷的活動」（蕭湘文，2005：14）。進一步說，廣告應該包括下列四個組成要素：

1. 廣告是一種「付費」的傳播。
2. 廣告必須有「可辨認的廣告主」，也就是支付廣告費用的個人、團體或機構組織。
3. 廣告的目的多數是在「說服」或「試圖影響」。
4. 廣告主要透過「各種非人際媒體」以進行傳播，也就是接觸一般大眾的傳播媒介，這些媒體包括電視、報紙、雜誌、廣播、戶外看板等等。（Moriarty, Mitchell & Wells, 2008；陳尚永編譯，2009：5）

　　有學者認為常用的廣告定義可區分為兩種面向：傳播與行銷，偏重傳播者，以美國行銷協會的定義為主，認為廣告是「任何營利與非營利單位，透過各種宣傳媒體所進行廣而告知性的說服活動」；偏重行銷者，則以美國《廣告時代雜誌》於1932年的定義為代表，將廣告視為整體行銷策略的一個環節（尤英夫，1998：14）。既然行銷策略的目的在於讓商品能夠「滿足需求、發掘需求、創造需求」，無論廣告採取何等表現方式，重點都在於去說服、影響消費者，增進對商品、品牌的認識以達成最終目的：購買。

　　從我國的法制來檢視關於廣告的定義，有許多法律、法規、命令、辦法等等都與廣告相關，例如《廣播電視法》、《有線廣播電視法》、《消費者保護法》等等（尤英夫，1998：15）。依照我國《廣播電視法》第2條第九款廣告的定義：「*稱廣告者，指廣播、電視或播放錄影內容為推廣宣傳商品、觀念或服務者。*」另根據《有線廣播電視法》第2條第十四款，有線廣播電視廣告的定義，應指「內容為推廣宣傳商品、觀念、服務或形象者」。再參照《消費者保護法施行細則》第23條規定，《消費者保護法》第22與23條所稱的廣告是指「*利用電視、廣播、影片、幻燈片、報紙、雜誌、傳單、海報、招牌、牌坊、電腦、電話、傳真、電子視訊、電子語音或其他方法，可使不特定多數人知悉其宣傳內容之傳播*」。透過這些條文，我們能夠知道立法者認為廣告通常使用的哪些方法或工具，是需要透過法律明文規定來加以規範或保護的。透過大眾傳播媒體，廣告能夠有效刺激商品銷售量大幅增加，創造出大量的利潤，銷售量增加則代表更多生產商品的需求，大規模製造與銷售商品也會創造更多就業機會，理論上是有助於市場經濟的正面發展。但相對而言，正因為現代社會傳播媒體發達，廣告很容易對廣大閱聽眾造成影響，為維護商業的公平競爭以及保護消費者權益，需要從法規命令上對廣告有所規制。

二、公共關係

　　「公共關係」（public relations）興起於二十世紀之初，二十世紀第一位公共關係諮商專家、同時也是公關教育的先驅者愛德華·伯芮（Edward L. Bernays）在其知名著作《共識的工程學》（*The Engineering of Consent*）（1955）一書中指出，公關是指一個人或機關團體，向大眾表現自己，進而維持良好關係的一種藝術；公共關係最重要的工作是「說服性的宣傳」（persuasive publicity），公關人員必須盡力運用各種可以溝通的管道進行宣傳，以取得溝通對象的共識，從而達成公關目標（孫秀蕙，1997：3）。我們可以發現在伯芮的定義下，公關的核心是以「媒體宣傳」為核心的一種單向溝通行為（one-way communication）。然而隨著資本主義社會劇烈變遷，公關公眾的結構轉型，加上大眾媒體多元化，公共關係功能不再侷限在「媒體宣傳」功能一項，公關的工作項目與範圍日趨複雜。

　　大約從1970年代以後，公關迅速加入管理學與傳播學領域的理論。1982年，由美國公共關係業者所組成的美國公共關係協會（Public Relations Society of America, PRSA）制定對公關角色與定位的聲明：「公共關係具有協助、建立並維持一個人或單位與其公眾間，雙方溝通、瞭解、接受及合作的獨特管理功能。包括透過研究的方法，以及符合倫理的傳播技巧，來解決問題與危機，促進瞭解，並適切反映輿情，使一個人或機構的所有作為確實符合與服務大眾利益，充分掌握社會潮流與趨勢，以符合大眾期望。」（倪炎元，2009：43-46），可發現除了溝通功能之外，PRSA的定義還增添了管理的概念、解決問題的目的，以及某種程度的社會責任。公關在對內可溝通組織、對外能代表發言，角色上則是擔負起管理與諮詢的責任，透過多樣且公開的溝通管道與溝通策略，「使一個人或機構的所有作為……符合大眾期望」來讓該個人或組織獲取最大利益。

　　相較於廣告，我國對於公共關係的法律規範還不能算是非常明確。

例如在《政治獻金法》第20條第二項第二款第三目規定政黨、政治團體的會計報告書應該記載「公共關係」支出，而在《政治獻金查核準則》第24條則明列「公共關係」費用包括：**一、聯誼交際費用。二、文康活動費用。三、其他為建立、促進或維持與民眾間之溝通、瞭解、接納或合作之相關費用。**然而現代社會的公關活動所含括的範圍早就不僅是聯誼交際、文康活動這些人際應酬，而是涉及到政策宣導、法案遊說、形象塑造、危機處理等無比複雜、影響又極為深遠的操作。正由於公關工作的複雜性質，將之納入立法規範有一定的難度，現階段公關專業人員更需信守職業倫理，以高度的自律規範來補法律灰色地帶之不足（張依依，2005：38）。

三、共通特性

雖然廣告與公關是不同的行業，兩者之間還是有一些共通之處；瞭解這些共通之處，將有助我們深入認識廣告代理與公關業獨特的倫理難題。以下分析廣告與公關業的共通特性：

(一)出資者（sponsor）

無論是廣告或公關，一定有發動行為的主體；發動者同時也是廣告或公關成敗效果的受益人，如果有法律責任的話，也應負起責任。廣告代理或公關公司係受委任而進行製作、策劃，雙方的權利義務關係應依實際的工作情況和當事人意思來決定。

(二)付費（paid）

廣告與公關都是透過大眾傳播媒體進行。使用媒體不會是無代價的。除非在極少數的情況下才是免費。既然是付費行為，客戶有權利依據自身的需要去選擇或要求；至於支付費用，則由當事人雙方自行約定內容與金額等。

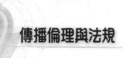

(三)說服（persuade）

既然支付費用，不可能沒有目的。廣告提供大量資訊，公關建立溝通管道，必然有其特定的目標；一般來說，大多期望透過廣告或公關活動的影響，傳遞訊息，爭取好感，達成付費者所欲達成之目的。對企業來說，這目的有可能是促銷商品、建立品牌，對政黨或政治人物來說，有可能是說服選民、推廣政策，而對於消費大眾來說，也能夠藉此獲得資訊、建立印象，從而做出決定。

(四)專業（profession）

除了少數傳達某種特定訊息的廣告或公關活動，絕大多數是在促使目標對象依照設計目的而採取行動；為了達到目的，廣告與公關都非常強調創意，力求吸引人們的注意。這樣的廣告或公關活動並非一般人所能為之，需要特殊的技巧與經驗，必須透過專業人士或甚至團隊才能完成。

第三節　三大倫理爭議

現代民主社會生活極其複雜多元，在自由民主社會裡，每個人都有不同的聲音，需要大量溝通，才能形成共識，也因此大眾傳播媒體作為資訊與意見流通機制，扮演著相當重要的角色；廣告與公關都與媒體有密切關係，由於資訊與意見的品質會影響公共利益，因此掌握龐大媒體資源、能夠對輿論產生舉足輕重影響的廣告人與公關人，也就是在為公共利益服務。有句話說「能力越大，責任越重」，若是廣告人與公關人對於伴隨能力而來的責任以及可能面臨的倫理問題有所省思，將更可善用自己擁有的能力。

以下列舉一些假設的情境問題以及參考答案。這些問題沒有標準答案，重點也不在於選哪一個答案才是對的或錯的，而是要呈現廣告代理

或公關業可能遭遇一些特殊的狀況，在發生狀況時，「倫理」會是如何權衡輕重的重要關鍵之一。

狀況一　任職某公關公司的小白，為執行業務需求，大量動員親朋好友當人頭衝活動人數，結果遭媒體踢爆，引發軒然大波。你如何評價小白的行為？

1.非常不贊同；動員人頭衝人數根本就是造假。

2.不太贊同；人頭違反活動本意，並不恰當。

3.沒有意見；沒有違約就好。

4.還算贊同；活動本來就要組織動員，媒體小題大作。

5.非常贊同；這樣做是為了工作，小白真是太倒楣了。

狀況二　任職某廣告公司的小黑，應客戶要求，為商品A製作廣告以促進商品A的銷售量。小黑製作的廣告成功打動消費者，為客戶與公司賺進大筆利潤，但也因在廣告中運用負面刻板印象引發爭議。你如何評價小黑的行為？

1.非常不贊同；負面刻板印象是扭曲也是不尊重。

2.不太贊同；刻板印象是兩面刃，能免則免。

3.沒有意見；消費者自己有判斷能力。

4.還算贊同；刻板印象本來就存在，再說引發爭議還可提高能見度。

5.非常贊同；符合客戶要求又為公司賺錢，真是不可多得的人才。

狀況三　任職某廣告公司的小紅，因預算充足，為廣告A時進行鋪天蓋地的媒體購買，客戶非常高興，驗收結案。但卻引來網友反彈，上網大罵簡直就是洗腦，但網路意見沒被主流媒體報導，不久就船過水無痕。你如何評價小紅的行為？

1.非常不贊同；宣傳發生反效果，有違職業道德。

2.不太贊同；應就客戶利益考量，給予適當建議。

3.沒有意見；反正沒出什麼大亂子。

4.還算贊同；符合客戶要求就對了。

5.非常贊同；客戶高興、驗收結案最重要。

　　每一個問題均代表著一種倫理難題；除了已列出的參考答案之外，當然還有更多未列出的看法與意見；不同的思考代表著不同的價值觀，也就是不同的道德原則。問題的答案雖各有不同立場，大致上可以將「法律」視之為某一種底線。法律和道德一樣，都能夠對行為產生規範作用，但是法律的重點在於是保障每一個人的基本權利，「沒有違法」有時候只能說是最低的道德要求；縱使行為並不違反法律，在許多較為複雜、特殊的情況下，單憑法律並不足以幫助我們做出判斷。

　　那麼，在廣告從業與公關業，當發生了遊走在灰色地帶的狀況，透過倫理論辯過程又如何能夠幫助我們釐清難題？以下以廣告從業與公關的三大倫理爭議為例，分別來討論：

一、意圖操控vs.人性洞見

　　在二次大戰後，美國經濟學家高伯瑞（John Kenneth Galbraith）在其著作《富裕的社會》（*The Affluent Society*）一書中，對廣告的操控性力量（manipulative advertising）提出嚴厲批評。根據高伯瑞的分析，廣告透過兩種手段去「操控」人心：第一，廣告創造出消費的習慣，有效地把一個人轉變成會花錢去購買商品的「消費者」；第二，廣告直接幫消費者選擇了商品和品牌。假設B生產了某項商品，為了要將商品銷售出去，B製作廣告讓A覺得自己非常需要此商品，於是A就會去購買此商品並感到滿足；然而，A對於商品的「需求」其實是廣告創造出來的，高伯瑞稱之為「依賴效果」（dependence effect）（Philips, 1997: 46-48）。

　　呼應高伯瑞的觀點，倫理學家李普克（Richard Lippke）則更進一步強化了對廣告操控力的批判。李普克認為廣告減低了人的自主性，呈現出一個過度簡化的世界，鼓勵人們作出情緒化的選擇；廣告充斥我們的生活，不斷刺激我們喜新厭舊的渴望，無形之間，我們不再思考，僅是任由廣告來告訴我們什麼才是值得追求的事物、什麼才是好的生活，李普克憂心最後整個政治和經濟體制的價值將會只剩下「能不能過好日子」作為唯一的判斷標準（Philips, 1997: 6-7）。

　　操控性廣告可能對我們造成何等危害？就如同法蘭克福學派（Frankfurt school）社會學家馬爾庫塞（Herbert Marcuse）在《單向度的人》（*One-Dimensional Man*）一書，用「虛假需求」（false needs）這個概念去解釋企業和資本家如何利用產品的供應和廣告宣傳去支配大眾的消費行為。所謂虛假需求，就是由大企業和資本家有組織、有策略地釋放給民眾的需求，那些需求的滿足給予我們一種虛假的幸福感和滿足感，最後將慢慢扼殺我們對社會現實的關注。

　　相對來說，也有研究者者不同意廣告具有操控性的指控。一個著名的例子是Odorono的體香劑（Moriarty, Mitchell & Wells, 2008；陳尚永編譯，2009：50-51）。在二十世紀之初，空調還不普遍，熱了會流汗是很自然的事情，似乎也沒有人覺得汗臭是什麼大問題；但是在1919年，體香劑廠商Odorono在《女性家庭雜誌》（*Ladies' Home Journal*）刊出廣告，提醒女性消費者除去汗臭味、保持腋下芬芳是何等重要的一件事，結果該產品竟然大受歡迎，銷售量成長112%。這個止汗體香劑熱賣的例子引發討論：消費者對體香劑趨之若鶩，這樣的結果究竟是來自意圖操控、還是對幽微人性的洞見？

　　學者菲利浦（Michael J. Phillips）分析，高伯瑞和李普克的論證雖屬經濟學與倫理學兩種不同的進路，但是其針對廣告具有操控性的指控，都隱含了效益主義（Utilitarianism）的立場（Philips, 1997: 41-68）。效益主義的意思是，一個道德上對的行為，就是在所有可能選擇的行為之中，其結果能產生最大量的善或最小量的惡的行為。菲利浦論證說，即使假設廣告真的具有操控性，如果廣告能夠透過操控創造出更大量的

善，依照效益主義就未必是惡的；再者，高伯瑞或許高估的廣告的操控性力量，廣告僅是影響消費者行為的諸多原因之一，而不是全部。

二、主觀型塑vs.客觀反映

「主觀型塑vs.客觀反映」可以說是關於廣告從業與公關最著名的論辯之一。以常見的投資理財基金廣告為例，究竟是這些廣告鼓吹人們向錢看齊，還是因為人心思利，才使得這些廣告大行其道？

批評的一方認為廣告具有強大的型塑力，應戒慎使用。相對而言，辯護方則指出沒有任何需求能夠被憑空創造出來，需求本來就存在，差別僅在於有沒有被點破罷了；廣告人與公關人只是比一般人更早察覺客觀的社會趨勢，並且順應趨勢創作或規劃，否則製作出的廣告作品或策劃的公關宣傳無法引發社會大眾的共鳴。

關於此論戰，比較普遍的看法是「主動型塑」與「客觀反映」兩股力量，無時無刻都在互相較勁、交互影響。學者指出廣告與公關介於社會文化與消費大眾之間，一方面反映社會的文化價值，一方面也在潛移默化中型塑大眾的深刻需求。因此廣告人與公關人更應該下功夫徹底瞭解社會文化價值和消費大眾需求，才能找到平衡點（Moriarty, Mitchell & Wells, 2008；陳尚永編譯，2009：50-51）。

另一個與此相關的議題則是刻板印象（stereotype）（Moriarty, Mitchell & Wells, 2008；陳尚永編譯，2009：53-57）。刻板印象是指對於某些特定類型人、事、物的概括看法，經常是先入為主、偏向負面的。在廣告中的刻板印象，主要會將某些族群描繪為具有固定屬性或行為模式，例如女性的角色不外乎年輕貌美或溫柔體貼，男性的角色總是積極主動、獨立自主等等。負面的刻板印象往往不利於溝通互動，甚至引起反彈，但是在廣告與公關活動中運用刻板印象的手法仍然屢見不鮮，主要就在於如能善加運用刻板印象，很容易引起大眾共鳴。究竟刻板印象是客觀反映了社會大眾的認知，或者是透過主觀操作更加深了社會大眾的刻板印象，關於此問題目前依然莫衷一是。

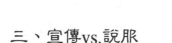

三、宣傳vs.說服

　　從字源學來看，「宣傳」（propaganda）最原始的意義是指「傳播或促進特定的觀念」而非一種不道德的行爲，然而在今天「宣傳」常常被視爲一個具有強烈負面意涵的字眼，會和下列這些字眼聯想在一起：說謊、哄騙、扭曲、操控、心靈控制、心理戰、洗腦（Jowett & O'Donnell, 1999；張彥希、林嘉玫、張庭譽譯，2003：2）；另外一種對宣傳的通俗說法是「扭轉大局」（spin）。「spin」原意是「轉」，本來是棒球術語，指投手投出意圖騙過打擊手的曲線球，因此在美國俚語中spin有欺騙、要詐的意味，逐漸被引申爲「引導媒體、輿論乃至民眾，爲政府的政策推銷和造勢」（倪炎元，2009：30-32）。1984年10月，當時美國舉辦雷根和孟岱爾兩位總統候選人的電視辯論，辯論後有一群衣冠楚楚的專家圍在記者身邊，你一言我一語，企圖影響記者的報導方向，《紐約時報》遂在社論中稱這些人爲「趨勢專家」（spin doctor），自此廣爲使用，成爲一個流行語。一般認爲宣傳是一種有目的、有計畫的傳播行爲，爲了達成特定目標而經過縝密設計的操作❶。

　　宣傳的目的在於「意圖」（attempt），也就是說宣傳是一種對於已建立「先天」（priori）目標的支配傳播之意圖，其中包括了引導理解（shaping perception）的企圖、操控認知的意圖，以及達成特定行爲的目標。事實上不僅是公關，廣告同樣爲宣傳的形式之一；事實上，廣告就是今天「社會上最常見的宣傳型態，它隨處可見、可聽到，每個商業交易當中都能感覺到它的存在」（Jowett & O'Donnell, 1999；張彥希等譯，2003：148）。對於宣傳有許多嚴厲的批判，例如批評宣傳不尋求互相瞭解，只圖操控行爲，或擔憂人往往受情緒和直覺影響，一旦遭有心人士激發，後果不堪設想；相對來說，對宣傳抱持較正面看法者認爲宣傳是透過傳播策略去引導理解以達成改變，這樣未必是不正面的。

　　相較於宣傳，對於說服（persuasion）看法通常較不負面，「人們之所以對說服有所回應，是因爲說服承諾了要幫助滿足其慾望或需求」，

在雙方互相獨立的前提下，說服者必須考慮被說服者的需求，達成雙方意見交流與互動，否則不可能達成說服。這是說服與宣傳最關鍵的差異。但即使如此，哲學家對於說服仍有不少意見，例如柏拉圖就曾質疑，透過說服的技藝（柏拉圖指的是修辭學）真的能夠使人們生活更為幸福嗎？而亞里斯多德則區分了鼓動聽講者情緒的「感情訴求」（pathos）和運用證據與邏輯來說服的「結構推理」（logos）兩種，依照目的去論斷，認為只要是合於公共利益的說服就是可以被接受的。自亞里斯多德以降，千餘年來還有許多關於說服與宣傳的理論，例如馬基維利（Machiavelli）在《君王論》中描述宣傳家「每個人都看到你想要出現的樣子，卻很少人知道你真正的面貌」，堪稱經典名言（Jowett & O'Donnell, 1999；張彥希等譯，2003：35-41）。

二十世紀以後，社會科學領域對宣傳與說服進行了廣泛的研究，主要側重傳播的效果與互動的態度，發展出許多新的分析方式，但是倫理問題依然吸引學界的關注。

第四節　職業道德與專業規範

除了倫理問題本身的複雜度與爭議性，時代背景、文化風俗和社會氛圍等等，都可能影響到廣告代理與公關人對於情況的判斷，由於可能遭遇的實際情況千變萬化，當沒有明確準則可依據或缺乏相關法律規定時，同行如果曾經有類似經驗，也可以作為一種參考；時間久了，從這些專業經驗中可以歸納出一些原則，對成員產生一定程度的影響力，也可以幫助新鮮人先有個初步認識，以免錯誤嘗試的代價太大，落人口實（劉美琪等，2000）。這些判斷標準是透過內部共識所形成的自律規範，並沒有法律上的約束力。

目前我國大部分已宣示職業倫理自律規範的廣告代理與公關業組織團體，其內容較偏重描述性的道德（如**表8-1**）。

表8-1　臺灣廣告代理與公關業組織團體規範簡表

組織團體	規範名稱（或出處）	內容簡述	規範對象
臺灣廣告主協會（TAA）	1.廣告主協會宣言 2.廣告主協會章程	1.推動公平、公正、公開、公信的廣告作業環境；保障廣告主及企業應有權益。 2.以集合廣告主、聯絡會員情誼，共同促進廣告作業品質，提升、維護會員廣告事務上共同利益、改善經營環境及社會風氣為宗旨。	廣告主、媒體、廣告代理商
臺北市網際網路廣告暨媒體經營協會（IAMA）	IAMA組織章程	章程第六條中設定該會任務，包括：要求會員在商業往來上遵守最高商業道德標準、向社會大眾及政府機關推廣網際網路廣告之重要性及促進大眾對網際網路廣告之瞭解，以及促進網際網路廣告之合法性、誠實性、淨化和真實，並保障一般大眾之良性利益。	網路廣告商、媒體商
國際廣告協會臺北分會（IAA）	國際廣告協會臺北分會（IAA）	1.公告之自律規範僅開放予會員參考。相關資訊則由紐約總會提供。 2.提供國際廣告教育與認證。	廣告主、媒體、廣告代理商
臺北市廣告代理商同業公會	廣告標準法（臺北市廣告業經營人協會規範）	依照須合法、有格調、誠實且真確的廣告基本原則進行，對廣告內容要求提案的完整與手法、描述與聲音的合法、具體證實的描述與資料齊備、推薦的合法與授權、禁止仿冒設計、比較廣告的使用、醫藥廣告的合法、菸酒廣告的合法與廣告對象、對兒童廣告的限制、價格宣告的合法、可宣示免費字樣的條件、宣示保證字樣的條件、特別訴求的合法、郵購廣告的資訊與產品儲備量、誘餌廣告的產品儲備、訓練課程的承諾與證明、促銷廣告的限制宣告、禁止迷信恐懼的宣傳利用、社會責任的提出。	廣告代理商
臺灣公關業經營人協會（PRA）	協會宗旨	1.本會會員與客戶交易或與同業往來皆遵守最高之商業標準。 2.促進會員遵守相關法令及職業道德，以為社會大眾提供最佳的公關顧問服務品質。	客戶、公關經營業

資料來源：《以商業倫理探討臺灣的廣告倫理》（彭鈴濤，2008：86-87），並加入筆者整理資料。

從**表8-1**可以看出臺灣廣告代理與公關業組織團體對於職業道德與倫理確有相當程度的重視。但這些規範多屬於大原則、大方向的描述，缺乏細部的詳細規範，因此關於專業道德，靠社群自律恐怕不易落實，一旦發生難以判斷的情況，恐怕仍須靠個人主觀判斷，而非有客觀普遍標準可資遵循。

關於外國廣告代理與公關業的專業自律規範，概況如下：

一、廣告代理

在美國，最有力的專業規範來自國家廣告評核會（National Advertising Review Council, NARC），其與幾個重要組織如美國廣告代理商協會（American Association of Advertising Agencies, 4As）、美國廣告聯盟（American Advertising Federation, AAF）與美國廣告主協會（Association of National Advertisers, ANA）等皆有相關（許安琪，樊志育，2002：393）。

目前全球性的廣告自律規範組織主要有二，一為英國廣告標準理事會（The Advertising Standards Authority, ASA），此為1992年以前世界最大非政府廣告標準組織。經過推動，許多國家、地區也相繼成立廣告代理的組織團體，並參考英國廣告標準理事會來訂定自律規範內容。英國廣告標準理事會提出廣告代理業規範（The Committee of Advertising Practice, CAP），其中一般廣告規範共有二十二項，對普遍的廣告行為提出種種要求，這些要求項目大致可分成七個類型（彭鈴濤，2008：94）：

1. 廣告出發點：證實、合法、正派、誠實、真實、要求主觀的客觀證明。
2. 面對社區：避免恐懼困厄、安全。
3. 面對社會：避免暴力與反社會行為。
4. 特別廣告：政治廣告。

5.承諾：隱私保護、推薦與背書、價格承諾、產品的可及性。

6.面對競爭者：避免競爭比較、避免抹黑、不可模仿他人。

7.面對消費者：與企業的聯繫、昭告廣告身分。

另一個是歐洲廣告標準聯盟（European Advertising Standards Alliance, EASA），此為非營利組織，成立於1992年，主要包括英國廣告標準理事會等五十多個來自歐盟各國的廣告組織，支持國際商會的行銷與廣告原則規範「廣告與市場交流實踐總條款」中的廣告行銷溝通原則（General Provisions on Advertising and Marketing Communication Practice），內容包含二十四條規範要求，並附有實施方式與尊重自律決定兩條約定（彭鈞濤，2008：96-97）。準則可分類為：

1.廣告出發點：基本原則要求、誠實要求、真實要求、對證實的要求、可資鑑定的要求。

2.面對社會：環境行為要求、責任要求、社會責任要求、廣告身分公開的要求、個人肖像與模仿的使用要求、善行利用的禁止。

3.特別廣告：對孩童與青少年權益的要求。

4.廣告承諾：科學專業資料與術語要求。

5.面對競爭者：比較廣告的要求、詆毀的禁止、正派要求、模仿行為的禁止。

6.面對消費者：誠實要求、真實要求、薦證要求、健康安全的要求、資訊保護的要求、交流費用透明度的要求、主動提供的產品與未公開的費用的要求。

二、公共關係

在世界各國公關組織之中，以美國公共關係協會（PRSA）及國際公關協會（IRPA）最為知名，茲分述如下：

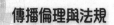

(一)美國公共關係協會守則（**PRSA's Code of Professional Standards for the Practice of Public Relations**）

　　該守則制定於1950年，中間為因應時代所需，歷經1959、1963、1977、1983及1988年五次修正。美國公關協會下設有專業倫理小組（**PRSA Board of Ethics and Professional Standards**），受理或主動研究會員的抱怨案件，受理之後先把案件送至各區的調查委員會，請其蒐集證據或提供意見。該委員會接著予以審查，若發現會員違反會員守則，作成的裁定可由輕微的申誡、譴責至嚴重的暫停執業、開除會籍。不過協會無權禁止被開除會籍的會員繼續執業。至1985年止，三十五年內，美國公關界曾發生一百六十八個有關公關道德的議題、抱怨與調查，其中三十二件送司法單位，十件受到美國公關協會警告或停止會籍等不同處置（李湘君，2004：39）。

　　根據張依依指出，由於舊守則制定於五〇年代，已有五十多年歷史，其條文疏漏僵化之處頗多，不復在現代發生作用，因此美國公關協會於新世紀之始，摒棄舊守則，而代之以側重倫理教育和訓練的新守則（張依依，2005：38-39）。由於新守則很冗長，以下略述其核心價值及條款。新、舊守則在精神上最大之不同，在於新守則理解道德倫理界定不易，因此不再以強制遵行（enforcement）為職志，但美國公關協會專業倫理小組仍保留開除會員的權利。

　　新守則強調六大核心價值，即倡議（advocacy）、誠實（honesty）、專業（expertise）、獨立（independence）、忠誠（loyalty）、公平（fairness）；及六大條款（provisions）和例證，分別是：資訊自由流通（free flow of information）、競爭（competition）、資訊揭露（disclosure of information）、保密（safeguarding confidences）、利益衝突（conflict of interest），以及提升專業（enhancing the profession）。

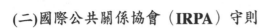

(二)國際公共關係協會（IRPA）守則

該協會曾於1961年5月，在義大利威尼斯公布會員需遵守公關的行爲守則，其特色摘要如下（李湘君，2004：41-43）：

1.保持個人專業與正直：即高道德標準及良好聲譽。
2.與客戶及雇主關係：
　(1)在未受到客戶或雇主同意前，不得接受任何人之付費及佣金，作爲透露企業全部事實的交換。
　(2)對過去與現在客戶或雇主，皆應負起公平對待之職。
　(3)不該刻意中傷其他客戶或雇主。
3.與大衆及媒體關係之任何活動，需顧及大衆興趣及個人尊嚴，不得故意傳播假的或誤導大衆的資訊，更不得行賄大衆媒體。
4.與公關界同儕關係：不得故意破壞其他公關人的專業或聲譽，並共同爲支持正當專業作法而努力。

由上所述，大致可將廣告代理與公關業共通的專業倫理分爲客戶服務、專業執著、社會責任和競爭倫理四個部分（許安琪、樊志育，2002：393-397）：

1.客戶服務：凡是屬於客戶的商業機密，必須予以保密，不應將服務內容作必要性之外的討論。爲客戶的最高利益考量，同一家公司，應該避免同時服務彼此爲競爭品牌的客戶。對客戶所提供的服務，品質應維持一致水準，不因所收取價金高低而有別。
2.專業執著：對於客戶所委託的商品或專案深入加以瞭解後，發揮創造力、運用策略去滿足客戶的需求，這是廣告代理與公關業的專業所在。由於提供的服務與創意高度相關，抄襲剽竊造成的問題逐較其他行業更敏感也更爲嚴重，甚至可能引發法律爭議，因此「不得抄襲」是專業倫理中格外重要的一項。
3.社會責任：廣告與公關人掌握龐大的媒體資源，對社會影響既深

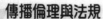

且遠，在製作與散布訊息時應當謹慎。以變相的訊息試圖隱藏廣告的本質，或者是傳播誤導大眾的訊息，取巧遊走於法規與從業倫理之間，這些都不是符合社會責任的作法。

4. 競爭倫理：服務的品質才是競爭的利基，因此應該建立公開且合理的收費制度，避免用削價競爭來招攬客戶。另外，組織爭取人才時避免惡意挖角、個人轉換跑道時避免挾客戶以自重，也都是廣告代理與公關業所重視的職業道德。

 ## 第五節　結語

　　廣告代理與公關業作為受出資者付費委託、從事告知與說服的專業，基本首重同時對出資方與社會大眾負責。一方面要基於出資者的利益考量而籌劃，另一方面為求有效達成目的，無論是廣告作品或公關作為都必須打動人心。這兩個目的不必然互相衝突，但確有可能不一致；在考量如何拿捏取捨時，倫理是可資參考的重要價值判準之一。這是應該討論廣告代理與公關業倫理的第一個重要性。

　　作為一種專業，廣告代理與公關業能夠達成許多目的，像是宣傳商品、促進購買、打造品牌、議題溝通、危機處理等等，從而使整體社會的和諧與生活便利有所增益。專業分工使我們能夠在自己擅長的領域裡更為精進，然而過度侷限於單一專業領域的專家觀點也有狹隘的危險，基於廣告從業和公關業特殊的溝通本質，更不應該僅從自身有限的經驗和價值標準去看待事物。這是討論廣告代理與公關業倫理的第二個重要性。

　　最後要強調的是，「道德」作為人類文明社會最重要的價值之一，雖然並不如同法律具有強制力，但依然影響著我們的生活也約束著我們的行為。當遭遇利益衝突、難以取捨的灰色地帶時，有時候只求「不違法」的非道德行為看似可以在短期時間內牟取最大利益，但實際上負擔了更多不可見的風險和損失，長遠來說未必真的就划算。廣告代理與公

關業經常需要面對四面八方的利益相關團體和群眾，權衡輕重得失時，並不是非黑即白，也不是一成不變，需要就每一個個案實際去仔細考量。倫理思考為我們保留一些空間和餘裕，去考慮各種不同的信念、目的、需求、視角、立場、利害關係等等，有助我們找出謀求最佳整體福祉。這是討論廣告代理與公關業倫理的第三個重要性。

　　除了本文所舉問題和實例，廣告代理和公關業還存在許多值得進行深入探討的倫理問題，譬如效力難辨的藥品和健康食品廣告、強力訴求美貌價值的美容瘦身廣告、政黨和政治人物的公關活動、政府的置入性行銷等等，各種各樣的廣告和公關操作在生活中俯拾皆是，為人們帶來大量的資訊，也造成許多迷惑，其中涉及的倫理議題值得有興趣者持續深入探討。

問題討論

一、消費者因為受到廣告吸引而購買商品，究竟是廣告創造了消費者的需求，還是消費者原本就有需求，廣告只是將隱埋心底的需求彰顯出來？

二、透過公關操作促使社會大眾對某一項政策或議題凝聚共識，對於現代社會民主機制有哪些正面與／或負面的影響？

三、你認為廣告代理與公關業最重要的職業道德是什麼？

注釋

❶宣傳根據其目的的不同被描述爲白色、灰色與黑色。白色宣傳指「正確的消息來源和幾進精確的資訊」，意圖使閱聽人深信宣傳發送者是好人、具有最佳的想法並且可信；黑色宣傳是「錯誤的消息來源」並「傳布謊言、虛假與欺詐」；灰色宣傳介於白色與黑色之間，「消息來源不一定能正確地辨識，資訊也是不確定的」（Jowett & O'Donnell, 1999；張彥希等譯，2003：12-21）。

參考書目

一、中文部分

Jowett, Garth S. & O'Donnell, Victoria（1999），陳彥希、林嘉玫、張庭譽譯（2003）。《宣傳與說服》（*Propaganda and Persuasion*）。臺北：韋伯文化。

Moriarty, Sandra; Mitchell, Nancy & Wells, William D.（2008），陳尚永編譯（2009）。《廣告學》（*Advertising: Principles & Practice*）。臺北：華泰文化。

尤英夫（1998）。《廣告法之理論與實務》。臺北：世紀法商雜誌社。

李湘君（2004）。《當代公共關係：策略、管理與挑戰》。臺北：亞太圖書。

林火旺（2004）。《倫理學》。臺北：五南。

倪炎元（2009）。《公關政治學：當代媒體與政治操作的理論、實踐與批判》。臺北：商周。

孫秀蕙（1997）。《公共關係：理論、策略與研究實例》。臺北：正中。

張依依（2005）。〈公共關係專業倫理初探──「形象論」及其適用情境〉。《廣告學研究》，23：35-60。

許安琪、樊志育（2002）。《廣告學原理》。臺北：揚智。

彭鈴濤（2008）。《以商業倫理探討臺灣的廣告倫理》〔電子檔〕。未出版之碩士論文。國立中央大學哲學研究所。

劉美琪、許安琪、漆梅君、于心如（2000）。《當代廣告：概念與操作》。臺北：學富文化。

蕭湘文（2005）。《廣告傳播》。臺北：威仕曼。

二、英文部分

Philips, Michael J. (1997). *Ethics and Manipulation in Advertising: Answering a Flawed Indictment*. London: Quorum Books.

Fitzpatrick, Kathy & Bronstein, Carolyn (ed.)(2006). *Ethics in Public Relations: Responsible Advocacy*. London: Sage Publications.

第九章　廣告自律

淡江大學大眾傳播學系副教授

黃振家

摘要

　　本章主旨在於討論廣告產業的自律規範問題，由於廣告透過媒體進行商業傳播活動，具有強大的社會影響力，不僅受到社會大眾所期待，同時，也遭遇社會大眾所非難，而相關非難所帶來對廣告產業的負面衝擊，相對也使得廣告產業思考自律規範的課題。本章從廣告自律的定義開始，探討廣告產業自律規範的機制與類型，並且介紹廣告發展先進國家——美國與日本的廣告自律體系。

　　一般來說，廣告產業自律又可稱為廣告產業自我管理，意指廣告產業透過自律規範進行自我約束，促使自身廣告活動符合法律、道德與社會期待。

　　特別是廣告產業自律所建立的相關自律規範，一方面可以突顯廣告產業自我約束，推動廣告產業向上提升的企圖心，另一方面又可以補充政府相關廣告法規所不及規範之處。

　　基本上，廣告產業自律對於提升廣告產業服務水平，維持廣告市場秩序，有其正面價值，特別是許多廣告產業發展先進國家，都已建立廣告產業自律體系，並且持續強化自律體系的功能。

第一節　廣告自律的定義、功能與限制

以下將分別論述廣告自律的定義、功能與限制。

一、廣告自律的定義

從企業的社會責任觀點，自律是企業社會責任的核心，代表企業發

展、使用與強化企業相關規範。從產業的觀點來看，自律意指產業嘗試自我規範，從正面來說，代表產業希望藉此減少政府對產業進行不必要的干預，若從反面來看，則代表產業預視政府相關法案立法的威脅即將發生，迫使產業不得不進行自我規範。

　　一般來說，「自律」主要指產業自行控制商業活動與表現，換言之，也就是由產業自行扮演評議仲裁自律的角色，透過產業本身所籌組的相關組織機構（社團法人、公協會與工會），進行整體產業公共利益的維護。

　　事實上，許多產業與商業協會、公共服務機構自願為其產業建立自律規範，主要原因在於自律規範對其整體產業社群有正面幫助，不只可以創造產業整體公信，更可以提升產業整體形象。

　　以廣告產業為例，廣告產業透過相關自律機構，評估廣告的內容與品質，儘管自律活動非法律刑事處分，不具法律效力，且多半屬規勸性，依賴同業間的壓力、大眾輿論（Hondius, 1984），同時，廣告行業自律規範的成效，則主要視廣告自律機構成員的重要性與廣告行業所使用廣告自律機制的適用性而定。

　　基本上，廣告自律主要由廣告主、廣告公司、廣告媒體與相關產業團體，針對廣告活動所進行的自我規制，有別於一般法律規範的限制，且不具強制力，主要強調廣告的道德與倫理，而廣告相關從業人員，可透過廣告自律規範，認識廣告社會責任（嶋村和惠監修，2006：282）。

　　大體而言，廣告自律其具體內容主要為：建立符合公眾倫理道德的行為典範、達成公平決策與執行裁決之懲治方案，而廣告自律機構共同目標則是：建立大眾對廣告的信心、維持有效與可行的從業準則（劉美琪，1993）。

二、廣告自律的功能

　　基本上，廣告自律有三種基本功能：

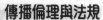

(一)提升行業水平

　　首先，廣告自律對於爭議廣告訴求與廣告內容所引起閱聽眾的偏差行為，以及廣告行業從業人員的操守具明顯規範功效（Wyckham, 1987），換言之，廣告自律對整體廣告行業而言，一方面有助於廣告相關工作人員，透過相關自律規範，降低廣告創意可能引起負面影響的風險，另一方面，廣告自律對於廣告相關工作人員的從業倫理與執業道德，具示範效果，可以讓廣告相關工作人員在日常工作中有所參照，因此，從職業社會學的觀點來看，廣告自律可以說是廣告行業走向專業化的具體指標，並且可以作為廣告事業發展的領先指標。

(二)促進行業公平競爭

　　其次，廣告自律有助於維持廣告行業間公平競爭，避免不良廣告形成不公平競爭，特別是對於廣告行業來說，廣告自律提供行業間所認可的作業規範，讓廣告同業可以在相同的基礎上競爭，有助於廣告行業間的競爭，朝向正面的發展。

(三)保護消費者

　　而廣告自律最重要的意義，則在於對廣告所溝通的對象——消費者，負起保護消費者的責任，因此，廣告自律必須讓消費者能夠對於廣告相關內容有正確的認知，並且對於法律所明定保護的兒童、青少年與老人，廣告更應該承擔消費者教育的使命，避免相關不實內容誤導消費者，同時，對於消費者的隱私，在現代整合行銷環境當中，必須予以適當的尊重與維護。

　　當然，從政府的角度來看，由廣告行業自發性所制定的廣告自律規範，以及相對應的廣告自律制度，有助於減輕政府對於廣告產業管理相關工作負擔，因此，許多廣告產業發展先進國家，已經逐步停止廣告相關法規的增訂。

三、廣告自律的限制

　　儘管，廣告自律有許多令人期待的正面功能，並且廣受廣告產業與社會大眾的期待，不過，廣告自律的功能，仍然受到廣告產業現實環境的考驗，而有所限制。

　　一般來說，廣告自律功能主要受到三大因素所影響，分別說明如下：

(一)廣告自律規範內容

　　主要是指：廣告相關自律規範內容是否能夠真正保護消費者，維護消費者相關權益，同時，廣告相關自律規範內容是否能夠與廣告相關法規彼此互補，以及廣告相關自律規範內容是否能夠規範相關爭議廣告。

(二)廣告自律機制運作

　　主要包括：廣告相關自律團體處理爭議廣告案例時間是否能夠符合社會期待；同時，廣告相關自律團體有關爭議廣告裁決結果，是否能夠受到消費者所信賴，並且為廣告行業從業人員所信服；以及廣告相關自律機制是否有效運作，能夠減少政府廣告相關機構的行政干預與立法規範；最後，廣告相關自律機制運作是否能夠促進廣告產業提升專業水平。

(三)廣告自律體系環境

　　廣告自律體系所置身的環境，影響廣告自律是否能夠真正發揮效果，特別是廣告自律體系往往與現有廣告法規體系相互合作競爭，因此，必須努力建構有力廣告自律機制發展的外在環境，使得廣告自律的理念，能夠透過適度的推廣，與廣告產業相關公眾進行溝通，建構有助

於廣告自律的氛圍，才能使得廣告自律受到認同與肯定，進而實踐廣告自律的理想。

第二節　廣告自律體系

　　一般來說，全球廣告自律體系主要分為兩類（Stridsberg, 1976；劉美琪，1993），分別是：集中自律體系（centralized system）與多元自律體系（pluralized system），以下將依序進行說明。

一、集中自律體系

　　基本上，廣告產業高度發展國家，多半採用集中自律制度，而集中自律體系主要由單一機構，集中審查處理爭議廣告相關案例，此一機構通常由廣告產業相關廣告主、廣告代理商與媒體推派代表所組成，並且邀請專家學者、消費者團體代表與社會大眾，參與廣告自律審議機制。

　　一般來說，集中自律體系審理程序，依各個國家不同法律環境，有兩種審理程序，分別為一階段與二階段審理程序。一階段審理制度主要指由單一評議委員會審理，相關裁示一旦完成，即無法上訴；二階段審理制度則是指廣告自律案例經第一次評議後，爭議廣告訴願雙方如對評議結果有異議，可以另提上訴，由上訴委員會，受理重新審查同一案例。

二、多元自律體系

　　另一方面，多元自律體系亦適用於其他廣告產業發展不一國家，而多元自律體系則是無特定相關團體或機構審查爭議廣告案例，廣告企業政策部門、廣告代理商、廣告相關同業公會與消費者保護團體等各個廣

告相關機構，分別制定廣告自律規範與作業規章，各自進行相關爭議廣告案例審議。

　　大體而言，無論是集中自律體系或是多元自律體系，針對廣告自律審理的程序與決議內容，公開程度不一，特別是對於審理中的爭議廣告個案，爲避免影響決議，許多廣告自律機構，傾向不公開相關審理程序與決議內容，然而，亦有廣告自律機構公開相關審理的程序與決議內容，讓爭議廣告相關廣告主、廣告代理商與消費者的意見能公開，接受社會公評。

　　至於廣告自律機制當中，影響相關自律效用的裁決執行，通常針對爭議廣告案例情節輕重程度，採取以下處理方式：爭議性較低的廣告案例，通常會透過裁決結果的發布，對爭議廣告相關廣告主與廣告代理商施加社會輿論壓力，讓其接受社會公評；而針對重大爭議廣告，則可能會要求媒體停止或拒絕刊播相關爭議廣告內容，甚至會將相關裁決，通知爭議廣告相關廣告主與代理商所屬公協會，建議取消其會籍，特別是對於嚴重引起爭議的廣告，可能還會採取後續法律行動，進行訴訟。

第三節　美國與日本廣告自律體系

　　以下將分別介紹美國與日本廣告相關自律體系，說明如下：

一、美國廣告自律體系

　　基本上，美國爲廣告自律體系最爲健全的國家，廣告自律體系運作主要透過廣告相關機構進行，包括：廣告協會、特定產業團體、媒體協會與特定商業協會。以廣告相關專業機構爲例，則包括美國廣告代理商協會、美國廣告聯盟、國家廣告主協會與企業／專業廣告協會，相關機構成立時間如**表9-1**所示。

　　以下分別介紹美國最爲著名的廣告自律機構。

表9-1　美國廣告專業機構

廣告協會	成立時間
美國廣告代理商協會（American Association of Advertising Agencies）	1924
美國廣告聯盟（American Advertising Federation）	1965
國家廣告主協會（Association of National Advertisers）	1972
企業／專業廣告協會（Business／Professional Advertising Association）	1975

資料來源：O'Guinn, T. C., Allen, C. T. & Semenik, R. J., 2003, p. 136.

(一)國家廣告審查委員會

國家廣告審查委員會（The National Advertising Review Board, NARB）是美國廣告行業自律體系的上訴委員會，主要複審上訴廣告案件，為廣告自律機制最終審查機構，特別是相關爭議廣告訴願雙方不同意廣告自律機構所做出相關初審結果時，則可以透過向國家廣告審查委員會提起上訴，針對原爭議廣告案例，進行再次申辯，若訴願雙方仍無法接受相關爭議廣告判決，則國家廣告審查委員會會將相關爭議廣告案例，移交美國政府相關部門處理。

(二)國家廣告部門

國家廣告部門（National Advertising Division, NAD）是州與地方廣告審議局的直屬機構，為美國廣告自律體系的初審機構，基本上，國家廣告部門負責審查全國性廣告，至於地方性廣告所引起相關爭議，則由地方廣告審議局進行審議。

(三)商業優化局

商業優化局（Better Business Bueaus, BBB）於1912年成立，為非營利機構，相關機構遍及全美，有近三十萬企業會員，至今在全美超過一百五十個地區設有分部，為美國廣告行業自律體系最為重要機構。

　　基本上，全美各地相關爭議廣告個案，主要由州與地方商業優化局進行審議，並提出改善建議，至於，全國性爭議廣告個案，則由商業優化局理事會（the Council of Better Businss Bureaus, CBBB）進行審議，基本上，CBBB有美國三大廣告專業機構的支持，並且分別在紐約、華盛頓設置執行辦公室與營運辦公室，負責與政府行政機關、大企業、廣告代理商與媒體聯繫，營運辦公室則統籌州與地方商業優化局業務，至於CBBB相關組織則如**圖9-1**所示。

(四)美國廣告代理商協會

　　美國廣告代理商協會（American Association of Advertising Agencies, AAAA, 4As）有關廣告自律相關作為，主要有二，一是出版廣告創意製作規範，說明廣告的社會責任與道德標準，以維護業界廣告訊息製作的水平，二是透過理事會運作，約束會員公司，避免製作相關爭議廣告。

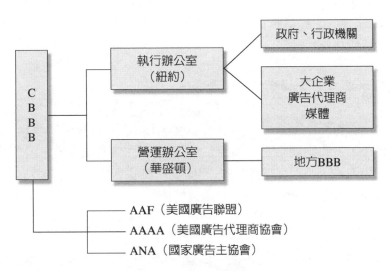

圖9-1　CBBB組織圖

資料來源：和田可一監修（1976），轉引自清水公一（2008），頁138。

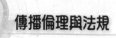
(五)媒體組織

基本上，美國相關媒體機構會自行審閱所刊播的報紙與廣播廣告內容，例如：美國國家廣播協會（National Association of Broadcasters），透過協會內部廣告審議機制，分別針對電視與廣播相關爭議廣告內容進行自律，另一方面，美國報業與雜誌業，儘管沒有一致、共同的廣告自律規範，不過，許多報社與雜誌社內部皆有專責部門負責監看廣告，檢視相關內容是否違反社內廣告自律標準。

二、日本廣告自律體系

基本上，廣告自主規範在日本主要係指廣告主、媒體與廣告代理商間，自發制訂倫理規範，儘管沒有法律效力，亦無相關處罰規定，不過，在日本特有的產業文化當中，卻仍具強大約束作用，特別是日本廣告相關協會，對於廣告自律體系的推動，扮演相當重要的角色，以下分別介紹日本相關廣告自律機制。

(一)日本廣告審查機構

日本廣告審查機構（Japan Advertising Review Organization, JARO），主要由廣告主、廣告代理商、媒體為主要會員，所組成的廣告自主規範機構，主要針對廣告問題進行審查與處理，自1974年開始其相關業務，為日本廣告產業淨化廣告機構。

◆成立宗旨
日本廣告審查機構主張廣告真實、提升企業與廣告信賴度為目的，成立宗旨主要在於：

1.促進廣告主、媒體、廣告代理商互助，確立自主規範，支援具社會責任相關企業活動。

2.回應消費者批評與要求，保護消費者利益，協助消費者教育。

3.對政府進行消費者行政相關調查，將相關制度規範調整至最低限度，以提升自我規範實際效益。

◆主要工作內容

主要的工作內容包括：

1.廣告、商標相關指導與諮詢。

2.廣告、商標相關審查。

3.制訂廣告、商標相關標準。

4.與廣告主、媒體、廣告代理業所組織自我規範機關聯繫與合作。

5.與消費者團體、相關行政機關聯絡與協調。

6.促進廣告、商標等知識普及化。

7.蒐集整理廣告、商標相關資訊，成為業界情報中心。

8.為達成法人化目的相關業務。

基本上，日本廣告審查機構設立關係團體協議會、業務委員會、審查委員會（如圖9-2），針對來自消費者相關廣告訴願進行審議，審查委員會裁定結果，如果判定廣告主有疏失，會要求廣告主進行廣告修正或停止刊播廣告，如果廣告主不服從，會公布廣告主相關企業名稱，並且要求媒體不得刊播該企業相關廣告。

不過，日本廣告審查機構相關裁定未具法律強制力，無法針對問題廣告進行處分，儘管相關進行的廣告審查機制為自主規範，相對卻將來自消費者的訴願傳達給廣告主，並且提供符合社會期待的廣告表現建議給廣告代理商，的確有其社會貢獻。

(二)廣告代理商相關協會

日本廣告代理商相關協會，例如：全日本廣告聯盟、日本商工會議所、全日本CM協議會等相關機構，會針對廣告製作提出內容自律規範，致力提升廣告製作水平。

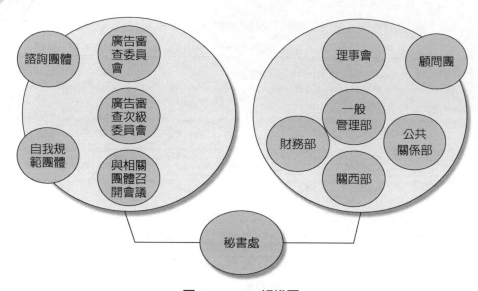

圖9-2 JARO組織圖

資料來源：日本廣告審查機構官方網站。

(三)廣告主相關協會

而日本廣告主相關協會，例如：日本廣告主協會、全國銀行協會聯合會、日本製藥團體聯合會、日本化粧品工業聯合會等相關機構，亦會針對產業相關廣告內容，提出製作規範，致力促進產業廣告水平提升。

(四)廣告媒體相關協會

另一方面，日本相關媒體同業組織，亦會制訂行業相關廣告自律規範，例如：日本新聞協會、日本雜誌廣告協會，針對行業相關媒體廣告內容，提出製作刊播自律規範。

(五)廣告產業相關協會

至於廣告產業相關協會，亦針對各自廣告產業需求，提出廣告自律

規範，致力提升相關廣告產業製作水平，例如：日本廣告產業協會、全日本戶外廣告產業團體聯合會、東京戶外廣告協會等。

第四節　臺灣廣告產業自律現況

由於臺灣並無一特定組織集中處理不當廣告的申訴，同時，某些媒體各自有其自律規範處理不當的廣告，而廣告代理業亦有同業組織訂定廣告自律之道德規範與標準，基本上，臺灣廣告自律體系符合前述多元自律體系精神（劉美琪，1993）。

事實上，臺北市廣告業經營人協會，在2008年9月24日即公布廣告自律規範，供會員公司參考，並且要求會員遵守之，並且對違反者，則有規定接受處罰。

而相關廣告自律規範，首先，主張廣告之基本原則爲須合法、有格調、誠實且眞確，並且分別對於廣告相關作業提出自律規範，包括：

一、提案（presentation）

1.廣告之內容必須眞實，不可隱喻或有所疏漏。
2.廣告不得違反善良風俗習慣。
3.廣告須遵守廣告關係法規（法律）。
4.廣告應清楚。
5.不得以特殊製作技巧或替代品來描述商品。

二、描述與聲音（descriptions and claims）

1.不得直接或間接的對所廣告之產品產生誤導的描述，尤其是有關下列事項：數量、尺寸、製造、生產、加工的方法、組合結構、

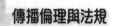

適用性、強度、性能。

2.於廣告關係法規同訂有特別規範之食品、藥物、化粧品、貴重金屬、房地產和醫療產品時應特別注意。

三、具體證實（substantiation）

1.所陳述之事物，皆應能具體證實。

2.除非已取得具公信力之研究調查報告，否則不得採用「已取得具公信力之研究調查報告」之描述方式。

四、推薦（testimonials）

1.廣告中採推薦方式時，不得有不實或誤導之情形，而且應反應推薦人目前之意見。若廣告主建議採推薦方式時，則應要求廣告主提示出足以證實該項推薦之證明。

2.廣告中若出現可辨識之某人照片於推薦廣告中時並引用該人的推薦語句時，照片中人物須為該推薦人方可。

五、仿冒（imitation）

足以使人對產品或服務產生混淆的廣告設計不得使用之。如：商標設計、產品標籤、音樂或音效之仿冒等。

六、比較廣告（comparative advertising）

某些情況下，可以用同一類的其他產品來比較，以便做具體的競爭訴求。唯須注意應真實且可以證明，並且須以相同之基礎比較之。不得有毀謗競爭者之情形。

七、毀謗廣告（disparaging advertising）

　　本會禁止會員涉及毀謗廣告的行為，包括隱喻及暗示競爭品牌不適用或不佳。

八、科技與醫藥名詞

　　1.凡引用科技名詞及實驗資料統計時，必須取自正式來源。
　　2.醫療人員（包括醫師、護士、藥劑師）不得為醫藥產品之推薦人。
　　3.廣告中若涉及某種治療行為時，應參考法令，以免誤導。

九、酒類廣告

　　1.不得倡導酒後駕車或酒後操作危險機器。
　　2.不得主張喝酒具有療效。
　　3.不得以高酒精含量來誘導消費者購買。
　　4.酒類廣告之對象只可針對成人為之。
　　5.廣告中不得出現兒童或少年，除非他們是自然背景的一部分。

十、香菸廣告

　　1.廣告中應加適當警語。
　　2.不得兒童或少年人為訴求對象。
　　3.會員應遵守廣告關係法規之規定。

十一、兒童廣告

1. 不得有造成兒童身心傷害之廣告，避免犯罪、暴力、色情、危險行逕等。
2. 針對兒童的廣告，標示價格應清楚。
3. 不得於廣告中暗喻若是兒童不去買該廣告之產品，便是壞孩子。
4. 產品大小不得誇大。
5. 每位會員在做兒童廣告時，必須完整的遵守此項規範。

十二、價格訴求

廣告中所報的價格必須正確且不能有誤導、扭曲或不當強調的情形。

十三、免費贈品

除非法律禁止於廣告中使用「免費」一詞，否則當可直接宣稱所贈送之物品為「免費」，唯不得藉免費贈品而縮減原產品之品質或數量。

十四、保證

使用到「保證」一詞時，就需清楚明示何處可查詢詳細資料。

十五、特別訴求

廣告中不得誤導大眾認為產品中含有特殊成分，除非確實含有，若廣告僅為引起注意，則應清楚地讓人知道那只是一種幽默的誇張方式。

十六、郵購廣告

1. 廣告主應提供足夠之需求量，以應付其廣告刊登後之需求。買受人若不滿意或交貨延誤廣告主應立即退還貨款。
2. 郵購廣告應明示下列資料：廣告主之名稱、地址、是否接受退貨及退款的條件、保證交貨期限。
3. 由貴重金屬製成之物品，應明示金屬之數量及純度。

十七、餌誘廣告（bait advertising）

廣告主必須保證所廣告之商品數量足以應付可能湧入之訂單。若存貨已不敷供應時，應立即停止廣告或採必要措施。

十八、訓練課程

提供職訓的廣告，不得暗示就業保證或誇大就業機會與酬金，亦不得提供未經承認之學位及資格證明。

十九、促銷廣告（sales promotion）

舉辦促銷廣告內容應有限時或限量說明。

二十、迷信及恐懼

廣告中不得以迷信及恐懼誘使人們購買貨品或服務。

二十一、社會責任

1.不得基於性別、種族或信仰，於廣告中毀謗某人。
2.廣告中不得鼓勵或放縱暴力及反社會行為。
3.應於廣告中鼓勵民眾之公共道德與應盡的義務。

儘管上述廣告自律規範提出相關專業原則，供臺灣地區廣告從業人員進行參考，但仍欠缺適當管道可供申訴，有鑑於此，當務之急應是更明確的執行多元自律體系應有的功能，臺灣廣告業界可由現有的同業組織著手，建立一套完整的申訴管道、評議規範與執行程序，必要時可申請政府之經濟支援（劉美琪，1993）。

第五節　結語

基本上，廣告自律的理念具體實踐，端賴廣告自律相關作業執行的效用，以及後續裁決執行的策略應用而定，然而，如何型塑有利進行廣告自律的環境氛圍，對於廣告產業快速發展卻尚未建立完整廣告自律機制的國家來說，似乎更為重要，特別是廣告產業自身如何透過強調廣告自律機制的重要性，進而建立廣告自律體系，透過行業專業工作倫理的自我要求，以提升整體廣告產業的水平，似乎是廣告產業朝向真正專業邁進的重大里程碑，值得受到廣告產業所重視。

而在回顧廣告產業相關自律體系後，期盼不只是瞭解廣告相關自律體系與機構而已，而是期待廣告自律的實際功能能夠真正發揮，特別是廣告自律的理念，能夠真正付諸實踐，畢竟商業體系的健全發展，端賴廣告等商業活動能否持續受到消費者所青睞，並且受到政府相關機構所重視，否則，廣告一旦淪為不道德且不值得信任的商業行為，則將會對廣告產業帶來致命的負面影響，因此，廣告自律正是避免廣告產業向下

沉淪且維護整體產業利益的最佳機制，值得大家一起努力與共同期待。

問題討論

一、請問廣告自律為何？廣告自律的功能為何？

二、請問廣告自律體系有哪些類型？

三、請問廣告自律體系針對爭議廣告審議後，可能有哪些後續具體作為？

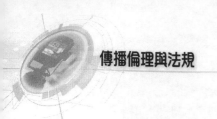

參考書目

一、中文部分

清水公一（2008）。黃振家、張永慧譯。《廣告理論與戰略》。臺北：亞太。

劉美琪（1993）。〈世界廣告自律體系之分析〉。《廣告學研究》，2：37-55。

二、外文部分

Honduis, E. H. (1984). Non-legislative means of consumer protection: The Dutch perspective. *Journal of Consumer Policy, 7*, 137-156.

O'Guinn, T. C., Allen, C. T., & Semenik, R. J. (2003). *Advertising and Integrated Brand Promotion* (3nd ed.). Ohio: South-Western.

Stridsberg, A. B. (1976). *Effective Advertising Self-Regulation: A Survey of Current World Practice and Analysis of International Patterns*. New York: International Advertising Association.

Wyckham, R. G. (1987). Industry and government advertising regulation: An analysis of relative efficiency and effectiveness. *Canadian Journal of Administrative Sciences, 4*(1)(March), 31-51.

嶋村和恵監修（2006）。《新しい広告》。東京：株式会社電通。

和田可一監修，岡田米藏、梁瀬和男著（1976）。《広告の実務と法規制》。東京：株式会社商事法務。

三、網站資料

日本廣告審查機構官方網站：http://www.jaro.or.jp/index.html

地方廣告審議局官方網站：http://www.bbb.org/

美國廣告代理商協會官方網站：http://www.aaaa.org/Pages/default.aspx

美國廣告聯盟官方網站：http://www.aaf.org/

國家廣告主協會官方網站：http://www.ana.net/

國家廣告審查委員會官方網站：http://www.narbreview.org/

臺北市廣告商業代理同業公會網站：http://www.taaa.org.tw/cview.asp?cid=200892416925&dtype=57

第十章　虛偽不實廣告與吹牛廣告

輔仁大學廣告傳播學系講師

張佩娟

摘要

　　廣告的目的在介紹產品，並經由和顧客締結契約，以增加其產品或服務的銷售。廣告是消費者進行購買決策時重要的資訊來源，依據《國際商會國際廣告實務規範》第2條規定：「廣告不應濫用消費者之信賴，或利用消費者對經驗或知識之欠缺。」究其內涵，則包含誠信、基於可證明事實之比較，此外亦不得抹黑、不當使用他人商譽，以及以可能誤導或混淆之方式進行模仿等（黃立，1999：170）。此一原則也是廣告領域內，對競爭的最高指導原則，也是《公平交易法》第21條的立法精神所在，因為，不論廣告人有無可歸責事由，如其廣告有虛偽不實或引人錯誤等情事，對於消費者而言都是無法承受的負擔。

　　隨著科技的發展，傳播媒體類型與傳播模式亦日趨多元，以新興的網路媒體為例，透過網路技術及特性之搭配應用，各種不同類型的網路廣告，更以其新穎、變化快速、大量傳送等特性，吸引了消費者的目光，然當其以不實廣告吸引消費者購買時，對消費者之危害更甚於傳統媒體上刊播之廣告。以行政院公平交易委員會處罰虛偽不實或引人錯誤廣告行為案件統計數量為例，民國102年處分之件數為一百零八件，民國103年則為七十四件，而其中網路不實廣告件數占比則逐年增加。此一問題亦值得深入介紹與探討。

　　本章內容規劃如下，第一節先說明不實廣告的定義，第二節介紹不實廣告的類型，並以公平交易委員會處罰之案例做一對照；關於不實廣告的判斷原則則是在第三節加以闡述；第四節說明不實廣告的責任，第五節則就新興的網路廣告與其業者之相關責任做一介紹。

第一節　不實廣告的定義

一、廣告的定義

廣告是行銷的要素之一，美國行銷協會（American Marketing Association, AMA）將廣告定義為：「所謂廣告，是由特定而明確之廣告主，於付費的原則下，所進行的觀念、商品或勞務之促進活動。」廣告學上對廣告所做之定義為：「廣告是由可識別的廣告主，透過非個人的大眾傳播媒體，將訊息傳遞給潛在消費者，透過知名、理解、說服的過程來影響消費者採取某些行動。」（Moriarty, Mitchell, & Wells , 2009: 55）。綜合來說，廣告應具備之要素包括：有特定明確的廣告主、廣告內容包括產品、服務與觀念之推廣，及透過大眾傳播媒體，以非特定多數人為對象所進行的付費宣傳。其所著重的是廣告目的與提供訊息的內容與方法。

至於我國法律上對廣告所做之定義，在《民法》、傳播法規、《消費者保護法》等中都可見相關之規定。如民法學者鄭玉波（1976：102）認為：「所謂廣告，乃於訊息中（電波訊息、印刷信息），所明示之廣告主，對於選擇的多數人，為了使依廣告主之意向而行動，所為之商品或服務乃至觀念等，而由廣告主自己負擔費用之非人的型態之情報傳播活動是也。」《廣播電視法》第2條第九款：「稱廣告者，指廣播、電視或播放錄影內容為推廣宣傳商品、觀念或服務者。」此外，在《有線廣播電視法》與《衛星廣播電視法》中也有類似的規定。

《消費者保護法》有關廣告之規定為第22條：「企業經營者應確保廣告內容之真實，其對消費者所負之義務不得低於廣告之內容。」另外，在《消費者保護法施行細則》第23條則對廣告加以定義：「本法第二十二條及第二十三條所稱廣告，指利用電視、廣播、影片、幻燈片、

報紙、雜誌、傳單、海報、招牌、牌坊、電腦、電話傳真、電子視訊、電子語音或其他方法，可使不特定多數人知悉其宣傳內容之傳播。」簡而言之，即企業經營者利用各種媒體推廣其商品所爲之傳播。由上述各條文內容觀之，《消費者保護法施行細則》中將廣告呈現的媒體以例示方式舉出，在要件上包含「宣傳」的行爲與客觀上「可使不特定多數人可得知悉」，即屬於廣告的概念。《廣播電視法》所著重者，則是只要在廣播電視播放之內容具有推廣宣傳的作用，就是屬於「廣告」的概念（陳汝吟，2008：58）。

二、廣告的構成要素

綜合來說，廣告的構成要素有三：

(一)廣告主體

包括廣告主、廣告代理業、廣告媒體業等三者。所謂廣告主，指利用廣告以推介其商品、勞務或概念之事業。廣告代理業，指爲廣告主製作廣告內容，並向廣告媒體業揭載之營業者。廣告媒體，則指電視、廣播、報紙等傳播廣告之媒介，而經營上述廣告媒體爲業者，即爲廣告媒體業。

(二)廣告方法

廣告方法不勝枚舉，常見者有電視、廣播、報章雜誌、招牌等，其他尚有郵寄廣告、張貼廣告、電話簿廣告、宣傳車、車廂廣告等。

(三)廣告內容

商業廣告之內容係爲推銷某種商品、勞務，或介紹某種具有商業價值之觀念所作之表示，其型態有文字、圖畫、相片或聲光等（沈榮寬、

謝杞森，1993：3）。

三、虛偽不實（false）、引人錯誤廣告（misleading）與吹牛廣告（puffery advertising）

　　現行法中，除《公平交易法》外，尚有其他十餘項法律也對不實廣告有所規定。由於不實廣告所涉及的案例種類甚多，在區分上有針對產業特性而加以歸類者，常見者如不動產、瘦身美容業與銀行業等之不實廣告。公平交易委員會則將常見之不實廣告案例加以區分為二十九種類型。至於《公平交易法》第21條是對「一般不實廣告」所做之規定。

　　除《公平交易法》第21條之規定外，在廣告內容涉及與競爭者有關事項而有損於競爭者之商譽時，依同法第22條之規定處罰，如無損於競爭者之商譽，但有攀附之情事時，則應視具體情形論其是否違反《公平交易法》第24條（黃茂榮，2002：5）。

　　對不實廣告之所以要以法律加以規範，主要之目的在保護消費者的交易利益。由於我國《消費者保護法》與《公平交易法》中對何種廣告屬於虛偽不實，或何種為引人錯誤，並未有明文規定，依一般用語，凡廣告之內容與該商品（或服務）實際上有不相符合者，均為「虛偽不實廣告」，準此，則其範圍包括：(1)詐騙、誹謗等違法廣告，或其他廣告內容與事實不符合之廣告；(2)客觀上不正確表示，如吹噓、誇大事實，但消費者能正確瞭解，不致陷於錯誤之廣告；(3)引人錯誤廣告（陳玲玉，1979：55-56）。

　　廣告必須吸引消費者注意才能發揮其傳播的效果，但如果法律對廣告內容要求與事實完全一致，那麼廣告用來吸引消費者注意的一切創意手法、說服的功能、甚或是娛樂的性質，都將全遭抹煞。至於廣告內容誇大、吹噓（如泡麵辣得噴火或全世界最好的炸雞）之廣告是否到達使消費者有陷於錯誤之虞的程度，則應由具體個案判斷之（黃茂榮，1993：423）。因此，法律所要規範之虛偽不實廣告，應限於其虛偽不實致使消費者陷於錯誤及導致其購買商品或接受服務決定之虞，亦即前

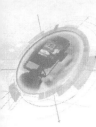

述第(1)、(3)項所指之廣告（范建得、莊春發，1992：199）。

因此，由上述討論可知，《公平交易法》第21條所稱的不實廣告，是指虛偽不實或引人錯誤的表示或表徵，商品上的表示或表徵，係指以文字、語言、聲響、圖形、記號、數字、影像、顏色、形狀、動作、物體或其他方式足以表達或傳播具商業價值之訊息或觀念之行為（林東昌，1999：54），亦即為一般人所瞭解的包裝或標示。而產品的包裝與標示，亦屬於廣告的一種（尤英夫，2008：274）。而有關誹謗性或詐欺性的廣告的規範，則屬《公平交易法》第22條或《刑法》第310條的誹謗罪或《刑法》第339條詐欺罪規範之範疇，則不列入此處不實廣告討論之範圍。

由於經濟法主要之規範意涵在於交易資訊的正確性，亦即防止交易相對人因資訊扭曲而影響其交易決定，並避免交易秩序遭受破壞，因此，虛偽不實或引人錯誤均以「足以引起錯誤之認知或決定」為共同要素，並非單就表示或表徵與事實之間存有任何出入，或行為人懷有誤導交易相對人的主觀意圖，即認定事業「為表示或表徵」行為已構成《公平交易法》第21條第一項所禁止的「虛偽不實或引人錯誤」。

依《公平交易委員會對於公平交易法第二十一條案件之處理原則》第五點規定：「**本法第二十一條所稱虛偽不實，係指表示或表徵與事實不符，其差異難為相當數量之一般或相關大眾所接受，而有引起錯誤之認知或決定之虞者。**」（石世豪，2004：288）。也就是法律上所規範的虛偽不實廣告，應以其虛偽不實致使消費者陷於錯誤及導致購買商品或接受服務決定之虞者為限。

至於所謂「引人錯誤」之廣告，處理原則第六點規定：「**本法第二十一條所稱引人錯誤，係指表示或表徵不論是否與事實相符，而有引起一般或相關大眾錯誤之認知或決定之虞者。**」此係指廣告主利用廣告製播技巧、表達手法、誇張或歪曲事實、遺漏重要事實，使消費者有陷於錯誤之虞，並足以造成消費者或廣告主之競爭對手之損失者。因此，廣告內容在客觀上縱無不實，但可能使消費者陷於錯誤之虞者，即構成引人錯誤之廣告。

　　至於「吹噓」（吹牛）廣告是否爲《公平交易法》第21條所要規範之對象？美國聯邦交易委員會（Federal Trade Commission, FTC）將「吹噓」（吹牛廣告）界定爲「消費者通常可合理期待出賣人會對其商品品質爲誇張表示，但其『誇張』之虛實卻無從判斷（Puffing is a term frequently used to denote exaggeration reasonably to be expected of a seller as to the degree of quality of his product, the truth or falsity of which cannot be precisely determined）」。因此，儘管業者會以各種宣傳方式來誇張其商品的品質，但一般消費者卻認爲這種誇張只不過是一種「老王賣瓜，自賣自誇」的推銷花招（dealer's talk）而已，其本質上並不具有誤導可能性之廣告，學者稱之爲「可辨識的誇張」（discernible exaggeration）。

　　此外，在美國習慣法（common law）上，一向認爲「吹噓」不具違法性，如果廣告宣稱該商品爲「最好」或「最佳」（the best or the finest），一般通常會認爲此種宣傳僅是一種吹噓；但在FTC的界定中，則認爲商品必須具有平均品質以上之品質（above-average quality），才可在廣告上稱該商品爲最好或最佳，否則就會被FTC判定爲不實廣告。相較之下，FTC對「吹噓」的界定是較爲嚴格的。

　　至於「吹噓」與「不實」的區別，前者是一種「意見」的誇大陳述（stating an exaggerated opinion）；後者則是「具體事實」的不實陳述（making an untrue representation of a specific fact）（趙麗雲、林輝煌，2002）。

第二節　不實廣告的類型

　　在對各種類型的不實廣告做進一步介紹前，可先依《公平交易法》第21條第一項之規定，將其區分爲以廣告主之商品或服務爲內容，爲表示「物眞價實」所作之廣告，及以附隨事項或他人之商品或服務爲內容之廣告（黃茂榮，2000：249-250）。前者即以下所稱之「法定不實廣告」；後者所包括如薦證廣告、比較廣告、誘餌廣告及寄生廣告則歸類

於「其他類型不實廣告」中分別說明。

一、法定不實廣告

此係指《公平交易法》第21條明文所定之不實廣告。《公平交易法》第21條第一項規定：「事業不得在商品或其廣告上，或以其他使公眾得知之方法，對於商品之價格、數量、品質、內容、製造方法、製造日期、有效期限、使用方法、用途、原產地、製造者、製造地、加工者、加工地等，為虛偽不實或引人錯誤之表示或表徵。」在第三項中規定：「前二項規定於事業之服務準用之。」由於商品之價格、數量、品質、內容等各項資訊常被消費者引為購買決策時的重要判斷依據，因此，部分業者即利用消費者此一消費習性，對上述各項資訊做虛偽不實或引人錯誤之廣告標示，例如品質內容與商品名稱不符、以實際價格和比較對照價格並陳之不實價格比對、國產品標示為進口品，甚或塗改有效期限等，造成消費者權益受損，對其他以正當方式銷售之業者則造成不公平競爭。

實務上之案例如：

(一)對商品用途及內容之不實廣告

> 103年5月20日公處字第103065號處分書「喬山健康科技股份有限公司因廣告不實，違反公平交易法處分案」。其中「被處分人銷售ezTone震動搖擺塑身機，於網頁以圖式列出『120 calories／卡路里10 minutes分鐘』，並宣稱『有效消除深層頑固脂肪，……加速脂肪燃燒！……更高速、高效促進卡路里燃燒功效……簡單有效擊退脂肪』及『擊退脂肪，不費吹灰之力！BREAKING FATS without BREAKING SWEAT』等效果，……惟按該公司僅提出自行測試結果，並未提出客觀公正機構針對系爭產品所出具公信力之醫學學理

或臨床實驗報告以為佐證，所稱自難謂有所據，另被處分人雖於部分『120 calories／卡路里10 minutes分鐘』圖式旁加註『計算標準需視個人的體重、高度及身體狀況而定。』之免責聲明，仍難謂系爭宣稱非屬虛偽不實及引人錯誤之表示。是被處分人所稱尚難謂屬有據，核已就商品之品質及用途為虛偽不實及引人錯誤之表示，……處新臺幣十萬元罰鍰。」

(二)對服務內容之不實廣告

103年4月28日公處字第103052號處分書「臺灣大哥大股份有限公司於銷售行動達鈴服務廣告，就其服務之內容為虛偽不實及引人錯誤之表示，違反公平交易法處分案」，其中「被處分人銷售行動達鈴服務，於『臺灣大哥大音樂達人』網頁廣告，宣稱提供預付卡型用戶於行動達鈴網頁使用相關服務，……然預付卡型用戶無法於行動達鈴網頁操作之限制並未於網站廣告中載明，與消費者自廣告所獲可於網頁查詢音樂清單及使用新增、下載及刪除等功能之印象不符；……」違反公平交易法第21條第三項準用第一項規定。處新臺幣三十萬元罰鍰。

除上述案例外，在不實廣告中也常見企業宣稱其為「第一」、「獨家」、「冠軍」等最高級客觀事實陳述用語，此時必須要有公正客觀的銷售數據或意見調查等客觀數據佐證，並於廣告中載明資料引述之來源。如非屬真實有據，則可能會違反了《公平交易法》第21條的規定。

二、其他類型不實廣告

(一)薦證廣告（推薦、保證、見證廣告）

在廣告中使用名人、專業人士或一般消費者來推薦企業主的商品或服務，這是廣告中常見的手法，此外，這種方式也常被用於「資訊式廣告」（infomercial）中，透過對來賓（可能是名人、專家或一般消費者）的訪問、產品介紹或展示等型態，向電視機前的觀眾傳送有關商品的資訊。

薦證廣告包括平均消費者的證言（testimonials from the average consumer）、名人薦證（celebrity endorsements）及專家薦證（expert endorsement）三種主要類型（范建得，1999：276）。依新修正之《公平交易委員會對於薦證廣告之規範說明》（2013）第二點第一款中指出，所謂薦證廣告：「指廣告薦證者，於廣告或以其他使公眾得知之方法反映其對商品或服務之意見、信賴、發現或親身體驗結果，製播而成之廣告。」另於第二點第二款中稱，廣告薦證者（以下簡稱薦證者）：指廣告主以外，於薦證廣告中反映其對商品或服務之意見、信賴、發現或親身體驗結果之人或機構，其可為知名公眾人物、專業人士、機構及一般消費者。是故，當為廣告陳述者係基於廣告主之立場來為敘述時，此種陳述並不構成所謂之薦證。

不當的薦證行為在美國是受到FTC所規範的。FTC在1990年頒布的廣告指導（guidance）中，納入了「與廣告證言、見證之使用相關的指導原則」（Guides Concerning Use of Endorsements and Testimonials in Advertising）部分，其中採納了消費者保護之主張，並提出如何認定此種廣告是否構成不公平（unfair）與欺罔（deceptive）之指導原則（范建得，1999：277）。

在我國《公平交易委員會對於薦證廣告之規範說明》第四點：「薦證廣告之商品或服務有下列虛偽不實或引人錯誤之表示或表徵者，涉及

違反本法第二十一條規定：

(一)無廣告所宣稱之品質或效果。

(二)廣告所宣稱之效果缺乏科學理論支持及實證，或與醫學學理或臨床試驗之結果不符。

(三)無法於廣告所宣稱之期間內達到預期效果。

(四)廣告內容有「公平交易委員會對於公平交易法第二十一條案件之處理原則」第十七點所示情形之一。

(五)經目的事業主管機關認定為誇大不實。

(六)其他就自身商品或服務為虛偽不實或引人錯誤之表示或表徵。」

除上述違反第21條之情況，當薦證廣告是以比較廣告方式呈現時，依《公平交易委員會對於薦證廣告之規範說明》第五點規定：「薦證廣告之內容以比較廣告方式為之者，如其對自身商品或服務並無不實，而對他人商品或服務有虛偽不實或引人錯誤之表示情事者，依其具體情形可能涉及違反本法第二十二條或第二十四條規定。」

薦證廣告涉及不實之情況，除廣告主、廣告代理業與廣告媒體業需依《公平交易法》相關規定論處外，就薦證者部分，由於消費者因信賴薦證者而購買了該項商品或服務，如因此而受有損害，其消費權益將無法獲得保障，因此行政院公平交易委員會特於民國99年6月9日第四次修正則依趙麗雲等立法委員擬具提案，增訂不實廣告薦證者須負民事連帶損害賠償責任之規定，並明定廣告薦證者之定義。在民國100年11月23日第五次修法中，再限定非知名廣告薦證者之民事連帶損害賠償責任。《公平交易法》第21條第四項後段中新增：「廣告薦證者明知或可得而知其所從事之薦證有引人錯誤之虞，而仍為薦證者，與廣告主負連帶損害賠償責任。」以及第五項：「前項所稱廣告薦證者，指廣告主以外，於廣告中反映其對商品或服務之意見、信賴、發現或親身體驗結果之人或機構。」在《公平交易委員會對於薦證廣告之規範說明》第七點「違反本法規定之罰則與法律責任」第二款中指出：「1.薦證者倘為商品或服務之提供者或銷售者，即為本規範說明所稱之廣告主，適用有關廣告

主之規範。2.薦證者與廣告主故意共同實施違反本法之規定者，仍得視其從事薦證行為之具體情形，依廣告主所涉違反條文併同罰之。3.薦證者明知或可得而知其所從事之薦證有引人錯誤之虞，而仍為薦證者，依本法第二十一條第四項後段規定，與廣告主負連帶損害賠償責任。但薦證者非屬知名公眾人物、專業人士或機構，依本法第二十一條第四項但書規定，僅於受廣告主報酬十倍之範圍內，與廣告主負連帶損害賠償責任。4.薦證者因有第二目、第三目情形，而涉及其他法律之規範者，並可能與廣告主同負其他刑事責任。」

　　實務上之案例如：

　　　98年7月2日公處字第098094號「溫翠蘋因廣告不實，違反公平交易法處分案」中，「被處分人與大中健康事業有限公司等……故意共同刊播被處分人之薦證內容，宣稱『睡覺都能瘦，……連續穿了一個多月，……，而且腰圍也細了1吋多』等語，就商品之品質及內容為虛偽不實及引人錯誤之表示，違反公平交易法第21條第一項規定。……本會對於薦證廣告之規範說明第五點第二項第一款亦規定，薦證者與廣告主故意共同實施違反本法之規定者，雖其本身不符合本法第2條第四款所稱之事業定義，仍得視其從事薦證行為之具體情形，依廣告主所涉違反條文併同罰之。是本案被處分人雖非系爭廣告行為主體，惟倘其與廣告主故意共同實施違反公平交易法規定之行為，而符合行政罰法第14條第一項所稱『故意共同實施』違反行政法上之義務之要件時，依前開行政罰法及薦證廣告規範說明第五點第二項第一款規定，仍得視其從事薦證行為之具體情形，依廣告主所涉違反條文併同罰之，此時被處分人即有前開規範說明第三點規定之適用。……綜上，本案被處分人與廣告主……之聯繫，達成共同刊播廣告之共識，且彼此對於其薦證內容足使消費者產生錯誤等情均有所認識，並於客觀上共同參與促使不實廣告行為之實現，符合行政罰法第14條所稱『故意共同實施違反行政法上義務之行為』之要件，核已違反公平交易法第21條第一項規定，洵堪認定。」

(二)比較廣告

比較廣告意指直接或間接就兩種或多種競爭品牌之一種或多種屬性做比較的廣告型式（盧瑞陽、余朝權、林金郎、張家琳，2006：27）。廣告主在廣告中，除了吹噓自己的商品或服務外，還為了廣告自己的商品或服務，提及競爭者之商品或服務，此類廣告因具有對襯的意思，所以稱為比較廣告。從事比較廣告的目的不外乎透過對比，以凸顯自己的優點；或為影射，以將競爭者比下去；或貶抑，以阻擾其業務。由於此類廣告內容涉及關於他人之資訊，因此不但在關於競爭者之資訊不實或有引人錯誤的情事時，而且在不能證明為真實時，皆應論為不正競爭（鄭優等，1999：415）。

101年3月3日公競字第1011460132號令發布《公平交易委員會對於比較廣告案件之處理原則》，第五、六、七點明列比較廣告違法類型，第五點：「事業不得於比較廣告，就自身商品為虛偽不實或引人錯誤之表示或表徵。」

第六點：「事業於比較廣告無論是否指明被比較事業，不得就他事業商品之比較項目，為下列欺罔或顯失公平之行為：

(一)就他事業商品為虛偽不實或引人錯誤之表示或表徵。

(二)以新舊或不同等級之商品相互比較。

(三)對相同商品之比較採不同基準或條件。

(四)引為比較之資料來源，不具客觀性、欠缺公認比較基準，或就引用資料，為不妥適之簡述或詮釋。

(五)未經證實或查證之比較項目以懷疑、臆測、主觀陳述為比較。

(六)就某一部分之優越而主張全盤優越之比較，或於比較項目僅彰顯自身較優項目，而故意忽略他事業較優項目，致整體印象上造成不公平之比較結果。

(七)其他就重要交易事實為欺罔或顯失公平之比較行為。」

　　第七點：「事業於比較廣告，不得為競爭之目的，陳述或散布不實之情事，對明示或可得特定之他事業營業信譽產生貶損之比較結果。」

　　在法律效果部分，《公平交易委員會對於比較廣告案件之處理原則》第八點規定：「事業違反第五點者，可能構成公平交易法第二十一條之違反。事業違反第六點者，可能構成公平交易法第二十四條之違反。事業違反第七點者，可能構成公平交易法第二十二條之違反。」

　　從提供消費者資訊觀點來看，比較廣告中提供了消費者更多關於競爭商品或服務的資訊，對協助消費者做決策是有幫助的；另外，比較廣告亦涉及事業從事廣告競爭的言論權利以及被比較事業維持商標及商譽的正當權益應如何取得平衡（劉孔中，2003：359-360）。

　　美國FTC認為真實的、無欺罔的比較廣告本身即具有幫助消費者做出理性選擇之正面效果，且有助於鼓勵改良、創新，因此，美國FTC關於比較廣告之規制政策僅著眼於「不實的」（商譽）貶抑的防止（石世豪，2004：258）。在實際作法上，FTC要求：(1)鼓勵業者於比較廣告中表明競爭者之名稱或提及競爭者；(2)要求業者提供明確且必要而沒有欺瞞的標示與資訊給消費者；(3)貶抑性的廣告是被允許的，只要其內容真實且無欺罔；(4)對於真實而無欺罔之比較廣告的使用，媒體業者以及自律團體都不應該依據其自律規範來加以限制；(5)對於比較廣告內容的「實證」要求，採取與一般廣告同等標準的評價，業者團體的自律規範若有較高基準的要求或解釋，則是不適切的，應加以修正（何美玲，2006：51）。

　　在實務案例部分，例如：

　　103年6月5日公處字第103071號「月老國際資訊網有限公司因廣告不實及為足以影響交易秩序顯失公平之行為，違反公平交易法處分案」中，「被處分人於網頁刊登比較廣告中，宣稱『會員最多』，就服務之數量為虛偽不實及引人錯誤之表示，違反公平交易法第21條第三項準用第一項規定。……被處分人於網頁刊登比較廣

告中，以不實及引人誤認方式呈現競爭對手並無契約審閱及退費機
制服務，為足以影響交易秩序顯失公平之行為，違反公平交易法第
24條規定。處新臺幣二十萬元罰鍰。」

「真實客觀」是比較廣告問題的核心。比較廣告之呈現，在提供資
訊的透明與流通，但不實的比較廣告即對其廣告內容有所隱匿，具有違
法性。比較廣告並不必然成為不實廣告，公平會法實務上認為比較廣告
具有「合法性」允許商品或服務為比較廣告，如認為比較廣告有不實或
引人錯誤之情形時，才例外予以禁止（陳櫻琴，1999：101）。

(三)誘餌廣告

「只要……多少元起」，見到此類廣告宣傳之消費者很少不心動
的，但到賣場後會發現，此類商品僅限量供應且已銷售殆盡，讓消費者
有受騙的感覺。販賣商品或提供服務之事業者，就實際上不能成為交易
之商品、服務或已賣掉之商品為廣告，或商品或服務之販賣數量、日期
有顯著之限制，但在廣告中卻未載明，以便引誘顧客，而對光臨之顧客
鼓動其購買非廣告之商品或服務，此種廣告稱之為「誘餌廣告」。

◆誘餌廣告的型態

誘餌廣告之型態，大致有下列三種：

1.廣告中表示之商品，實際上不能交易，而仍為販賣廣告。
2.廣告中表示之商品，實際上並無交易之意思，而仍為販賣廣告。
3.廣告中表示之商品，其供給量、期間、交易相對人有所限制，但
　其限制於廣告中並未明載（朱鈺洋，1993a：113-114）。

◆判斷是否為誘餌廣告的基準

至於是否為誘餌廣告，依美國FTC所定之指導原則，判斷基準如
下：

1.以不實陳述，告知消費者有關廣告內容受諸多因素限制，而使消費者打消購買廣告物而轉向購買其他廣告主所欲推銷之眞正商品或服務，使消費者產生對廣告內容有虛僞之印象。

2.廣告後，廣告主爲使消費者購買其眞正欲販賣之商品，而對消費者爲打消購買廣告物之一切行爲。

3.即使締結廣告物買賣契約後，廣告主是否說服消費者解除契約另外締結非廣告物買賣契約之行爲。（朱鈺洋，1993a：117）。

　　誘餌廣告涉及不實者，因其非以與交易客體或其價格有關事項爲其廣告內容，所以不屬於《公平交易法》第21條規範之對象，而是適用同法第24條「其他足以影響交易秩序之欺罔或顯失公平之行爲」之規定來加以規範（翁煥然，2006：36）。

(四)寄生廣告

　　寄生廣告是指弱勢事業以攀比優勢商譽事業，透過對所攀比事業或商品與服務之讚美來自抬身價，此外亦向顧客暗示，可以以較低價格買到一樣好的商品或服務，進行價格競爭（鄭優等，1999：419）。此一情形，也就是某些廣告主在其產品廣告中，透過與其他著名商品品牌、等級或風格之比較與讚美後，來宣稱其產品與其他知名品牌是屬於同等級的情況，企圖藉由此種搭便車的方式，來迅速達到知名度累積的目的。在性質上也是屬於比較廣告的一種（朱鈺洋，1993b：130）。

　　寄生廣告的行銷手法因未直接利用外國著名商標，亦未引起消費者誤認與著名商標或營業主體混同之危險，故不違反《商標法》及《公平交易法》第20條有關仿冒之規定（吳英同，1998：139）。

　　寄生廣告是否構成不實廣告，需視其攀比有無事實爲其基礎，亦即自評爲第二名時，所作爲比較之標準或對象爲何？倘無，則其攀比便有不實或引人錯誤的情事，同樣構成不實廣告（黃茂榮，2000：265）。

第三節　不實廣告的判斷原則

　　在廣告是否虛偽不實或引人錯誤的判斷上，商業廣告的對象通常都是一般的消費大眾，因此，基本原則包括以下：

一、以一般購買人的注意力爲認定標準

　　此係指，由於商品品類各有不同，價格與產品特性也有簡單與複雜之分，購買之消費者則是男女老少皆有，故其注意力迴異，因此，均應予以合理的考慮，務求合乎一般購買人注意力的認定標準，也就是以平均消費者之典型購買狀況是否有產生誤認之危險爲準（朱鈺洋，1993a：65）。

二、通體觀察及比較主要部分

　　廣告雖在激起消費者之購買慾，但消費者在廣告訊息充斥之情況下，對廣告訊息之細節通常不會詳加探究，因此，判斷廣告是否虛偽不實或引人錯誤，應就廣告整體加以觀察，以辨別其是否眞實或有無誤認之虞。此即通體觀察原則（徐火明，1992：208）。

　　此外，再深入區分，廣告又可分爲主要與附屬部分，所謂主要部分，係指廣告構成要素中，依一般消費者之認識爲準，其中最引人注意或最醒目之部分。如主要部分在外觀上、名稱上、觀念上使人陷於錯誤者，而附屬部分雖係眞實，仍應認爲虛偽不實或引人錯誤廣告（朱鈺洋，1993a：67）。

三、異時異地隔離觀察原則

當一則廣告在不同時間與不同地點分別觀察，若發現多數消費大眾觀看廣告後留下之模糊記憶，認為與事實不相符合，則此廣告仍屬虛偽不實或引人錯誤之廣告。

由於《公平交易法》第21條是以預防危險發生為目的，所以並不要求虛偽不實及引人錯誤標示或廣告確實誤導相對人，危險也不需要轉化為具體實害，而以有誤導危險可能性已足。其次，不論欺罔、虛偽不實或引人錯誤所要防範的危險是行為相對人有受到誤導之虞，也就是標示或廣告未能符合行為相對人主觀認知上的期待，至於該標示或廣告在客觀上是否絕對正確，並非重點。亦即所要考慮者是標示或廣告所訴求的相對人對該標示或廣告的認知，而不是其客觀的意義。

其次，標示或廣告必須足以誤導相當數量的行為相對人。在德國與美國實務上大多接受百分之十至十五之消費者為相當數量。至於數量之取得，通常以市場調查方式來確定。當然若涉及攸關人身健康、安全的標示或廣告，則可以更低的百分比認定相當數量，但是同時必須適當考量市場上自由競爭的需要（劉孔中，2003：231-234）。

依新修正之《公平交易委員會對於公平交易法第二十一條案件之處理原則》（2013），針對虛偽不實或引人錯誤之表示或表徵之判斷原則，於第七點中詳細規定如下：

(一)表示或表徵應以相關交易相對人普通注意力之認知，判斷有無虛偽不實或引人錯誤之情事。

(二)表示或表徵隔離觀察雖為真實，然合併觀察之整體印象及效果，而有引起相關交易相對人錯誤認知或決定之虞者，即屬引人錯誤。

(三)表示或表徵之內容以對比或特別顯著方式為之，而其特別顯著之主要部分易形成消費者決定是否交易之主要因素者，得就該

特別顯著之主要部分單獨加以觀察而判定。

(四)表示或表徵客觀上具有多重合理的解釋時，其中一義爲眞者，即無不實。但其引人錯誤之意圖明顯者，不在此限。

在運用第七點之判斷原則時，也應考量第八點所列之因素：

(一)表示或表徵與實際狀況之差異程度。

(二)表示或表徵之內容是否足以影響具有普通知識經驗之相關交易相對人爲合理判斷並作成交易決定。

(三)對處於競爭之事業及交易相對人經濟利益之影響。

總結來說，從競爭角度以觀，廣告如影響到競爭即應加以禁止，因消費者信賴不實廣告中主要事實之陳述、訴求且進而受吸引而消費，如此因而導致競爭者受到傷害，消費者利益受損，也使市場競爭秩序喪失其原應有之效能，因此，應予禁止。

第四節　不實廣告的責任

對違反《公平交易法》第21條規定的事業，其法律效果依現行法並無刑事責任，只有行政法上與《民法》上的責任。在《公平交易法》上負有民事責任之責任主體包括事業、廣告代理業、廣告媒體業與廣告薦證者。而廣告代理業或廣告媒體業在不實廣告所應負之責任部分，並不包括行政責任。

至於所稱之「事業」，依《公平交易法》第2條關於事業定義之規定，係指公司、獨資或合夥之工商行號、同業公會、其他提供商品或服務從事交易之人或團體。是以《公平交易法》所規範不實廣告之主體，可能是個人、公司、工商行號或其他從事提供服務或從事交易之團體（劉華美，2002：8）。

一、民事責任

關於不實廣告，《公平交易法》所定之民事責任為：

(一)關於除去、防止侵害請求權

《公平交易法》第30條規定：「事業違反本法之規定，致侵害他人權益者，被害人得請求除去之；有侵害之虞者，並得請求防止之。」

(二)關於損害賠償責任

同法第31條規定：「事業違反本法之規定，致侵害他人權益者，應負損害賠償責任。」第32條規定：「法院因前條被害人之請求，如為事業之故意行為，得依侵害情節，酌定損害額以上之賠償。但不得超過已證明損害額之三倍（第一項）。侵害人如因侵害行為受有利益者，被害人得請求專依該項利益計算損害額（第二項）。」第33條規定：「本章所定之請求權，自請求權人知有行為及賠償義務人時起，二年間不行使而消滅；自為行為時起，逾十年者亦同。」

由上述條文規定可知，行為相對人對廣告主所作虛偽不實或引人錯誤的表示或表徵，得依《公平交易法》第30條請求其除去並防止之；行為相對人權益如受有侵害，並得依第31條請求其賠償損害。

至於廣告代理業與廣告媒體業，《公平交易法》第21條第四項規定：「廣告代理業在明知或可得而知情況下，仍製作或設計有引人錯誤之廣告，與廣告主負連帶損害賠償責任。廣告媒體業在明知或可得知其所傳播或刊載之廣告有引人錯誤之虞，仍予傳播或刊載，亦與廣告主負連帶損害賠償責任。」

此為廣告代理業及廣告媒體業就不實廣告在民事上應與廣告主負連帶損害賠償責任之規定（黃茂榮，1998：332）。

對廣告媒體業在「明知」或「可得而知」情況下有連帶民事責任之

規定，依公研釋○○二號之說明，其目的在使廣告媒體業能對不實或引人錯誤之廣告作相當程度之篩選，因此該條所謂之媒體業限於對廣告主或廣告代理業所提出之廣告有支配能力之可能足以篩選時始有適用。違反《公平交易法》第21條第四項規定時，「廣告媒體業僅負民事連帶責任，並無刑事及行政責任，而民事連帶責任乃普通法院審理之權責，故廣告媒體業之適用範圍仍由法院認定。」

在廣告薦證者責任部分，已於前面薦證廣告部分說明，此處不再贅述。

二、行政責任

《公平交易法》第41條規定：「公平交易委員會對於違反本法規定之事業，得限期命其停止、改正其行為或採取必要更正措施，並得處新臺幣五萬元以上二千五百萬元以下罰鍰；逾期仍不停止、改正其行為或未採取必要更正措施者，得繼續限期命其停止、改正其行為或採取必要更正措施，並按次連續處新臺幣十萬元以上五千萬元以下罰鍰，至停止、改正其行為或採取必要更正措施為止。」另依據《公平交易法施行細則》第28條規定：「事業有違反本法第二十一條第一項、第三項規定之行為，中央主管機關得依本法第四十一條規定，命其刊登更正廣告。前項更正廣告方法、次數及期間，由中央主管機關審酌原廣告之影響程度定之。」其中關於刊登更正廣告之目的，乃鑑於事業以大量、廣泛或長期之不實廣告深入人心，僅命其修正或停止尚不足以扭正消費者之觀念時，即有必要以較長時間之反廣告（更正廣告）糾正消費者錯誤之觀念（沈榮寬、謝杞森，1993：60）。

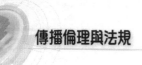

第五節　網路不實廣告與其責任

　　網際網路在近年來的蓬勃發展，吸引了各類商業活動也廣泛地運用網路作為新的交易或傳播媒介。網路廣告（Internet advertising）最主要的目的也是在傳遞資訊，以創造買方與賣方的交易，然而，網路服務業者（ISP）之態樣多元，而其所提供之服務亦呈現多樣化，其應否為網路不實廣告負起責任，其涉及ISP業者在現行法律上之定位。隨著ISP提供服務之多元化，應先將其定位加以釐清，並依據不同的態樣而給予不同的監督或控管義務。本節將先介紹常見的網路廣告型態以及網路不實廣告之類型，其次說明網路服務業者的類型，以及當其面對不實廣告問題時，其所應擔負之相關之責任。

一、網路不實廣告之類型

　　在網路廣告型態部分，最常使用的兩個工具是電子信箱以及網站，其中透過電子信箱的廣告模式包括：直接寄發電子郵件、贊助電子論壇及電子郵件新聞稿，以及廣告贊助的電子信箱（王博鑫，2009：16-17）；至於在網站上的廣告模式，較為常見的類型包括：橫幅廣告（banner ad）、插入式廣告（interstitials ad）、固定式版位按鈕廣告（fixed button ad）、跳出式視窗廣告（pop-up window ad）、隱藏式視窗廣告（pop-under window ad）、破壞式廣告（crazy ad）、文字連結（text-link）以及關鍵字廣告（keyword advertising）（Strauss & Frost, 2009: 288-292, 327; Zeff & Aronson, 1999: 33；IAMA網站）。

　　互動與即時是網路廣告之最大特性，因此，在網路不實廣告之定義上，首先亦需與傳統不實廣告做一區分。網路不實廣告之意涵定義如下：即網路不實廣告，係指廣告主利用網際網路傳播媒介，以多媒體技術，對所傳播之有關商品、服務、形象或觀念等訊息，以誇張、歪曲事

實或遺漏應為陳述事實等手法，使消費者有陷於錯誤之虞。而此種錯誤包括虛偽不實和引人錯誤之廣告兩種類型，亦即導致消費者發生錯誤，並足以造成消費者或同業競爭者之損失之謂（王博鑫，2009：32）。

在網路不實廣告類型部分，公平交易委員會101年3月3日公競字第1011460191號令發布《公平交易委員會對於網路廣告案件之處理原則》，其中第八點規定，「網路廣告不得有下列虛偽不實或引人錯誤之表示或表徵：

(一)廣告所示價格、數量、品質、內容及其他相關交易資訊等與事實不符。

(二)廣告內容及交易條件發生變動或錯誤須更正時，未充分且即時揭露，而僅使用詳見店面公告或電話洽詢等方式替代。

(三)廣告就相關優惠內容或贈品贈獎之提供附有條件，但未給予消費者成就該條件之機會或方式。

(四)廣告就重要交易資訊及相關限制條件，未予明示或雖有登載，但因編排不當，致引人錯誤。

(五)廣告宣稱線上付款服務具保密機制，但與實際情形不符。

(六)廣告就網路抽獎活動之時間、採用方式、型態等限制，未予以明示。

(七)廣告內容提供他網站超連結，致消費者就其商品或服務之品質、內容或來源等產生錯誤之認知或決定。

(八)廣告提供網路禮券、買一送一、下載折價優惠券等優惠活動，但未明示相關使用條件、負擔或期間等。」

除上述類型外，第九點針對網路薦證廣告規定：「網路廣告以他人薦證或社群網站用戶（含部落客）撰文之方式推廣商品或服務者，廣告主應確保其內容與事實相符，不得有前點所列之行為。」

《公平交易委員會對於網路廣告案件之處理原則》第十一點進一步規定：「網路廣告案件除受本處理原則規範外，仍應適用公平交易法第二十一條及相關處理原則之規定。」

二、網路不實廣告之相關當事人

在網路廣告的傳播模式中，其相關當事人包括網路使用者、網路服務提供者、網路廣告刊登者、網路廣告媒體業者及代理業者。其中網路使用者即使用網路進行瀏覽資訊或取得其他相關服務之人。網路廣告刊登者即一般所稱之廣告主，而網路廣告主即是藉網際網路從事其商品或服務宣傳之事業。

《公平交易委員會對於網路廣告案件之處理原則》中所明定之廣告主有二類，包括第三點：「**事業為銷售商品或服務，於網際網路刊播網路廣告者，為廣告主。**」及第四點：「**由供貨商與網站經營者共同合作完成之購物網站廣告，其提供商品或服務資訊之供貨商，及以自身名義對外刊播並從事銷售之網站經營者，均為該網路廣告之廣告主。**」

另外，在網路上有提供廣告版面出租供廠商刊登廣告之廣告版面出租者，目前大多數之廣告版面出租者均為網路服務提供者（王博鑫，2009：27）。以下將對網路服務提供者與網路廣告媒體業、代理業做進一步說明。

(一)網路服務提供者（Internet Service Provider, ISP）

此係對網路上對其他公司或個人提供網際網路通路的公司的統稱。至於ISP業者由於服務態樣與範圍的不同，在法律上對其身分之定位亦有所不同。

如依所提供網路服務進一步細分，ISP業者可分為下列幾種類型（張雅雯，2008：44；方華香，2005：51；王博鑫，2009：22-26）：

1.網際網路連線服務提供者（Internet Access Provider, IAP）：提供使用者以撥接、有線寬頻、無線（寬頻與窄頻）等方式與網際網路相連的服務，在我國電信法上屬第二類電信事業。

2.網際網路內容提供者（Internet Content Provider, ICP）：提供資訊

內容服務供網路使用者擷取、搜尋之網路業者與商家。

3.網際網路平臺服務提供者（Internet Platform Provider, IPP），即以其平臺提供上線後的服務，如電子郵件傳送、新聞討論群以及各類的檢索工具，以方便使用者取得網路各類資源。

(二)網路廣告媒體業者及代理業者

理論上，凡建構在網際網路上的網站都可以成為媒體網站。而實際上，凡以收取費用或以獲得其他有形或無形的利益為代價，在其網站提供他人刊登廣告機會或廣告版面者，均可稱為網路廣告媒體業者（王博鑫，2009：27）。其中提供連線服務的業者，由於其首頁通常是網路連線時網友必經之處，因此也就吸引了廣告主來刊登廣告。另外，也有由中小型網站共同組成的廣告聯播網，接受廣告主委託播送廣告，因此，聯播網一方面可成為廣告代理商，另外他們也扮演著媒體業者的角色。

網路廣告代理業者所扮演的角色有二：一方面係指代理網路廣告業主研擬商品或服務的廣告計畫，並在廣告主審核確認後加以執行，為網路廣告主選擇安排各種媒體，爭取最佳廣告效益；另一方面，亦可指代理網路廣告媒體經營者向網路廣告主爭取廣告，並在廣告刊播後，負責向廣告主收取廣告費轉交網路廣告媒體之業者。

三、網路不實廣告相關當事人之法律責任——以《公平交易法》為主

當消費者因網路上不實廣告或其他詐欺行為而受有損害之時，提供網際網路不同服務的業者，究竟有誰應負相關之法律責任，正是此新興媒體值得探討與釐清的問題。本文以《公平交易法》第21條之規範為主，另外在《消費者保護法》第23條中亦有相關之規定，業者亦需加以注意。

(一)網路廣告刊登者（廣告主）

網路廣告刊登者在《公平交易法》所負責任方面，主要之爭議在消費者得否作為《公平交易法》之請求權人，由於在不實廣告中，消費者所受之損害大多是直接且具體的，《公平交易法》雖以市場競爭秩序維護為主要目的，但亦兼具保護消費者利益之目的，故應允許因不實廣告遭受損害的消費者可以成為《公平交易法》第30條至第32條之請求權主體，享有防止及排除侵害請求權與請求損害賠償之請求權。

(二)網路服務提供者

關於網路服務提供者是否有《公平交易法》第21條規定之適用，則需視網路服務提供者所扮演之角色，如其本身即為網路廣告刊登者，則當然受本條之規範。

(三)網路廣告媒體業者與代理業者

《公平交易法》第21條第四項前段規定：「廣告代理業在明知或可得而知情形下，仍製作或設計有引人錯誤之廣告，與廣告主負連帶損害賠償責任。」本條規定廣告代理業的損害賠償責任屬於過失責任，亦即廣告代理業應依善良管理人之注意義務進行廣告的設計與製作。

就網路廣告媒體業者部分，行政院公平交易委員會就《公平交易法》第21條第四項後段有關媒體經營者之過失注意義務程度，曾作出解釋：「……規定課以廣告媒體業負連帶民事責任，係以明知或可得而知情況下始有適用。其目的在使廣告媒體業能對不實或引人錯誤之廣告作相當程度之篩選，因此該條所謂之媒體業限於對廣告主或廣告代理業所提出之廣告有支配能力之可能足以篩選時始有適用。」

(四)廣告網站經營者

　　此類業者係向網路服務提供者申請設立網站，對網頁進行建置、管理，並以該網頁在網際網路自為商品廣告，或提供他人刊登或存取廣告並收取費用之業者。首先，在自行刊登廣告部分，基本上已屬《消費者保護法》第22條所稱之「企業經營者」，故應確保廣告內容之真實，對消費者所負之義務不得低於廣告之內容。其次，在提供他人刊登廣告部分，其性質與傳統媒體業者相同，即接受其他業者之廣告刊登，因此，在廣告的管理與過濾能力上，也與一般傳統媒體經營者無異，因此，亦屬《消費者保護法》所稱之「媒體經營者」。

　　現代社會商業經濟活動發達，廣告可說是企業與消費者之間的橋樑，在競爭激烈的環境中，企業更應積極思考如何透過改善品質、降低成本及加強服務來提升競爭力，而透過正確資訊的提供，更能協助消費者擬定正確的購買決策，唯有如此，「效能競爭」的目標才能真正獲得實現。

問題討論

　　一、請討論不實廣告之定義。

　　二、請討論比較廣告之定義。

　　三、請討論薦證廣告之判斷原則。

　　四、請討論不實廣告之判斷原則。

　　五、請討論違反不實廣告之責任。

　　六、請說明網路不實廣告的類型。

參考書目

一、中文部分

尤英夫（2008）。《大眾傳播法》。臺北：新學林。

王博鑫（2009）。《網路不實廣告之規範及其民事責任之研究》。未出版之碩士論文，中國文化大學法律學研究所。

方華香（2005）。《論網路不實廣告之法律責任——以公平交易法與消費者保護法為中心》。未出版之碩士論文，國立中正大學財經法律學研究所。

石世豪（2004）。《公平交易法之注釋研究系列(二)——第十八條至第二十四條》。行政院公平交易委員會93年度委託研究報告二。臺北：行政院公平交易委員會。

朱鈺洋（1993a）。《虛偽不實及引人錯誤廣告在不正競爭防止法上之規範》。未出版之碩士論文，國立中興大學法律學研究所。

朱鈺洋（1993b）。《虛偽不實廣告與公平交易法——公平法與智產法系列三》。臺北：三民書局。

沈榮寬、謝杞森（1993）。《公平交易法論述系列九——虛偽不實廣告標示行為之探討》。臺北：行政院公平交易委員會。

何美玲（2006）。《比較廣告在不正競爭法上之研究》。未出版之碩士論文，天主教輔仁大學財經法律研究所。

吳英同（1998）。〈不實廣告類型及案例分析〉。《公平交易季刊》，6(1)：125-148。

林東昌（1999）。〈公平交易委員會對不實廣告的規範〉。《萬國法律》，103：52-62。

范建得（1999）。〈論薦證廣告之規範——以美國經驗為例〉。《第三屆競爭政策與公平交易法學術研討會論文集》，頁275-300。臺北：行政院公平交易委員會。

范建得、莊春發（1992）。《公平交易法Q&A，範例100》。臺北：商周。

徐火明（1992）。《從美德與我國法律論商標之註冊》。臺北：瑞興。

翁煥然（2006）。《消費者保護法有關廣告規定之研究》。未出版之碩士論

文，國立中正大學法律學研究所。

陳汝吟（2008）。《數位化廣告法規範架構之研究——以民事責任之探討為中心》。未出版之博士論文，東吳大學法學院法律學系博士班。

陳玲玉（1979）。《論引人錯誤廣告與廣告主之法律責任》。未出版之碩士論文，國立臺灣大學法律研究所。

陳櫻琴（1999）。《「比較廣告」理論與案例》。臺北：翰蘆。

黃立（1999）。〈消保法有關廣告規定之適用〉。《政大法學評論》，62：167-228。

黃茂榮（1993）。《公平交易法理論與實務》。臺北：植根。

黃茂榮（1998）。《公平交易法專題研究》。臺北：植根。

黃茂榮（2000）。〈公平交易委員會關於廣告之規範政策與實務的檢討〉。《第四屆競爭政策與公平交易法學術研討會論文集》，頁247-284。臺北：行政院公平交易委員會。

黃茂榮（2002）。〈藥品之不實廣告〉。《植根雜誌》，18(1)：1-31。

張雅雯（2008）。〈網路服務提供者就網路違法行為之法律責任〉。《律師雜誌》，228：43-51。

廖義男（2004）。《公平交易法之注釋研究系列(二)——第十八條至第二十四條》。行政院公平交易委員會93年度委託研究報告二。臺北：行政院公平交易委員會。

劉孔中（2003）。《公平交易法》。臺北：元照。

劉華美（2002）。〈最高行政法院有關不實廣告之裁判之評析〉。《臺北大學法學論叢》，51：1-31。

鄭玉波（1976）。〈廣告企業之民事責任與消費者之保護〉。《法令月刊》，27(4)：102-104。

鄭優、單驥、黃茂榮、江炯聰（1999）。〈公平交易委員會關於廣告之規範政策與實務的檢討〉。《植根雜誌》，15(9)：403-513。

盧瑞陽、余朝權、林金郎、張家琳（2006）。〈臺灣不法比較廣告之研究2004年案例研析〉。《公平交易季刊》，14(3)：27-64。

二、英文部分

Judy Strauss & Raymond Frost (2009). *E-Marketing*, 5th ed., Upper Saddle River, New Jersey: Pearson Prentice Hall.

Robbin Zeff & Brad Aronson (1999). *Advertising on the Internet*, 2nd ed., Danvers,

MA: John Wiley & Sons.

Sandra Moriarty, Nancy Mitchell, & William Wells (2009). *Advertising Principles & Practice*, 8th ed., Upper Saddle River, NJ: Pearson Education.

三、網路資料

Available from American Marketing Association (AMA) .http://www. marketingpower.com/_layouts/Dictionary.aspx，上網檢視日期： 2010/08/10。

Available from http://en.wikipedia.org/wiki/Puffery，上網檢視日期： 2010/09/09。

行政院公平交易委員會。網址：http://www.ftc.gov.tw/upload/28c0c0ab-1502-4d23-b6eb-51f30f1f2510.pdf，上網檢視日期：2014年7月15日。

臺北市網際網路廣告協會（IAMA）網站，http://www.iama.org.tw，上網檢視日期：2014年7月12日。

趙麗雲、林輝煌（2002）。〈不法商業廣告之態樣分析〉。《國家政策論壇》，2(6)。http://old.npf.org.tw/PUBLICATION/EC/090/EC-R-090-022. htm，上網檢視日期：2010年9月10日。

第十一章　食品廣告與化粧品廣告之倫理與法規

中國文化大學廣告學系副教授

鈕則勳

摘要

　　本章擬針對食品廣告及化粧品廣告這兩個主題來陳述其相關之倫理與法規，一方面提醒消費者注意相關產品廣告內容的陳述是否足以相信，以保護自身的權益；另一方面也期待藉本章節使產品業者或廣告代理商產製廣告創意的時候能謹守相關法規之規範，保障消費者之權益。

　　本章的內容規劃如下，第一節與第二節先陳述食品廣告的部分，包括其定義與類型，食品廣告之法規與案例；第三節與第四節陳述化粧品廣告，亦包括定義與類型，進而討論其法規與案例。第五節則是結語。

第一節　食品定義與食品廣告之表現類型

一、食品及健康食品的定義

　　以我國現行的法規來看，食品可以兩個面向來看，首先是《食品安全衛生管理法》中的食品定義，該法中亦同時兼論了特殊營養食品的定義；其次則是《健康食品管理法》中對健康食品的定義。要說明的是，臺灣從102年10月間爆發混油風暴後，便針對原來法規進行增修，103年2月5日《食品安全衛生管理法》修正公布，然因103年9月及10月間又接連爆發劣質豬油事件，《食品安全衛生管理法》又進行增修，於103年11月18日立法院三讀通過。相關單位表示本次《食品安全衛生管理法》修正案，從成立跨部會之食品安全會報、食品業者管理、提高罰則刑度等多面向整體再予加強，以提升食品安全管理效能，保障國人健康及消費權益（《食藥署公告資訊》，2014年11月18日）。

　　在民國103年2月5日修訂的《食品安全衛生管理法》第3條中為食

品下了個定義，所稱食品，係指供人飲食或咀嚼之產品及其原料。該條亦指出特殊營養食品的定義，是指嬰兒與較大嬰兒配方食品、特定疾病配方食品及其他經中央主管機關許可得供特殊營養需求者使用之配方食品。

而在民國95年5月17日修正的《健康食品管理法》第2條中也為健康食品下了定義。其指出健康食品，指具有保健功效，並標示或廣告其具該功效之食品。該法所稱保健功效，係指增進民眾健康、減少疾病危害風險，且具有實質科學證據之功效，非屬治療、矯正人類疾病之醫療效能，並經中央主關機關公告者。

而在其第3條中亦規定：「申請查驗登記之健康食品，符合下列條件之一者，應發給健康食品許可證：一、經科學化之安全及保健功效評估試驗，證明無害人體健康，且成分具有明確保健功效；其保健功效成分依現有技術無法確定者，得依申請人所列舉具該保健功效之各項原料及佐證文獻，由中央主管機關評估認定之。二、成分符合中央主管機關所定之健康食品規格標準。第一項健康食品安全評估方法、保健功效評估方法及規格標準，由中央主關機關定之。中央主管機關未定之保健功效評估方法，得由學術研究單位提出，並經中央主管機關審查認可。」

二、食品廣告之表現類型

劉亞敏（2004）指出了食品廣告的表現方法，包括：

1.視覺的衝擊：如透過繽紛的色彩來呈現，畢竟食品講求色香味俱全，色是第一個。

2.聽覺的刺激：如音樂襯底、食品本身的特質（如清脆聲、開瓶聲……）等。

3.故事情節的想像：如吊胃口的情節、幽默或誇張表現，甚至是刻劃微妙的細節。

4.兒童趣味的特殊作用：特別是宣傳兒童食品時都會有溝通的一

些原則，如使產品有意思、廣告有趣味、贈送小孩玩具或其他禮
品、卡通人物成為產品的形象代言人等。

5.具原創性、聯想性、延續性、哲理性、口語性的廣告語。

6.明星代言人策略，來配合品牌形象及產品特質。

以視覺衝擊來說，許多布丁的廣告就是透過布丁不斷扭動的鏡頭來
表現其滑嫩Q彈的產品特色，以產生視覺衝擊，刺激消費者的食慾；以
聽覺刺激來說，如可樂廣告常會透過氣泡溢出的聲音與人們飲用清涼可
樂後暢快的聲音表情，來凸顯出產品的特質。至於故事情節的想像，為
消費者熟知的張君雅小妹妹手打麵，就是以幽默調性建構出故事內容來
凸顯產品的特色，也獲得許多消費者認同；兒童趣味部分，如Qoo這款
針對兒童作為目標消費族群的飲料，建構了卡通人物作為產品代言人，
同時在廣告中強打，加上易懂易記的廣告歌曲，不僅使產品變成有趣，
也成為討論的話題。

簡單易懂的廣告標語為大多數的廣告產品所運用，食品廣告當然不
例外，當年以「好東西要與好朋友一起分享」為主軸的咖啡品牌，紅極
一時，至今其廣告標語仍然為消費者傳頌；最後，食品廣告透過代言人
表現的方式比比皆是，如有健康形象的阮經天代言桂格喝的燕麥、林志
玲代言植物の優、徐若瑄代言御茶園、桂綸美代言city café等，廠商皆希
望代言人的形象和產品連結之後，能藉名人光環來產生刺激產品的認知
度及銷量。

第二節　食品廣告之倫理法規與案例

一、食品廣告之倫理法規

與食品有關之法規除了前面章節已敘述過之《公平交易法》21條

「虛僞不實、引人錯誤」的相關內容之外，就是以《食品安全衛生管理法》與《健康食品管理法》爲主，兩個法規中亦有針對食品廣告之部分作相當規範；現茲針對兩個法規與廣告有關的部分做細部說明。

以《食品安全衛生管理法》來說，主要有第五章「食品標示及廣告管理」第28條、第29條，第八章「食品查核及管制」的第43條，第九章「罰則」的第45條、46條，以下分別詳述。

第28條的內容如下：

「食品、食品添加物、食品用洗潔劑及經中央主管機關公告之食品器具、食品容器或包裝，其標示、宣傳或廣告，不得有不實、誇張或易生誤解之情形。

食品不得爲醫療效能之標示、宣傳或廣告。

中央主管機關對於特殊營養食品、易導致慢性病或不適合兒童及特殊需求者長期食用之食品，得限制其促銷或廣告；其食品之項目、促銷或廣告之限制與停止刊播及其他應遵行事項之辦法，由中央主管機關定之。」

第29條的內容如下：

「接受委託刊播之傳播業者，應自廣告之日起六個月，保存委託刊播廣告者之姓名或名稱、國民身分證統一編號、公司、商號、法人或團體之設立登記文件號碼、住居所或事務所、營業所及電話等資料，且於主管機關要求提供時，不得規避、妨礙或拒絕。」

以其內容來看，主要仍是規範其內容不得虛偽不實、不得宣稱療效等，以避免消費者誤解，同時亦點出了傳播媒體在刊播相關廣告時應該注意及配合之事項，以及主管機關之主動性職權。

第43條內容包括：

「主管機關對於檢舉查獲違反本法規定之食品、食品添加物、食品器具、食品容器或包裝、食品用洗潔劑、標示、宣傳、廣告或食品業者，除應對檢舉人身分資料嚴守秘密外，並得酌予獎勵。公務員如有洩密情事，應依法追究刑事及行政責任。

前項主管機關受理檢舉案件之管轄、處理期間、保密、檢舉人獎勵

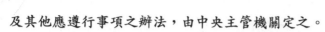

及其他應遵行事項之辦法,由中央主管機關定之。

第一項檢舉人身分資料之保密,於訴訟程序,亦同。」

由此條文內容來看,主要亦包括消費者或民眾若針對有違法之虞的食品廣告或宣傳進行檢舉,而該食品廣告眞有違反法規之相關情節者,檢舉者可獲得獎勵外,身分亦加以保密。

第45條的內容包括:

「違反第二十八條第一項或中央主管機關依第二十八條第三項所定辦法者,處新臺幣四萬元以上四百萬元以下罰鍰;違反同條第二項規定者,處新臺幣六十萬元以上五百萬元以下罰鍰;再次違反者,並得命其歇業、停業一定期間、廢止其公司、商業、工廠之全部或部分登記事項,或食品業者之登錄;經廢止登錄者,一年內不得再申請重新登錄。

違反前項廣告規定之食品業者,應按次處罰至其停止刊播爲止。

違反第二十八條有關廣告規定之一,情節重大者,除依前二項規定處分外,主管機關並應命其不得販賣、供應或陳列;且應自裁處書送達之日起三十日內,於原刊播之同一篇幅、時段,刊播一定次數之更正廣告,其內容應載明表達歉意及排除錯誤之訊息。

違反前項規定,繼續販賣、供應、陳列或未刊播更正廣告者,處新臺幣十二萬元以上六十萬元以下罰鍰。」

第46條內容包括:

「傳播業者違反第二十九條規定者,處新臺幣六萬元以上三十萬元以下罰鍰,並得按次處罰。

直轄市、縣(市)主管機關爲前條第一項處罰時,應通知傳播業者及其直轄市、縣(市)主管機關或目的事業主管機關。傳播業者自收到該通知之次日起,應即停止刊播。

傳播業者未依前項規定停止刊播違反第二十八條第一項或第二項規定,或違反中央主管機關依第二十八條第三項所爲廣告之限制或所定辦法中有關停止廣告之規定者,處新臺幣十二萬元以上六十萬元以下罰鍰,並應按次處罰至其停止刊播爲止。

傳播業者經依第二項規定通知後,仍未停止刊播者,直轄市、縣

（市）主管機關除依前項規定處罰外，並通知傳播業者之直轄市、縣（市）主管機關或其目的事業主管機關依相關法規規定處理。」

以第45條內容來看，主要在陳述違法後之相關罰則，而此次修法之罰則已更加提高，主要原因是由於近幾年我國食品安全問題頗為嚴重，民國102年10月中旬爆發的混油事件，更直接影響消費者食品安全之權益，故修法提高罰則及強化相關處罰方式，期待能收嚇阻之效果；如最高罰鍰可到五百萬元，甚至可命其歇業及廢止業者相關登錄等，罰則相對較嚴。針對違規廣告，新法中也增列規定其應刊播表達歉意及排除錯誤之訊息為內容的更正廣告。

至於第46條內容可發現，除業者會成為裁罰對象之外，傳播媒體若無遵守相關規範，亦會成為裁罰之對象，針對傳播業者之裁罰金額從六萬元至六十萬元，並應按次處罰至其停止刊播為止。

從《健康食品管理法》來看，與廣告有關之相關條文主要為第一章「總則」第4條，第二章「健康食品之許可」第6條，第四章「健康食品之標示及廣告」第14條及15條，第五章「健康食品之稽查及取締」第18條，第六章「罰則」第24條，茲分述如下。

以第4條來說，其是在陳述「健康食品之保健功效，應以下列方式之一表達：一、如攝取某項健康食品後，可補充人體缺乏之營養素時，宣稱該產品具有預防或改善與該營養素相關疾病之功效。二、敘述攝取某種健康食品後，其中特定營養素、特定成分或該食品對人體生理結構或生理機能之影響。三、提出科學證據，以支持該健康食品維持或影響人體生理結構或生理機能之說法。四、敘述攝取某種健康食品後的一般性好處。」

從其條文看來，法規對健康食品的界定與保健功效之敘述在於預防或改善，主要在攝取之後對人體生理結構或機能有較正面之影響，同樣在陳述過程中不能宣稱其治癒疾病之功效。

第6條主要是規範健康食品廣告敘述之內容要依法為之，內容為：「食品非依本法之規定，不得標示或廣告為健康食品。食品標示或廣告提供特殊營養素或具有特定保健功效者，應依本法之規定辦理之。」

第14條的內容為：

「健康食品之標示或廣告不得有虛偽不實、誇張之內容，其宣稱之保健效能不得超過許可範圍，並應依中央主管機關查驗登記之內容。

健康食品之標示或廣告，不得涉及醫療效能之內容。」

由其內容可知，其和《食品安全衛生管理法》之內容相似，亦即除了訊息內容不得虛偽不實及誇張之外，與一般食品亦同樣不得宣稱其有醫療效能。

第15條主要是規範傳播業者之相關內容，其條文如後：

「傳播業者不得為未依第七條規定取得許可證之食品刊播為健康食品之廣告。

接受委託刊播之健康食品傳播業者，應自廣告之日起六個月，保存委託刊播廣告者之姓名（法人或團體名稱）、身分證或事業登記證字號、住居所（事務所或營業所）及電話等資料，且於主管機關要求提供時，不得規避、妨礙或拒絕。」

該條文與《食品安全衛生管理法》對傳播媒體規範之內容大致相似，點出了傳播業者應該注意及配合之處。

第18條則規範了健康食品只要有相關情況，其製造或輸入之業者，應即通知下游業者，其與廣告宣傳有關者有第一項第一款及第八款；第一款之內容為未經許可而擅自標示、廣告為健康食品者。第八款則是有第十四條所定之情事者。亦即若是食品擅自標示為健康食品、虛偽不實，或是宣稱療效，其製造或輸入之業者，應即通知下游業者。

第24條主要在陳述罰則，內文如下：

「健康食品業者違反第十四條規定者，主管機關應為下列之處分：一、違反第一項規定者，處新臺幣十萬元以上五十萬元以下罰鍰。二、違反第二項規定者，處新臺幣四十萬元以上二百萬元以下罰鍰。三、前二款之罰鍰，應按次連續處罰至違規廣告停止刊播為止；情節重大者，並應廢止其健康食品之許可證。四、經依前三款規定處罰，於一年內再次違反者，並應廢止其營業或工廠登記證照。」

至於傳播業者未能配合之罰則如後：

「傳播業者違反第十五條第二項規定者，處新臺幣六萬元以上三十萬元以下罰鍰，並應按次連續處罰。

主管機關為第一項處分同時，應函知傳播業者及直轄市、縣（市）新聞主管機關。傳播業者自收文之次日起，應即停止刊播。

傳播業者刊播違反第十五條第一項規定之廣告，或未依前項規定，繼續刊播違反第十四條規定之廣告者，直轄市、縣（市）政府應處新臺幣十二萬元以上六十萬元以下罰鍰，並應按次連續處罰。」

細部分析，該條文與《食品安全衛生管理法》的規範有相似之處，亦即除業者會成為裁罰對象之外，傳播媒體若無遵守相關規範，亦會成為裁罰之對象，針對傳播業者之裁罰金額從六萬至六十萬元；其中亦揭示了連續處罰的可能性，並得廢止其營業或工廠登記證照。有差別之處在於，業者違反《健康食品管理法》第14條相關規定，情節重大者，並應廢止其健康食品之許可證。另外，針對業者之罰鍰金額則從最低的十萬元到最高的二百萬元，但其中仍以食品若宣稱有醫療效能者，裁罰較重。

另外值得一提的是，第21條指出：「未經核准擅自製造或輸入健康食品或違反第六條第一項規定者，處三年以下有期徒刑，得併科新臺幣一百萬元以下罰金。明知為前項之食品而販賣、供應、運送、寄藏、牙保、轉讓、標示、廣告或意圖販賣而陳列者，依前項規定處罰之。」由於其可能涉及有期徒刑，是以裁罰頗重。

除了這兩個主要法規相關條文之外，行政院衛生署亦在2005年3月針對「食品廣告標示詞句涉及虛偽、誇張或醫療效能」修訂了一份認定表，2014年1月7日衛生福利部食品藥物管理署亦公布了「食品標示宣傳或廣告詞句涉及誇張易生誤解或醫療效能之認定基準」，兩者內容大致相似，本文亦將其重點臚列如下。其中除了點出我國在食品廣告及標示管理上主要分為三種層次：(1)涉及醫療效能的詞句；(2)涉及誇張或易生誤解的詞句；(3)未使人誤認有醫療之效能且未涉及誇張或易生誤解的詞句。這三種重要規範之外，亦列出了「不得宣稱之詞句敘述」與「詞句未涉療效及誇大」兩部分。

以「不得宣稱之詞句敘述」來說，包括「詞句涉及醫療效能」與

「詞句未涉及醫療效能但涉及誇張或易生誤解」這兩部分的內容論述皆不得宣稱。其中「詞句涉及醫療效能」者包括下面五種類型：(1)宣稱預防、改善、減輕、診斷或治療疾病或特定生理情形：如「治療近視」、「壯陽」等詞句皆不得宣稱；(2)宣稱減輕或降低導致疾病有關之體內成分：如「解肝毒」也不得宣稱；(3)宣稱產品對疾病及疾病症候群或症狀有效：如不得宣稱「消除心律不整」；(4)涉及中藥材之效能者：不得宣稱「固腎健脾」等；(5)引用或摘錄出版品、典籍或以他人名義並述及醫藥效能：如「本草綱目」記載：黑豆可止痛；這種論述也不得宣稱。

「詞句未涉及醫療效能但涉及誇張或易生誤解」者亦不得宣稱，其內容包括：(1)涉及生理功能者：如「清除自由基」；(2)未涉及中藥材效能而涉及五官臟器者：如「增加血管彈性」；(3)涉及改變身體外觀者：如「豐胸」；(4)引用本署衛署食字號或相當意義詞句者：如「衛署食字第○○○○○○○○○○號許可」。

至於「詞句未涉療效及誇大」的部分，該表說明了兩個部分：一部分是「通常可使用之例句」，另一部分是「一般營養素可敘述之生理功能例句」。以前者來說，包括幫助牙齒骨骼正常發育、幫助消化、幫助維持消化道機能、使排便順暢等。以後者而言，如在陳述膳食纖維時，可陳述其可促進腸道蠕動、增加飽足感、使糞便比較柔軟而易於排出等論述；在陳述維生素D時可宣稱能幫助骨骼及牙齒的生長發育，說明到鈣的時候可陳述其可維持骨骼及牙齒的健康，說到碘可提到調節細胞的氧化作用。

坦白說，法規上相當之規範，雖可能稍嫌複雜，亦有批評前面提到的「認定表」其太過於學理難懂，但是從消費者保護的面向上來看，仍有其重要意義，藉此亦可督促業者強化企業社會責任之可能性。

二、有違法之虞或爭議之案例說明

至於有違反相關法規可能之食品廣告案例部分，將先針對一般可能虛偽不實的違法廣告型態作一概略敘述之後，進而提出實際的案例來輔

助說明。以前者來說，李昕潔（2005）整理了虛僞不實之食品廣告表現之型態，包括有下列幾種：

1. 以名人、藝人或專業人士代言產品，此法不僅可提高產品知名度，更可取得消費者信賴，即使這些廣告內容涉及違法，民衆也不易起疑，甚至廣爲宣傳，但名人代言的廣告違規比例相當高，民衆千萬不可盡信。

2. 強調產品經多人親身體驗，運用使用前後比較照片，大量訪問使用者心得感想等，以激發消費者之認同心態，誘發購買欲望，但這些使用者、使用前後之數據、照片、感想等內容，大多虛構不實。

3. 標榜最新科技產品、榮獲多國專利，並以艱澀的專有名詞、技術名稱、強調最新發現的某種珍貴成分等用語混淆視聽，使消費者陷入高科技迷思而掉入陷阱，民衆不妨先詢問醫師或營養師之意見，以免被誤導而不自知。

4. 節目廣告化或廣告節目化之行銷手法，即是以節目之名行廣告之實，在節目中不提及任何產品名稱，只是請醫師、營養師、名人、藝人或伴稱消費者的見證人，討論各種疾病、症狀的成因，以及吃了某種產品可以達到某種效果等，同時在螢幕上顯示諮詢專線，讓觀衆可藉此購買到與節目內容相關的產品。

5. 藉由產品經衛生署配方審查認定爲食品之公文旨意，打著「領有衛署食字號」、「衛生署審核通過」或「衛生署許可」等標語爲產品加持，誤導消費者該產品經衛生署檢驗合格，可以安心食用，但食品並不需要於上市前事先審查或檢驗，衛署食字號亦僅是回復廠商申請配方審查之公文字號，民衆切勿因此相信該等誇大不實的食品廣告，而且衛生署已經正式公告，自民國94年4月1日起，食品廣告不得再引述衛署食字公文字號或同等意義之字樣。

以案例來說，本章節選取了近年來較知名的幾個例子來做說明，並將案例以案例名稱、個案背景、機關論述與違反之法規及罰金部分分別說明之。

案例一：小S代言油切茶廣告

◆個案背景

　　藝人小S代言的「超の油切茶」廣告，在各大媒體猛打廣告，「切、切、切……」的訊息內容不斷重複出現，同時廣告內容以「添加金針菇萃取物、確確實實隔離油膩，讓體內穿上一件金鐘罩」、「無油無慮」等用詞，並佐以「人被漢堡、甜甜圈等油炸物推著走」、「油脂無法接觸腸道壁」畫面（《聯合報》，2007年7月6日）。

◆機關論述、違反之法規與罰金

　　高雄市衛生局食品衛生科表示，「超の油切茶」的電視廣告以「添加金針菇萃取物、確確實實隔離油膩，讓體內穿上一件金鐘罩」、「無油無慮」等用詞，並佐以「人被漢堡、甜甜圈等油炸物推著走」、「油脂無法接觸腸道壁」畫面，皆已涉及誇張、易使消費者誤解，違反《食品衛生管理法》。食品衛生科表示，此次開罰是依《食品衛生管理法》第19條，針對廣告內容誇大不實，追究刊登廣告的行為人處分，代言的藝人不在此法規範。衛生局已在2007年元月、2月及5月間，對設籍高市的食品公司各罰十六萬、八萬及五萬元罰鍰，共二十九萬，食品公司被罰後已改善違規廣告用詞（《聯合報》，2007年7月6日）。

案例二：大統油品

◆個案背景

　　繼橄欖油竟摻色素調色、花生油含香精後。彰化縣衛生局今（2013年10月18日）會同檢方再度查獲大統公司所生產的油品，共有五十九項違規，其中辣椒油竟是由辣椒精（調味）、辣椒紅（調色）及沙拉油混合而成，完全沒有天然辣椒成分（《中時電子報》，2013年10月18日）。

◆機關論述、違反之法規與罰金

針對大統食品，衛福部長邱文達今表示，油品成分標示不清，衛生局將全面清查油品工廠所有油品製程，並要求重罰，最高可罰新臺幣一千五百萬元。彰化衛生局長葉彥伯表示，大統長基公司生產的食用油品頭約有一百多種，違規品項已超過半。依照食品衛生法，標示不實可罰款四到二十萬，違法添加不得使用的色素可罰款三到三百萬元，混充假冒可罰款六到一千五百萬元，目前被查出有問題的五十一件商品，衛生局將一件一罰。加上先前不配合稽查部分，共已開告二千五百多萬罰款的行政處分，創下國內最高罰款紀錄（《中時電子報》，2013年10月18日）。

案例三：鼎王集團

◆個案背景

國內麻辣火鍋界龍頭「鼎王」，一向標榜湯頭是用中藥與蔬果天然熬煮而成，但壹週刊踢爆，鼎王湯頭根本是由粉末調製而成。對此，鼎王創辦人陳世明出面否認，還披露曾收到黑函恐嚇，決定懸賞五百萬揪出幕後黑手（《聯合新聞網》，2014年2月26日）。

鼎王餐飲集團今天（2月26日）下午四點在臺中市開記者會，並發表聲明稿，表明該集團的食材和來源問題，正配合衛生主管機關調查和說明中。媒體當場詢問，該集團湯底標榜天然食材，是否被查出放雞湯塊，有無確實，是否該道歉；發言人說，火鍋高湯確實放雞湯塊，是一般坊間可買到的雞湯塊，她說此問題造成消費大眾恐慌和疑慮，非常抱歉（《聯合新聞網》，2014年2月26日）。

繼鼎王麻辣鍋被爆湯頭造假，集團旗下的「塩選」燒肉五日再被踢爆未使用高檔的「塩之鑽」，與廣告不實（《自由電子報》，2014年3月6日）。

鼎王餐飲集團爆發食品安全風波，集團執行長陳世明今天（3月8日）下午主動召開記者會，六度鞠躬向大眾致歉，這是事件發生以來，

陳世明第二次公開面對大眾與媒體，他說，「因為我無能，向大眾致歉」，並透過律師承認，這次被連環踢爆，是股權爭議引發，「鼎王也受騙了」。 陳世明表示，鼎王的食材沒有造假，但是公開承認，「宣傳與菜單華而不實」，「文字欺瞞消費者」，希望消費者再給予機會（《聯合新聞網》，2014年3月8日）。

◆**機關論述、違反之法規與罰金**

　　鼎王旗下的「塩選燒肉」，業者宣稱斥資千萬成立製鹽工廠，臺中衛生局追查竟是幽靈工廠，市府除重罰鼎王，並要求一再出包的鼎王配合調查，否則將勒令停業或歇業。臺中衛生局昨針對「塩選燒肉」廣告不實，開罰一百八十萬；鼎王麻辣鍋湯頭製作過程隱瞞事實，再罰一百萬元。連同之前的湯頭標示不實及官網站標榜「金針菇具有療效」開罰，總計已罰三百八十萬（《聯合新聞網》，2014年3月6日）。

　　臺中副市長蔡炳坤說，在塩選部分，業者坦承沒有製鹽廠，其使用的松露雖未標榜天然，但含有麵粉，另業者宣稱「塩之鑽」較市售鹽含鈉量少30%，卻無具體佐證事實；業者共在八個官網、一個菜單上宣傳，每件各罰二十萬元，九件共罰一百八十萬元。加上鼎王麻辣鍋先前已被罰一百萬元，市府一週內累計開出三百八十萬元罰單。副市長蔡炳坤表示，鼎王若再隱瞞案情，將加重處分，甚至勒令停業或歇業（《自由電子報》，2014年3月6日）。

案例四：船井burner超纖錠

◆**個案背景**

　　被稱為「最火辣士官長」的藝人劉香慈，近期代言「船井burner超纖錠」，廣告商帥群國際在購物臺播送時，利用廣告詞及比對劉香慈使用產品後身材前後變化，暗示瘦身成功，新北衛生局認定涉嫌廣告不實，可開罰四到四百萬元，將此案移交北市衛生局查處（《聯合新聞網》，2014年7月17日）。

◆**機關論述、違反之法規與罰金**

　　新北衛生局日前監看購物頻道，廣告主帥群無視產品爲一般食品，廣告中宣稱可以達到瘦身的療效，還誇張地說，劉香慈女神變大嬸，使用burner超纖錠後，水桶腰變水蛇腰。衛生局食品藥物科長表示，無論是廣告臺詞，或是廣告中，劉香慈從胖變到瘦的畫面，都已經違反食品安全衛生管理法第28條，可開出四萬元以上至四百萬元的罰單（《聯合新聞網》，2014年7月17日）。

第三節　化粧品定義與化粧品廣告之表現類型

一、化粧品的定義

　　以民國91年6月公布施行的《化粧品衛生管理條例》第3條條文來看，可知化粧品之定義如下：「**本條例所稱化粧品，係指施於人體外部，以潤澤髮膚，刺激嗅覺，掩飾體臭或修飾容貌之物品；其範圍及種類，由中央衛生主管機關公告之。**」第2條中也明定條例中所稱衛生主管機關，在中央爲行政院衛生署；在直轄市爲直轄市政府；在縣（市）爲縣（市）政府。

　　另外衛生署也在「化粧品種類表」中，將化粧品分成十五類，內容包括：(1)頭髮用化粧品類：髮油、髮表染色劑、整髮液、髮蠟、染髮劑、燙髮用劑等；(2)洗髮用化粧品類：如洗髮精；(3)化粧水類：一般化粧水、花露水、剃鬚水等；(4)化粧用油類：化粧用油、嬰兒用油等；(5)香水類：噴霧式香水、腋臭防止劑等；(6)香粉類：粉餅、爽身粉等；(7)面霜乳液類：護手霜、防曬面霜等；(8)沐浴用化粧品類：沐浴油（乳）、浴鹽等；(9)洗臉用化粧品類：洗面霜（乳）等；(10)粉底類：粉底霜、粉底液等；(11)脣膏類：脣膏、油脣膏等；(12)覆敷用化粧品類：腮紅；(13)眼部用化粧品類：眼線膏、眼影膏、睫毛筆等；(14)指甲

化粧品類；(15)香皂類。

是以化粧品的範圍很廣，不是只有女性一般打扮用的才是化粧品，男性用的髮蠟、剃鬍水、香皂，小朋友用的爽身粉等，全部皆屬化粧品的範疇。

二、化粧品廣告之表現類型

化粧品廣告的創意表現方式最常使用的不外乎有下列幾種：

(一)名人代言式

透過美女帥哥來代言化粧品，不僅能使廣大的粉絲仿效使用，也能夠引起話題討論，是以相當多的化粧品廣告皆使用代言人策略；如SKII的劉嘉玲、蘋果靚白水乳液的S.H.E.、GATSBY的木村拓哉、UNO「FOG BAR系列」的日劇四小天王妻夫木聰、小栗旬、三浦春馬與瑛太，這些產品不外乎是想藉藝人的高知名度來帶動產品的認知度及銷量。

(二)問題解決式

化粧品廣告也常會使用這最基本的廣告訴求策略來說服消費者購買；如洗髮精可以修護分岔的頭髮、也能止頭皮屑；粉餅標榜可以遮瑕與抗紫外線；訴求抗痘的面霜等。

(三)局部特寫式

將使用過該化粧品的部位局部特寫放大，來凸顯產品的效果與功能；如睫毛膏廣告會藉由使用過該睫毛膏的眼睛進行特寫，來強調使用過該產品後會有如貓眼般性感的睫毛。

(四)使用者證言

透過消費者證言的方式，來凸顯化粧品的特色；而有的廣告也藉由使用者示範的方式，來凸顯產品的用法及特色。例如有知名的洗髮精的廣告就號召女性消費者在街邊用該洗髮精洗頭，洗完之後都很肯定其功能。

(五)對比比較式

其包含兩種意義，對比是強調使用該化粧品之前後比較，如肌膚變光滑了、頭髮比之前更柔順了、痘痘不見了；比較則是以本品牌化粧品和他品牌的進行比較，來凸顯本品牌化粧品的相對優勢。

除了以上較常使用的五種策略表現方式之外，有的化粧品會以單純展現產品樣貌，透過美編來凸顯產品之精緻性，通常會以平面廣告呈現；除此之外，化粧品廣告亦通常會有故事或劇情型的表現方式，如S.H.E.代言蘋果靚白水乳液就以童話白雪公主為基礎改編，其中以壞皇后不明白為何只要是王子都喜歡白雪公主，後來知道因為公主是用該品牌乳液，所以造就了美麗的臉蛋，之後壞皇后也使用後，終於有王子到訪的故事內容來凸顯產品之功能。

第四節　化粧品廣告之倫理法規與案例

一、化粧品廣告之倫理法規

與化粧品有關之法規除了前面章節已敘述過之《公平交易法》第21條「虛偽不實、引人錯誤」的相關內容之外，就是以《化粧品衛生管理

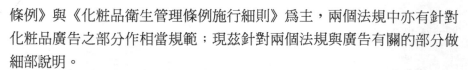

條例》與《化粧品衛生管理條例施行細則》為主，兩個法規中亦有針對化粧品廣告之部分作相當規範；現茲針對兩個法規與廣告有關的部分做細部說明。

以《化粧品衛生管理條例》來說，主要有第四章「抽查及取締」第24條，第五章「罰則」的第30條，以下分別詳述。

《化粧品衛生管理條例》第四章「抽查及取締」第24條廣告真實義務與申請程序，內容如下：

「化粧品不得於報紙、刊物、傳單、廣播、幻燈片、電影、電視及其他傳播工具登載或宣播猥褻、有傷風化或虛偽誇大之廣告。

化粧品之廠商登載或宣播廣告時，應於事前將所有文字、畫面或言詞，申請中央或直轄市衛生主管機關核准，並向傳播機構繳驗核准之證明文件。

經中央或直轄市衛生主管機關依前項規定核准之化粧品廣告，自核發證明文件之日起算，其有效期間為一年，期滿仍需繼續廣告者，得申請原核准之衛生主管機關延長之，每次核准延長之期間不得逾一年；其在核准登載、宣播期間，發現內容或登載、宣播方式不當者，原核准機關得廢止或令其修正之。」

該條文主要之內容還是著墨於不得刊播虛偽不實之廣告訊息，同時刊播廣告前應該申請核准之內容等；之所以會有較嚴格之規範，主要是因為化粧品和人體肌膚直接接觸，機關為保護消費者之權益及使用安全，相關規範勢必有其必要性。

第五章「罰則」部分第30條第一項有指出，「違反第二十四條第一項或第二項規定者，處新臺幣五萬元以下罰鍰；情節重大或再次違反者，並得由原發證照機關廢止其有關營業或設廠之許可證照。」

除了原來之相關法規內容外，民眾愛買「藥用」美白、清潔用品，總以為藥用產品效果佳，卻可能白花冤枉錢。衛福部食品藥物管理署強調，化粧品不能標榜療效，為避免消費者誤解，擬修法限制化粧品不得出現「藥用」一詞，且加重任意宣稱療效罰則，業者最高可罰五百萬元。食藥署已完成《化粧品衛生管理條例》修正草案，修法通過後化

粧品將不會再出現「藥用」一詞，以避免消費者混淆。同時加重罰則，廣告誇大不實者，由現行五萬元以下罰鍰，提高至可開罰四萬到二十萬元；標示不實者，更由現行十萬元以下，一舉加重爲六十萬到五百萬元（《蘋果電子報》，2013年12月3日）。

　　進一步地，從民國98年9月16日公布施行的《化粧品衛生管理條例施行細則》來看，與廣告有關之相關條文主要爲第20條及第21條，茲分述如下：

　　《化粧品衛生管理條例施行細則》第20條也指出，「化粧品廣告之內容，應依本條例第二十四條第一項規定，不得有左列情事：一、所用文字、圖畫與核准或備查文件不符者。二、有傷風化或違背公共秩序善良風俗者。三、名稱、製法、效用或性能虛僞誇大者。四、保證其效用或性能者。五、涉及疾病治療或預防者。六、其他經中央衛生主管機關公告不得登載宣播者。」

　　第21條也進一步地規定了兩項：

　　「依本條例第二十四條第二項規定核准登載或宣播之化粧品廣告，其有效期間應於核准廣告之證明文件內載明。

　　經核准之化粧品廣告於登載、宣播時，應註明核准之字號。」

　　施行細則之相關規範，主要是依據管理條例之基礎，進一步強調應該遵守之規範。

　　此外，衛生署爲充實消費資訊，提供正確訊息，使消費者在選購化粧品時，可以維護其消費權益，故於民國102年3月26日發布「化粧品得宣稱詞句例示及不適當宣稱詞句舉例」，並避免可能產生消費糾紛。主要內容爲化粧品之標示或廣告不得誇大不實或宣稱療效，倘化粧品標示或廣告如違反前述公告，可依《化粧品衛生管理條例》之規定，分別處以新臺幣十萬元以下，或是五萬元罰鍰。茲將「化粧品不適當宣稱詞句舉例」與「化粧品得宣稱詞句例示」之相關內容臚列如下。

(一)化粧品不適當宣稱詞句舉例

化粧品不適當宣稱詞句又可分為「涉及虛偽誇大」與「涉及醫療性能」兩部分。

◆涉及醫療效能

至於「涉及療效」的部分，主要是論述涉及「疾病治療或預防」，畢竟藥物才有疾病的治療或預防之功能，故廣告宣稱勿涉及治療相關文詞。也不能讓宣稱的內容易使消費者誤認該化粧品的效用具有醫療效果，或使人誤認是專門使用在特定疾病；這些不適當的字詞包括治療／預防禿頭、治療／預防暗瘡、換膚、平撫肌膚疤痕、痘疤保證絕對完全消失、預防／改善／消除橘皮組織、消除狐臭、防止瘀斑出現等。

◆涉及虛偽或誇大

以此部分來說，其分為七個面向：

1. 涉及生理功能者：化粧品僅有潤澤髮膚之用途；活化毛囊、刺激毛囊細胞、堅固毛囊刺激新生秀髮、增強／加抵抗力、增加自體防禦力、具調節（生理）新陳代謝、促進微循環／改善微血管循環、重建皮脂膜／角質層等論述皆不適合。

2. 涉及改變身體外觀等：化粧品僅有潤澤髮膚之用途，減少掉髮非屬化粧品功能，故廣告宣稱勿涉及相關文詞；如有效預防／抑制／減少落髮、掉髮、使用後也不必煩惱髮量稀少的問題、避免稀疏等論述皆不適當。而化粧品並無改變人體自然老化之皮膚表徵或天生體質所造成的外觀等功能，目前僅得藉醫學美容改善相關問題。除彩妝用化粧品可宣稱使用後之視覺效果外，其餘不宜宣稱。不適當之論述包括預防／防止肥胖紋，瘦身減肥相關亦不得陳述消脂、雕塑、燃燒脂肪、刺激脂肪分解酵素、雕塑曲線（暗喻減肥、瘦身者）、消除掰掰肉／蝴蝶袖，豐胸、隆乳相關亦不得陳述使胸部堅挺不下垂、感受托高集中的驚人效果，豐唇字眼

亦不得使用。

3.涉及特定效用與性能：消除浮腫、促進／改善血液循環／減少局部血液循環不良等論述皆不適當。

4.涉及化粧品製法、成分、含量：不適當之處在於宣稱之內容易使消費者誤認該化粧品具有一定的成分、含量或製法；如有業者會宣稱「成分具有植物性膠原蛋白／胎盤素」，對消費者來說都不容易理解。

5.涉及製造地、產地或來源：不適當宣稱之內容易使消費者誤認該化粧品或其成分之原產地（國）、製造者、產地或來源等，如有業者會宣稱「取自海洋深層水」，其實根本是取自地下水。

6.涉及品質或信譽：其廣告通常會宣稱該化粧品具有一定之品質或信譽，但此宣稱易使消費者誤認該產品之衛生、安全、效能性符合市場標準或經專業機構之保證；如有些化粧品會稱其產品符合某國某機構公布標準，但事實上未通過或根本無該機構。

7.涉及保證：主要是宣稱對於化粧品的保證內容，但於現有科學驗證或實際使用上均無法完整實現，或與保證內容仍有相當程度的差距；如業者會宣稱「不論使用量多寡，皆無副作用」，然基本上可信度均存疑。

(二)化粧品得宣稱詞句例示

至於「化粧品得宣稱詞句例示」可分成以下幾大類：

1.頭髮用化粧品類：可使用的詞句包括使／增加頭髮柔順富彈性頭髮、維護頭皮頭髮的健康、使秀髮氣味芳香、造型、強健髮根、強化／滋養髮質等。

2.洗髮用化粧品類：可使用的詞句包括清潔毛髮頭皮、使頭髮呈現豐厚感、使頭髮柔順富彈性、頭皮清涼舒爽感、強健髮根、去除多餘油脂等。

3.皮膚用化粧品：可使用防止肌膚粗糙、防止乾燥、通暢／緊緻／

淨化毛孔、舒緩肌膚乾燥、形成肌膚保護膜、使肌膚散發香味、美化胸部肌膚、飽滿（彈力）肌膚等是適合使用的詞句。

4.香粉類：維持肌膚乾爽、修飾容貌、修飾膚色等詞句較適合使用。

5.清潔肌膚用化粧品：清潔肌膚、滋潤肌膚、調理肌膚、淨白、控油等較適合使用。

6.彩粧用化粧品：修飾美化膚色、遮蓋斑點、防止嘴唇乾裂、撫平嘴唇細紋、保持／維護嘴唇健康、粧感好氣色等詞句適合使用。

7.指甲用化粧品類：美化指甲外觀、保護指甲、脫除指甲油等是較適合之用詞。

8.香水類：掩飾體味。

9.其他得宣稱詞句還包括草本、減緩因乾燥引起的皮膚癢、芳香調理、各式調理課程等。

綜合來說，食藥署之所以有這些相關規範，主要的目的仍是希望避免化粧品的遣詞用字太過誇張、使消費者爲此吸引而去買該產品，但卻又無法達到產品宣稱的效果，是以藉由這些規範，也能一定程度地確保消費者的權益；如洗髮精強調可減少落髮或是預防掉髮就不行，洗面乳如果說能解決痘疤粉刺也不適當，另外倘宣稱有醫療效能，像是消脂、減重、減肥、排出毒素等，更是通通不可以。

以違反相關規定來說，包括臺北市衛生局、觀傳局兩局2012年的罰款收入大宗，均與違規化粧品廣告有關。以衛生局爲例，2012年罰款總收入爲一億五千四百四十五萬元，最大宗是違反《化粧品衛生管理條例》的裁罰收入，共五千三百五十二萬元，占30%，而觀傳局2012年一整年罰款收入總計五千七百五十八萬元，其中有四千九百三十五萬元的罰款是違反《有線廣播電視法》，多數是因購物頻道播放違規化粧品廣告。衛生局食品藥物管理處指出，多數違規廣告是與原本核定的內容不符或化粧品沒有的成分，廣告卻宣稱療效，而常見的違規字眼如美白、除皺、瘦身（《自由電子報》，2013年3月13日）。

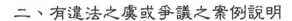

二、有違法之虞或爭議之案例說明

以案例來說，本章節選取了近年來較知名的幾個來做說明，並將案例以案例名稱、個案背景、機關論述與違反之法規及罰金部分分別說明之。

案例一：LANAMI時光精靈胎盤肌滑露廣告

◆**個案背景**

該產品以藝人白冰冰為代言人，配合現身說法的方式，分享自己使用該產品後之感覺；同時廣告片段中亦藉由其他使用該產品的藝人，透過證言的方式，來強調產品的效果。

其廣告內容中的用詞包括「三週見效」、「永保青春、永保美麗」、「只要輕輕兩三滴就有效」、「妝可以持續到半夜都不脫妝，幾乎不用補妝」等。

◆**機關論述、違反之法規與罰金**

針對該廣告之內容，引起了多方討論。臺大醫院皮膚科主治醫師邱品齊說，「胎盤素」只是個名詞，重點是來自於什麼動物，日本胎盤素產品多萃取豬胎盤，歐美則多來自牛羊胎盤，其實都跟動物內臟來源一樣，風險高、純度控管不易。邱品齊說，依法化粧品不應宣傳療效，何況廣告中所稱的成效太誇大，「連藥品都不敢這樣說」。網友說，廣告中的試用者，搞不好是化粧出來的，「真的那麼有效，早就得諾貝爾獎了」（《聯合報》，2009年11月1日）。

至於化粧品「LANAMI」的電視廣告從2008到2009年間來遭衛生署罰了十九次，仍強力放送。衛生署表示，因現行法令對這類情節僅能處五萬元以下罰鍰，他們正準備修法，將罰鍰上限提高至十五萬元。國家通訊傳播委員會傳播內容處指出，所有播放這個廣告的電視臺，都要裁

罰十萬元，若還有頻道播放該廣告，將要求一週內撤下。內容處指出，不管該廣告是否秒數超過，或內容違反《化粧品衛生管理條例》相關規定，衛廣法與廣電法已明文規定，所有廣告都得依主管機關核准才能播出。目前依現行《化粧品衛生管理條例》連續罰，未來將修法提高罰責（《聯合報》，2009年11月1日）。

　　至於違反的條例則是《化粧品衛生管理條例》第24條第一項中的化粧品廣告不得虛偽誇大；同時對於該條第二項化粧品之廠商登載或宣播廣告時，應於事前將所有文字、畫面或言詞，申請中央或直轄市衛生主管機關核准，並向傳播機構繳驗核准之證明文件。但衛生署指出生產該產品的台糖公司申請的是三十秒、六十秒廣告，但負責行銷的公司另出四、五分鐘廣告，從未送審。對該負責行銷的公司，衛生署依《化粧品衛生管理條例》裁罰十九次，累計罰了一百二十三萬元（《聯合報》，2009年11月1日）。

案例二：螺髮洗髮精

◆個案背景

　　該產品主要是以其有洗髮兼染髮功能來凸顯此產品特色，並利用消費者覺得買該產品會產生一舉兩得效果的心理，來促銷產品。

◆機關論述、違反之法規與罰金

　　消基會指出，經檢示這項商品發現，上頭成分沒有一項是衛生署所公告的四十二種染髮劑藥物成分，即無染髮功用，也就不能宣稱可「染髮」！換言之，近日購物電視臺強力播放的「螺髮」商品，宣稱染髮功用，卻又未申請許可字號，即已涉嫌違法，有廣告不實的嫌疑。消基會解釋，化粧品標示用途的意義，是規範廠商依其產品所添加的成分實際標示用途，以避免誇大不實或涉及療效的詞句，而誤導消費者。因其缺乏「用途」標示化粧品，所以已經違反《化粧品衛生管理條例》等相關規定（《中時電子報》，2008年7月14日）。

衛生署對此表示，並未核准「洗髮兼染髮」化粧品，呼籲消費者勿購買使用。而染髮劑列屬含藥化粧品管理，依《化粧品衛生管理條例》之規定，應向衛生署辦理查驗登記，經核准並發給許可證後，始得製造或輸入販售，違反者，依《化粧品衛生管理條例》第27條之規定，可處一年以下有期徒刑、拘役或科或併科新臺幣十五萬元以下罰金（衛生署新聞稿，2008年7月17日）。

案例三：部落客匿名吹捧產品　當心觸法

◆個案背景

臺中市政府衛生局近日接獲民眾檢舉，在部落格發現有民眾分享精華液使用心得，內容寫上「產品能迅速舒緩肌肉緊繃痠痛、頭暈缺氧、幫助靜脈曲張」等誇張字眼（《大紀元》，2013年3月19日）。

◆機關論述、違反之法規與罰金

到案的女子說明，因聽信業者說法，認為在網路上留假身分及電話，就不會被查出來，於是隨便留了一組電話號碼及身分，沒想到數日之後，承辦人員竟然查出她的真實身分，還依違反《化粧品衛生管理條例》第24條第一項「化粧品不得在傳播工具登載虛偽誇大廣告，處新臺幣五萬元以下罰鍰」規定，而遭開罰一萬元。臺中市政府衛生局長黃美娜表示，業者在刊登化粧品廣告前，都應到所屬主管機關申請審核，民眾在部落格PO文宣稱產品功效，仍視同廣告，也應報備申請審核，才能避免違法受罰（《大紀元》，2013年3月19日）。

對於違反法規之個案，衛生署特別增闢了一個「違規藥物、化粧品廣告民眾查詢系統」，民眾可針對相關產品進行基本查詢，亦可點選「最新違規列表」查詢，其內容包括違規產品及廠商、處分機關、處分日期、違規情節與違反之法條進行查詢；消費者也可藉此來保護自己之消費權利，避免買到虛偽不實之相關產品。

第五節　結語

　　基於以上之討論，可以瞭解部分業者仍會藉由誇大或虛偽不實之廣告論述，期待消費者購買該產品，是以消費者在購買相關產品時仍應睜大眼睛，不要被宣傳行銷的手法所蒙蔽；以主管機關的立場來說，或許可考慮將相關法規的重要內容以公益廣告之方式讓消費者瞭解法規的最基本且重要的內容，作為消費時候的參考依據。

　　另外，以廣告代理商而言，或許應該自我訂定一些選取代理商品的一些準則，進行自律；如擺明就是虛偽不實的產品就不要為其製作廣告，不論業者提供多少的經費，或是在製作廣告的過程中，仍應強化專業謹守相關法規之規範。同時代理商的創意策略人員在製作相關廣告時，也應該以消費者的身分易地而處，即使在職場上你是行銷人員，有責任為你所代理的商品進行專業及有效的行銷，但是你同樣地作為一位消費者；作為消費者的你勢必不喜歡、也不希望買到虛偽不實的誇大產品，同樣的你也不希望你的親朋好友買到或用到這些產品，所以在製作相關廣告時，還是謹守法規的分寸為宜。

問題討論

一、請敘述與化粧品相關法規中與廣告有關的法條。

二、請敘述與食品相關法規中與廣告有關的法條。

三、一般而言，食品廣告會有哪些較普遍的表現方式？

參考書目

一、專書與專文

李昕潔（2005）。〈誇張的食品廣告能信嗎？〉。《行政院衛生署食品資訊
　　網知識庫：專題報導》。

劉亞敏（2004）。《食品廣告的奧秘》。廣州：廣東經濟出版社。

二、法規

《化粧品衛生管理條例》
《化粧品衛生管理條例施行細則》
《食品安全衛生管理法》
《健康食品管理法》

三、報紙

〈小S代言油切茶廣告誇大連3罰共29萬〉。《聯合報》，2007年7月6日。

〈那麼有效，LANAMI早得諾貝爾獎了〉。《聯合報》，2009年11月1日。

〈洗髮又兼染髮的雙效產品？消基會質疑涉嫌不法〉。《中時電子報》，
　　2008年7月14日。

〈廣告違規輕罰沒在怕　衛署擬修法〉。《聯合報》，2009年11月1日。

四、網頁資料

〈天然湯頭是假的？鼎王出面怒駁〉。《聯合新聞網》，2014年2月26日，
　　http://udn.com/NEWS/SOCIETY/SOC8/8512439.shtml，上網檢視日期：
　　2014年7月10日。

〈水桶腰變水蛇腰？　劉香慈代言廣告涉不實〉。《聯合新聞網》，2014年
　　7月17日，http://udn.com/NEWS/DOMESTIC/DOM2/8809308.shtml，上網
　　檢視日期：2014年7月23日。

〈花生油沒花生、辣椒油沒辣椒　大統勒令停工〉。《中時電子報》，2013年10

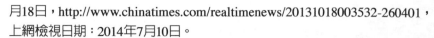

月18日，http://www.chinatimes.com/realtimenews/20131018003532-260401，
　　上網檢視日期：2014年7月10日。

〈部落客匿名吹捧產品　當心觸法〉。《大紀元》，2013年3月19日，http://
　　www.epochtimes.com/b5/13/3/19/n3826573.htm，上網檢視日期：2014年7
　　月15日。

〈食藥署擬修法　化粧品不得標示「藥用」〉。《蘋果電子報》，
　　2013年12月3日，http://www.appledaily.com.tw/realtimenews/article/
　　new/20131203/302580/，上網檢視日期：2014年7月14日。

〈通過食品安全衛生管理法部分條文修正案　重振食安信心及秩序〉。
　　《食藥署公告資訊》，2014年11月18日，http://www.fda.gov.tw/
　　TC/newsContent.aspx?id=11810&chk=2dc1f592-8667-4498-8690-
　　ed28969c06eb#.VIVrZUdxleU，上網檢視日期：2014年11月28日。

〈塩選也不實　鼎王已被罰380萬〉。《自由電子報》，2014年3月6日，http://
　　news.ltn.com.tw/news/life/paper/759571，上網檢視日期：2014年7月10日。

〈違規化粧品廣告　衛生、觀傳局　罰款大宗〉。《自由電子報》，2013年
　　3月13日），http://news.ltn.com.tw/news/local/paper/661386，上網檢視日
　　期：2014年7月10日。

〈鼎王再爆　塩選燒肉自製鹽作假〉。《聯合新聞網》，2014年3月6日，
　　http://udn.com/NEWS/NATIONAL/NATS3/8528796.shtml，上網檢視日
　　期：2014年7月10日。

〈鼎王記者會致歉　坦承高湯放雞湯塊〉。《聯合新聞網》，2014年2月26
　　日，http://udn.com/NEWS/SOCIETY/SOC8/8512517.shtml?ch=rss_social，
　　上網檢視日期：2014年7月10日。

〈鼎王陳世明六度鞠躬「鼎王也受騙」〉。《聯合新聞網》，2014年3月8日，
　　http://udn.com/NEWS/BREAKINGNEWS/BREAKINGNEWS9/8534224.
　　shtml#ixzz2w1cX2zNS，上網檢視日期：2014年7月10日。

〈衛生署並未核准「洗髮兼染髮」產品，呼籲消費者勿購買使用〉。《衛
　　生署新聞稿》，2008年7月17日，http://www.doh.gov.tw/CHT2006/DM/
　　DM2_p01.aspx?class_no=25&now_fod_list_no=9285&level_no=2&doc_
　　no=54758，上網檢視日期：2010年11月5日。

《衛生署違反食品衛生管理法廣告一覽表》，http://www.fda.gov.tw/itemize.
　　aspx?itemize_sn=185&pages=0&site_content_sn=51，上網檢視日期：2010
　　年11月5日。

第十二章　競選廣告與藥物廣告之倫理與法規

中國文化大學廣告學系副教授

鈕則勳

摘要

　　本章擬針對競選廣告及藥物廣告這兩個主題來陳述其相關之倫理與法規，一方面提醒候選人或政黨在製播廣告時應該拿捏的分寸，同時亦提醒選民注意，別受不實廣告的操弄；藥物廣告之討論也在提醒消費者注意相關產品廣告內容的陳述是否足以相信，以保護自身的權益。同時也期待產品業者或廣告代理商產製廣告創意的時候能謹守相關法規之規範，保障消費者或民眾之權益。

　　本章的內容規劃如下：第一節與第二節先陳述競選廣告的部分，包括其定義與類型，競選廣告之倫理法規與案例；第三節與第四節陳述藥品廣告，亦包括定義與類型，進而討論其法規與案例；第五節則是結語。

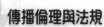

第一節　競選廣告之定義與表現類型

一、競選廣告之定義

　　若是從傳播者、訊息、管道、受眾及效果這基本的傳播模式的元素來對競選廣告做界定，則可以瞭解，競選廣告是候選人、政黨或政治團體，將有利於自己的形象或政策訊息，或對競爭候選人政黨不利的訊息，置於廣告的內容中，藉由電視、報紙、網路等傳播媒體的傳輸，告知選民受眾，期待他們產生有利於候選人或政黨本身的投票行為或效果之操作方式。

　　細部來看，競選廣告為廣告之一種類型，只是主角從商品變為政黨或候選人，其與一般商業廣告有許多相似之處；如候選人之個人理念及政見，可類比成商品之定位及概念，候選人的問政意圖、政見主張及其

定位就是廣告所要傳達之訊息，目標視聽眾就是候選人設定要主打的選民，其溝通過程來看亦和商品廣告類似。

至於其和商業廣告之差異，最大之不同在於競選廣告會攻擊對手，甚至刻意醜化對手，互貼標籤；其次，競選廣告則絕大多數出現在競選期間。最後，倘從結果影響來看，若是因為相信候選人廣告而投票給他，最後發現所投非人要其去職就不太容易。

二、競選廣告之表現類型

Johnson-Cartee與Copeland（1997）也認為競選廣告之類型包括：(1)正面方式強調候選人的政見及領導能力；(2)以負面廣告攻擊對手；(3)以競選廣告回應對手攻擊；(4)透過「先制消毒」競選廣告，防禦敵人預期之攻擊。

Benoit（2000）在競選廣告的功能論述也漸漸承認了競選廣告的三種可能功能，即讚美（自我肯定）、負面攻擊批評對手、自我防衛或反駁。除了廣告之功能討論之外，學界也注意競選廣告之主題內容討論；亦即政策議題與候選人的人格形象特質。而選民亦會以候選人在當選後會做什麼或他們到底有何特質來評價候選人，是以正面、負面或反駁此三種論述功能就會置焦於政策議題及形象特質此兩個軸面上；每個主題領域有三個次級區分，如政策就包括過去表現、未來規劃和一般性目標，至於特質則可分類為人格特質（如誠實等）、領導能力（如經驗）及理想（價值）。

鈕則勳（2005）將競選廣告以正負面訊息來分類，分為正面訊息廣告、負面訊息廣告，以及正負面訊息皆有的廣告。以正面廣告來說，其中的訊息不外乎是形象塑造、政績與政見；負面則是攻擊廣告；正負面訊息皆有的廣告則包括反制消毒廣告、攻守兼具廣告與告急催票廣告。以各種廣告之訊息策略來說，學界歸納了實務界的表現內容如下：

(一)正面訊息廣告

鈕則勳（2005）認為正面廣告的訊息設計大致有其下幾種方式：

1. 選民支持及崇拜：候選人以其服務社會之特質獲得民眾支持，或是塑造一己之英雄形象，如「反黑金急先鋒」等。
2. 連結社會認同或接納：候選人形象可以傳統社會所接受之價值作思考點，如陳水扁選總統時的「掃除黑金」訴求。
3. 政黨或政治明星光環：候選人若本身形象不夠鮮明時，則會以較清晰的政黨形象作為宣傳主軸，進行形象之連結，如「馬英九推薦」。
4. 特定族群團體代言人：候選人利用本身的特質與社會中的弱勢團體或族群連結，以建構代言人的角色形象；如女性參選人總會突顯自己是「婦幼安全守護者」。
5. 美好的未來：正面廣告的訊息中對於候選人、政見及政績之闡述或推銷企圖贏得選民支持，訴求會有一個美好的將來。
6. 意識形態訊息：目的是希望藉此去爭取具有高度意識形態理念之選民。

(二)負面訊息廣告

負面廣告主題設計常因對象不同而設計，Johnson-Cartee與Copeland（1991）舉了五種類型，包括：

1. 「以子之矛攻子之盾」：即將對手的矛盾之處作為負面攻擊素材。
2. 「民眾（選民）反對你」：以中性選民或其他代言人、媒體來攻擊對手。
3. 「轉移與連結」：透過符號聯想，將不受歡迎的符號與對手連結，以產生選民憎惡的轉移效果。

4.訴諸族群對抗。

5.藐視性的幽默：透過黑色幽默來攻擊對手。

Trent與Friedenberg（1995）也認為候選人陣營會透過負面廣告將焦點集中於競爭對手的缺點上進行攻擊，以增加其「負面性」，甚或將不受歡迎的議題與該敵對者連結，而將負面形象的「標籤」貼予該敵對者。

(三)正負面訊息廣告

首先，以反制消毒廣告來說，政黨或候選人除了會針對對手發動之負面攻擊提出回應之外，亦會針對對手可能進行攻擊之己方弱勢點，提前先進行廣告消毒，讓攻擊廣告失去著力點。再者，選前政黨或候選人也會製作「對手選前可能的奧步」廣告，來提醒選民注意。以這些廣告的訊息來說，澄清消毒多是正面訊息，但通常在澄清後會指稱對手的不對之處，這些訊息則多為負面訊息。

鈕則勳（2005）指出了攻守兼具廣告之策略要掌握一些原則。首先，攻擊的施力點應該要有強烈的對比性，而此強烈的對比性要能夠觸動選民可欲的正面情感；如2000年扁陣營訴求的清廉對黑金。其次，除了攻擊之外，在廣告的訊息中應該盡可能置入一些正面的訊息，以創造攻擊者之正面優勢；如國民黨在攻擊民進黨執政搞衰經濟的同時，也應盡可能提出一些能夠使經濟振衰起弊的方式，這樣才能夠在選民心中突顯出對比的印象。再者，主要內容訊息的產製對選民來說，應該有顯著的重要性；亦即攻守兼具廣告的主題，應該是該項選舉中的重要議題，或是選民有興趣的議題。

至於告急催票文宣如何才能夠予選民有「非救不可」的理由，鈕則勳（2005）亦提出了幾項策略原則。首先，「強化優勢」仍是最大關鍵。當選民看到其想要支持的候選人們都在打「搶救牌」的時候，「誰最值得搶救」變成了選民決策的依據；而建構「最值得搶救」的印象，仍和候選人的「獨特銷售主張」或本身優勢及特質有密切關係。其次，

以「訊息一致性」來創造選民的「印象累積性」同樣可用在告急催票文宣中；蓋候選人通常以其優勢建構主軸，再以文宣烘托主軸，就是希望在民眾心中有個鮮明清晰的印象，同時創造區隔性，提高被選擇的可能。最後，「告急」要有可信度，才能讓選民覺得有「非救不可」之必要性。以民調數據突顯可信度是一個方式，縣市議員選舉，候選人若是以民調在當選邊緣來訴求選民，才能建構搶救的合理性。

第二節 競選廣告之倫理法規與案例

一、競選廣告之倫理與法規

(一)競選廣告之倫理

以競選廣告之倫理來說，鈕則勳（2005）指出，競選廣告常有一些為人所批評之處：

◆負面競選廣告使選風敗壞

負面攻擊廣告常會針對候選人的人格進行批評或是抹黑，此舉早已為人所詬病，候選人及政黨間針對不實負面廣告的指控也常使用按鈴控告的司法方式處理，但該動作也被當作造勢事件來進行操作；是以負面廣告不僅在政治及社會層面的確造成了相當的負面影響，包括社會撕裂、族群對立等，亦違反了傳統社會中的道德觀念。

◆政治作秀拚免費廣告

由於刊播廣告所費不貲，所以特別是政治人物都會想盡辦法爭取媒體曝光可能性，期待透過這種「免費廣告」來替自己加分；不論是透過「表演」或是「衝突」，也就由於此，政治人物可能會競相以此廉價的

廣告方式來獲取相對高額的利潤（上媒體），久而久之，政治風氣日益敗壞，選民對政治人物的信任度必會隨之降低。

◆虛偽不實總是老問題

以競選廣告來說，這樣的情況亦頗明顯。候選人由於競選公關公司的包裝，總是會將其形象賦予重新的生命，但問題是候選人為了配合專業公關傳播人員所為其設定的形象，便在廣告相關訊息中進行某程度的不符事實的資訊載入，如假學歷、假經歷，甚至假政績與芭樂票的情況時有所聞。當選民發現其所託非人、受騙上當時，除了透過程序頗繁複的罷免外，也無法有立即有效的方法來對其進行反制。

鄭自隆（1995）指出在競選廣告的問題上還包括「匿名廣告」、黑函及耳語的問題。以匿名廣告來說，如在報紙上的攻擊廣告中有些廣告皆是以「失望的小市民」、「正在觀望的游離選民」等署名出現；明眼人一看都知道這些廣告應是有組織的行為，而且在報紙上刊登，廣告費用亦可能高達百萬元，絕非報上署名者能加以負擔。他亦指出不敢以真面目示人，把廣告弄得和黑函一樣，似乎有違廣告倫理。而黑函中會有更多憑空捏造的攻擊性言論，為了避免法律責任，故以此形式出現；另由於其會涉及法律上之誹謗問題，但其並無署名，故亦難以追究法律責任，但在廣告倫理上亦應予以譴責。耳語亦是不能證實的傳聞或是憑空捏造的不實言論，為避免法律責任，故以此形式希望能達到抹黑之效果，亦違反廣告倫理應予譴責。

鄭自隆（1995）亦指出，現今媒體自由化，但很難避免媒體自己有本身較主觀的立場或是有偏向某一政黨屬性的可能，是以對其他政黨所提出欲刊播的廣告不一定會秉持「公平機會」的原則，特別是競選廣告會遭遇這種情況的可能性最大；此即是電臺屬性與「平等原則」間落差的問題。他指出，平等機會原則可能會被電視臺甩到一邊，甲黨要上廣告，沒問題，熱門時段照排，但乙黨、丙黨要上廣告，電臺則可能會以「對不起，滿檔了」來加以拒絕。以實際例子來說，2004年大選國民黨與被視為較親綠的某電視臺間，為了一支批評扁政府搞衰經濟而製作的

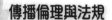

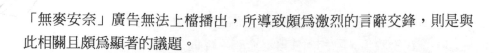

「無麥安奈」廣告無法上檔播出，所導致頗為激烈的言辭交鋒，則是與此相關且頗為顯著的議題。

(二)競選廣告之法規

以相關的法規來說，鄭自隆（1995）指出與競選廣告有關的法規包括：(1)《公職人員選舉罷免法》之規定；(2)《刑法》上對「妨害名譽」之規定；(3)廣告法規。

◆ 《公職人員選舉罷免法》

以民國103年5月28日修正通過的《公職人員選舉罷免法》來看，相關法條包括第51條、52條、第104條及第110條。

第51條規定，報紙、雜誌所刊登之競選廣告，應於該廣告中載明刊登者之姓名；其為法人或團體者，並應載明法人或團體之名稱及其代表人姓名。

第52條規定，候選人印發以文字、圖畫從事競選之宣傳品，應親自簽名；政黨於競選活動期間，得為其所推薦之候選人印發以文字、圖畫從事競選之宣傳品，並應載明政黨名稱。宣傳品之張貼，以候選人競選辦事處、政黨辦公處及宣傳車輛為限。

政黨及任何人不得於道路、橋樑、公園、機關（構）、學校及其他公共設施及其用地，懸掛或豎立標語、看板、旗幟、布條等競選廣告物。但經直轄市、縣（市）政府公告供候選人或推薦候選人之政黨使用之地點，不在此限。

第104條規定，意圖使候選人當選或不當選，以文字、圖書、錄音、錄影、演講或他法，散布謠言或傳播不實之事，足以生損害於公眾或他人者，應處五年以下有期徒刑。

第110條第一項規定，違反第四十四條、第四十五條、第五十二條第一項、第二項、第八十六條第二項、第三項規定者，處新臺幣十萬元以上一百萬元以下罰鍰。第四項規定，報紙、雜誌未依第五十一條規定於廣告中載明刊登者之姓名，法人或團體之代表人姓名者，處報紙、雜

誌事業新臺幣二十萬元以上二百萬元以下或該廣告費二倍之罰鍰。

其規範的內容主要是在廣告主應該簽名或載明團體或政黨名稱，若未載明時之罰則，同時亦揭示了「意圖使候選人當選或不當選」可能被處罰之情事。

◆《刑法》

涉及民國103年6月18日修正通過《刑法》之部分包括：

1. 第309條第一項「公然侮辱人者，處拘役或三百元以下罰金」，是為普通公然侮辱罪。

2. 第310條第一項「意圖散布於眾，而指摘或傳述足以毀損他人名譽之事者，為誹謗罪，處一年以下有期徒刑、拘役或五百元以下罰金」，此即普通誹謗罪。

3. 第310條第二項「散布文字、圖畫犯前項之罪者，處二年以下有期徒刑、拘役或一千元以下罰金」，此即加重誹謗罪之規定。

4. 第312條第一項規定「對於已死之人公然侮辱者，處拘役或三百元以下罰金」。

5. 第312條第二項規定「對於已死之人犯誹謗罪者，處一年以下有期徒刑、拘役或一千元以下罰金」，此即誹謗死者罪之規定。

6. 第313條規定「散布流言或以詐術損害他人之信用者，處二年以下有期徒刑、拘役或科或併科一千元以下罰金」，此即妨害信用罪。

◆廣告法規

廣告相關法規之規定也不能違背其包括：

1. 廣播電視法有關法令法規，如《廣播電視法》、《廣播電視法施行細則》、《節目廣告化或廣告節目化認定原則》、《有線廣播電視法》、《有線廣播電視法施行細則》、《衛星廣播電視法》、《衛星廣播電視法施行細則》。

2. 廣告物及廣告活動之法規，如《臺北市競選廣告物自治管理條

例》；其第五條也規定其核准設置期間，除里長選舉為選舉投票日前一個月外，其餘為選舉投票前二個月。

3.與廣告創意有關的法規，如《著作權法》及其施行細則等。

◆其他

除此之外，民國98年5月27日修正的《總統副總統選舉罷免法》也有相關對競選廣告之規定。如第47條規定，報紙、雜誌所刊登之競選廣告，應於該廣告中載明政黨名稱或候選人姓名。第48條規定，候選人印發以文字、圖畫從事競選之宣傳品，應親自簽名；政黨於競選活動期間，得為其所推薦之候選人印發以文字、圖畫從事競選之宣傳品，並應載明政黨名稱，二個以上政黨共同推薦一組候選人者，應同時載明共同推薦之所有政黨名稱。宣傳品之張貼，以候選人競選辦事處、政黨辦公處及宣傳車輛為限。

另外第90條也如同前述《公職人員選舉罷免法》般地規定，意圖使候選人當選或不當選，以文字、圖畫、錄音、錄影、演講或他法，散布謠言或傳播不實之事，足以生損害於公眾或他人者，處五年以下有期徒刑。第96條第三項規定，報紙、雜誌未依第四十七條規定於廣告中載明政黨名稱或候選人姓名者，處新臺幣二十萬元以上二百萬元以下或該廣告費二倍之罰鍰。第六項規定，違反第四十八條第一項或第二項規定所張貼之競選宣傳品或懸掛、豎立之競選廣告物，並通知環境保護主管機關依廢棄物處理。

二、有違法之虞或爭議之案例說明

以案例來說，本章節選取了近年來較知名的幾個例子來做說明，並將案例以案例名稱、個案背景、機關論述與違反之法規及罰金部分分別說明之。

案例一：陳菊陣營控告邱毅違反選罷法

◆個案背景

民國99年9月梅姬颱風造成高雄市淹水，高雄市長陳菊在議會接受質詢時坦承9月19日下午有回官邸休息，同時有睡著；然而國民黨立委邱毅質疑陳菊當天下午並非在官邸休息，而是到了田寮，接著邱毅也刊登「懸賞一千萬元」廣告，尋找919水災當天高雄市長陳菊人在高雄縣田寮鄉的證據。針對邱毅刊登的廣告及指稱，民進黨大高雄市長候選人陳菊競選總部反擊，委請律師到高雄地檢署控告邱毅違反選罷法。

◆機關論述、違反之法規與罰金

陳菊競選總部律師團於99年10月26日指出，邱毅刊登廣告，以一千萬元徵求有看到陳菊市長919當天出現在田寮的相關事證，這個動作表面上是懸賞廣告，但其實在為他虛構的故事作鋪陳。陳菊陣營指出919當天陳菊市長的行程及相關事證，均已公布，並提供資料給檢方，但邱毅等名嘴仍然每天在電視上抹黑、攻訐，陳菊陣營決定具狀控告邱毅違反選罷法（《自立晚報》網頁，2010年10月26日）。

邱毅指出，陳菊市長官邸警衛隊警官曾向他透露，陳菊919下午並沒有回到官邸，但該警官因受到壓力而謊稱不知情（《聯合電子報》，2010年10月27日）。

邱毅指出，至於陳菊當天下午是否在高雄縣田寮鄉漢來花季溫泉旅館泡湯？檢方也已經把漢來花季溫泉旅館919下午一點到五點的監視影帶證據保全，相信案情即將水落石出。邱毅還爆新的料說，如果陳菊919到田寮，田寮新興村有一處陳菊最愛去的私人招待所，他也申請對該處招待所監視器影帶證據保全，案情會更加明朗（《自由時報電子報》，2010年11月1日）。

倘若本案成立，所引用之法律便會是《公職人員選舉罷免法》，法條則是第104條規定，意圖使候選人當選或不當選，以文字、圖書、錄

音、錄影、演講或他法，散布謠言或傳播不實之事，足以生損害於公眾或他人者，應處五年以下有期徒刑。

案例二：「Hu's Girl」競選影片遭變造

◆個案背景

2010年五都市長選舉，胡陣營本來拍了一篇以雙胞胎姊妹為主角的挺胡廣告「Hu's Girl」，但有人將畫面剪接改製，影射她們是酒店小姐，且上傳YouTube播放；影片把雙胞胎正妹團體「Hu's Girl」，取諧音為「唬屎狗」，雙胞胎唱的歌詞「來到臺中做志工」，變成「做死狗」，「幸福」大臺中轉成「性服務」大臺中，影片還用了酒店的畫面。

◆機關論述、違反之法規與罰金

臺中地檢署檢察官指出，影片畫面被人剪接成酒店場景，還有人更改字幕，影射兩人是酒店妹。由於此作法已經涉及《刑法》第310條「誹謗罪」及《公職人員選舉罷免法》104條「意圖使人不當選而散布不實傳聞罪」，前者乃是告訴乃論，必須由兩人或是胡提起告訴始能受理，但後者涉及公訴罪，檢方必須加以偵辦。檢察官指出，目前檢方已進行瞭解，若是確定遭竄改畫面有意圖使人當選或不當選之實，檢方最快將在今天（11月1日）分案偵辦（《自由時報電子報》，2010年11月1日）。

倘若本案成立，所引用之法律便會是《公職人員選舉罷免法》，法條則是第104條規定，意圖使候選人當選或不當選，以文字、圖書、錄音、錄影、演講或他法，散布謠言或傳播不實之事，足以生損害於公眾或他人者，應處五年以下有期徒刑。

而臺中市長胡志強競選總部11月2日決定，不對影片變造者提告，建議他多看「全民大悶鍋」，拿捏KUSO尺度。

案例三：馬蕭選舉文宣未載明政黨名稱被罰

◆個案背景

　　國民黨於2008年總統大選期間，因臺南縣馬蕭競選總部於2008年2月至3月、第十二任總統競選期間，將競選文宣夾報，但未依規定於文宣上載明政黨名稱，遭臺南縣選舉委員會向中央選舉委員會檢舉（《壹蘋果網路》，2010年2月5日）。

◆機關論述、違反之法規與罰金

　　根據《總統副總統選舉罷免法》相關規定，爲避免他人刊登不實廣告惡意抹黑，應於報紙、雜誌刊登的競選廣告中載明政黨名稱或候選人姓名。臺北高等行政法院民國99年2月5日公布判決書指出，中選會因而裁罰國民黨及時任黨主席吳伯雄各新臺幣十萬元。國民黨與吳伯雄不服，提出訴願遭駁回後，再提起行政訴訟（《壹蘋果網路》，2010年2月5日）。

　　臺北高等行政法院審理，國民黨主張文宣是由臺南縣馬蕭競選總部所印，國民黨並無違法。但承審法官認爲，政黨分支若有違法情事，基於處罰法定原則，應以政黨爲處罰對象，因而認定中選會對國民黨及吳伯雄的裁罰並無違誤，判決國民黨敗訴。本案仍可上訴（《壹蘋果網路》，2010年2月5日）。

第三節　藥物定義與藥物廣告之表現類型

一、藥物及藥物廣告之定義

　　以我國現行的法規來看，和藥物有關的法律，主要以民國102年12

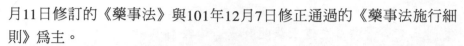

月11日修訂的《藥事法》與101年12月7日修正通過的《藥事法施行細則》為主。

在《藥事法》第4條中，為「藥物」下了個定義，其指出本法所稱藥物，係指藥品及醫療器材；除此之外，各法條中亦對「試驗用藥物」、「藥品」、「新藥」、「成藥」、「偽藥」、「劣藥」、「禁藥」等皆有其定義。以「試驗用藥物」來說，第5條載明其，係指醫療效能及安全尚未經證實，專供動物毒性藥理評估或臨床試驗用之藥物；而「藥品」在第6條有明文界定，係指左列各款之一之原料藥及製劑：一、載於中華藥典或經中央衛生主管機關認定之其他各國藥典、公定之國家處方集，或各該補充典籍之藥品。二、未載於前款，但使用於診斷、治療、減輕或預防人類疾病之藥品。三、其他足以影響人類身體結構及生理機能之藥品。四、用以配製前三款所列之藥品。

至於「新藥」與「成藥」則在第7條及第9條有定義。第7條指出新藥，係指經中央衛生主管機關審查認定屬新成分、新療效複方或新使用途徑製劑之藥品；第9條規範了成藥，係指原料藥經加工調製，不用其原名稱，其摻入之藥品，不超過中央衛生主管機關所規定之限量，作用緩和，無積蓄性，耐久儲存，使用簡便，並明示其效能、用量、用法，標明成藥許可證字號，其使用不待醫師指示，即供治療疾病之用者。

而一般常被檢舉的「偽藥」、「劣藥」、「禁藥」，該法中亦有相關規範。以偽藥來說，第20條規定，係指藥品經稽查或檢驗有左列各款情形之一者：一、未經核准，擅自製造者。二、所含有效成分之名稱，與核准不符者。三、將他人產品抽換或摻雜者。四、塗改或更換有效期間之標示者。至於劣藥，在第21條有其規定，主要內容係指核准之藥品經稽查或檢驗有下列情形之一者，包括擅自添加非法定著色劑、防腐劑等；或所含有效成分之質、量與核准不符；藥品中一部或全部含有汙穢或異物，有顯明變色、混濁、沉澱等；此外，主治效能與核准不符者；超過有效或保存期間；因儲藏過久而變質；裝入有害物質所製成之容器或使用回收容器者，皆在規範之列。

最後提到「禁藥」，依據第22條規定，係指藥品有左列各款情形

之一者：一、經中央衛生主管機關明令公告禁止製造、調劑、輸入、輸出、販賣或陳列之毒害藥品。二、未經核准擅自輸入之藥品。但旅客或隨交通工具服務人員攜帶自用藥品進口者，不在此限。

　　《藥事法施行細則》第3條中有提到《藥事法》第8條二項所指出的「醫師處方藥品」之定義，亦即醫師處方藥品，係指經中央衛生主管機關審定，在藥品許可證上，載明須由醫師處方或限由醫師使用者。

　　至於「藥物廣告」則依《藥事法》第24條之規範，係指利用傳播方法，宣傳醫療效能，以達招徠銷售為目的之行為。

二、藥物廣告之表現類型

　　綜觀我國的醫藥廣告表現方式，常見的大約有以下幾類：

(一)廣告歌曲貫穿式

　　透過朗朗上口的歌曲或耳熟能詳的音樂來加深觀眾印象，藥品名稱亦會於歌詞中反覆出現；如綠油精、益可膚乳膏、足爽、斯斯感冒藥等。

(二)名人代言式

　　透過名人代言亦是藥物廣告的主要表現方式，透過學者專家或是知名藝人的專業及顯著性，往往也是誘使民眾購買產品的主要訊息策略；常見的這類廣告有斯斯保肝膠囊的前兄弟象總教練林易增、斯斯感冒膠囊的羅時豐、諾比舒冒的陳昭榮等。

(三)生活經驗式

　　廣告中呈現出消費者使用該產品的情境，期待使消費者產生相同經驗上的共鳴感；如伏冒熱飲系列標榜「熱熱喝、快快好」，都是以一般

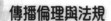

會遇到的生活情境作為訊息內容,來和消費者互動,而這種表現方式亦多會帶出產品的使用方式來教育消費者如何使用。

(四)強調產品特殊成分

透過特殊成分的標示,期待讓消費者更加信服該產品,亦是許多藥物廣告表現的方式;如標榜「腸胃不好、老的早」的若元錠就會在廣告中露出「16種胺基酸、7種礦物質」來凸顯特色,又如一些腸胃藥也會帶出「專利配方」來訴求消費者。

(五)消費者證言

使一般的使用者現身說法,來區隔名人代言策略;如肌力痠痛藥布就以搬家師傅及室內設計師來陳述該產品的功能。

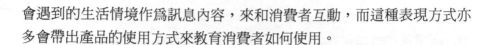

第四節 藥物廣告之倫理法規與案例

一、藥物廣告之倫理與法規

《藥事法》第七章「藥物廣告之管理」部分,從第65條到第70條,進行了對藥物廣告之規範。第65條規定,非藥商不得為藥物廣告;亦即不是藥品或醫療器材販賣或製造業者的話,都不得進行藥物廣告之刊播,是以若是網友上網拍賣藥物,都有觸法的可能。第66條第一項規定,藥商刊播藥物廣告時,應於刊播前將所有文字、圖畫或言詞,申請中央或直轄市衛生主管機關核准,並向傳播業者送驗核准文件。原核准機關發現已核准之藥物廣告內容或刊播方式危害民眾健康或有重大危害之虞時,應令藥商立即停止刊播並限期改善,屆期未改善者,廢止之。第二項規定,藥物廣告在核准登載、刊播期間不得變更原核准事項。第

三項規範，傳播業者不得刊播未經中央或直轄市衛生主管機關核准、與核准事項不符、已廢止或經令立即停止刊播並限期改善而尚未改善之藥物廣告。第四項則是規範，接受委託刊播之傳播業者，應自廣告之日起六個月，保存委託刊播廣告者姓名（法人或團體名稱）、身分證或事業登記證字號、住居所（事務所或營業所）及電話等資料，且於主管機關要求提供時，不得規避、妨礙或拒絕。該法條訂定了藥商在購買廣告及傳播媒體在刊播藥物廣告時應該齊備之資料及應注意之事項，並點出了主管機關應有之權限。

　　第66-1條內容主要為規範核准藥物之廣告期限並展延之相關規定，該條文指出，藥物廣告，經中央或直轄市衛生主管機關核准者，其有效期間為一年，自核發證明文件之日起算。期滿仍需繼續廣告者，得申請原核准之衛生主管機關核定展延之；每次展延之期間，不得超過一年。從條文觀之，其皆以一年為有效期間。第67條則是對醫師處方藥物之廣告進行規範，條文指出，須由醫師處方或經中央衛生主管機關公告指定之藥物，其廣告以登載於學術性醫療刊物為限。亦即這些藥物廣告之限制規定是較多且複雜的。

　　第68條則針對藥物廣告之內容訊息提出規範。條文指出，藥物廣告不得以左列方式為之：一、假借他人名義為宣傳者。二、利用書刊資料保證其效能或性能。三、藉採訪或報導為宣傳。四、以其他不正當方式為宣傳。從條文來看，新聞廣告化與書刊資料背書宣稱效能等訊息產製，都是不被允許的。第69條則指出，非本法所稱之藥物，不得為醫療效能之標示或宣傳。從該條文來看，市面上許多宣稱有療效的食品，其實都是違反規範的。第70條規定，採訪、報導或宣傳，其內容暗示或影射醫療效能者，視為藥物廣告；而以前述第68條第三項來看，這些類似新聞廣告化的宣傳方式，依法都應避免。

　　除此之外，《藥事法施行細則》中第44條至第47條中亦對藥物廣告刊播流程及內容文字進行規範。如第44條就是對刊播流程加以規範，條文如下：登載或宣播藥物廣告，應由領有藥物許可證之藥商，填具申請書，連同藥物許可證影本、核定之標籤、仿單或包裝影本、廣告內容及

審查費，申請中央或直轄市衛生主管機關核准後為之。

第45條則是規範廣告的文字及圖畫等訊息，內容包括：藥物廣告所用之文字圖畫，應以中央衛生主管機關所核定之藥物名稱、劑型、處方內容、用量、用法、效能、注意事項、包裝及廠商名稱、地址為限。中藥材之廣告所用文字，其效能應以本草綱目所載者為限。

第46條強調的是藥物許可證及廣告核准文件字號的登載，其內容為，藥物廣告應將廠商名稱、藥物許可證及廣告核准文件字號，一併登載或宣播。

第47條仍是對廣告內容進行規範，條文指出，藥物廣告之內容，具有左列情形之一者，應予刪除或不予核准：一、涉及性方面之效能者。二、利用容器包裝換獎或使用獎勵方法，有助長濫用藥物之虞者。三、表示使用該藥物而治癒某種疾病或改進某方面體質及健康或捏造虛偽情事藉以宣揚藥物者。四、誇張藥物效能及安全性者。

至於《藥事法》罰則的部分，第91條第一項規定，違反第六十五條或第八十條第一項第一款至第四款規定之一者，處新臺幣二十萬元以上五百萬元以下罰鍰。第二項規定，違反第六十九條規定者，處新臺幣六十萬元以上二千五百萬元以下罰鍰，其違法物品沒入銷燬之。第92條第四項規定，違反第六十六條第一項、第二項、第六十七條、第六十八條規定之一者，處新臺幣二十萬元以上五百萬元以下罰鍰。第95條第一項則是對違反廣告刊播規定之罰則，即傳播業者違反第六十六條第三項規定者，處新臺幣二十萬元以上五百萬元以下罰鍰，其經衛生主管機關通知限期停止而仍繼續刊播者，處新臺幣六十萬元以上二千五百萬元以下罰鍰，並應按次連續處罰，至其停止刊播為止。第95條第二項則是針對傳播業者違反規定時之處罰，內文為，傳播業者違反第六十六條第四項規定者，處新臺幣六萬元以上三十萬元以下罰鍰，並應按次連續處罰。

第96條第一項則規定，違反第七章規定之藥物廣告，除依本章規定處罰外，衛生主管機關得登報公告其負責人姓名、藥物名稱及所犯情節，情節重大者，並得廢止該藥物許可證；其原品名二年內亦不得申

請使用。第二項則指出，前項經廢止藥物許可證之違規藥物廣告，仍應由原核准之衛生主管機關責令該業者限期在原傳播媒體同一時段及相同篇幅刊播，聲明致歉。屆期未刊播者，翌日起停止該業者之全部藥物廣告，並不再受理其廣告之申請。亦即主管機關有公布違法業者相關基本資訊，甚至廢止藥物許可證與要求業者刊播道歉聲明之權力。

由這些罰則條文看來，違法藥物廣告針對藥商處罰的部分，最低的罰鍰為二十萬元，最高可能罰到二千五百萬元；針對刊播之媒體，罰鍰則較藥商低，為六萬元，最高為三十萬元。

從以上條文內容來看，法規對藥物廣告之規範頗多且頗嚴格，主要是因為藥物多為人體所服用，相關單位若不在法令上多所把關，則有導致有害人體健康的情事發生；而坊間非法地下電臺販賣假藥之情況時有所聞，是以法令若訂定的較為嚴格或周延，多少能對藥物市場進行某程度的控制，為消費者的健康把關。

除此之外，若檢視釋字第414號之論述，應可更進一步瞭解《藥事法》中之所以對藥物廣告做較嚴格規範之理由。其解釋爭點在於「《藥事法》等法規就藥物廣告應先經核准等規定違憲？」而釋字第414號解釋文指出，藥物廣告係為獲得財產而從事之經濟活動，涉及財產權之保障，並具商業上意見表達之性質，惟因與國民健康有重大關係，基於公共利益之維護，應受較嚴格之規範。《藥事法》第66條第一項規定：藥商刊播藥物廣告時，應於刊播前將所有文字、圖畫或言詞，申請中央或直轄市衛生主管機關核准，旨在確保藥物廣告之真實，維護國民健康，為增進公共利益所必要，與《憲法》第11條及第15條尚屬相符。又《藥事法施行細則》第47條第二款規定：藥物廣告之內容，利用容器包裝換獎或使用獎勵方法，有助長濫用藥物之虞者，主管機關應予刪除或不予核准，係依《藥事法》第105條之授權，就同法第66條相關事宜為具體之規定，符合立法意旨，並未逾越母法之授權範圍，與憲法亦無牴觸。

基於以上論述，亦可清楚瞭解藥物廣告之商業言論，因與國民健康有重大關係，基於公共利益之維護，當然應受較嚴格之規範，是以藥物廣告應先經核准等規定並無違憲之虞。

二、有違法之虞或爭議之案例說明

以案例來說，本部分選取了近年來較知名的幾個例子來做說明，並如前面章節般將案例以案例名稱、個案背景、機關論述與違反之法規及罰金部分分別說明之。

案例一：阿桐伯　修身保膠囊

◆個案背景

衛生署調查發現，不同品牌用於治肝病的減肥氣丸，不但廣告違法大肆宣傳減肥療效，且被坊間連鎖藥妝店、藥局當成「減肥中藥」促銷，衛生署認為事態嚴重，將責成全國各衛生局全面清查，針對違規業者開罰，並將修改法規，未經醫師處方不能購買，以免民眾破財傷身（《自由時報電子報》，2005年9月9日）。

而2005年間在藥妝店熱賣的阿桐伯「修身保、身窈保」中藥組合，正是肥氣丸與治療便秘的「防風通聖散」，最近也被衛生署鎖定，雖然兩者都是合法中藥成藥，但衛生署指出，促銷與包裝方式明顯違法，將責成臺南縣衛生局開罰（《自由時報電子報》，2005年9月9日）。

◆機關論述、違反之法規與罰金

衛生署中醫藥委員會表示，阿桐伯「修身保、身窈保」，在包裝、廣告、傳單、促銷手法都有問題，明顯違反《藥事法》第46條與第66條，依法可處三萬至十五萬元罰鍰，且將依不同違規事項分別開罰（《自由時報電子報》，2005年9月9日）。

臺北市衛生局藥物食品管理處說，衛生局查獲阿桐伯修身保、阿桐伯身窈保的廣告涉及誇大療效，總計約十件，已將案件移至委刊單位昇漢興業有限公司所在的臺中市衛生局（《自由時報電子報》，2005年9月9日）。

至於前項所提之第46條內容包括兩項，第一項為經核准製造、輸入之藥物，非經中央衛生主管機關之核准，不得變更原登記事項。第二項則是經核准製造、輸入之藥物許可證，如有移轉時，應辦理移轉登記。

案例二：網拍藥物藥品違反《藥事法》

◆個案背景

網路什麼都有，什麼都不奇怪，有民眾在網路上販賣包括藥品、保險套、OK繃、血壓計及耳溫槍等醫療器材，都有違法被罰的情況；如在2006年臺中市一名家庭主婦上網拍賣用剩的痠痛貼布，每組兩張賣一百二十元，卻因違反《藥事法》遭罰款六萬元，婦人大喊冤枉（《聯合報》，2006年5月24日）。

◆機關論述、違反之法規與罰金

臺中市衛生局表示，《藥事法》已經修正，類似行為以後的最低罰款額是二十萬元，民眾最好不要以身試法。《藥事法》修正條文規定違規藥物廣告罰則提高三至十倍。一般民眾（非藥商）在網路上拍賣醫療器材、藥物等，視為違規廣告，新法將罰款二十萬至五百萬元。臺中市衛生局藥政課說，一般人將家中多餘的醫療器材、藥物上網拍賣，就觸犯《藥事法》第65條「非藥商不得為藥物廣告」的規定。而且《藥事法》沒有限期改正、輔導下架的規定，衛生局只得依法開罰（《聯合報》，2006年5月24日）。

案例三：愛福好壯陽藥廣告

◆個案背景

藝人林美秀多年前拍攝的鳥頭牌愛福好廣告，經典臺詞「查甫郎，千萬不要只剩一張嘴」令人印象深刻。不過，近日卻遭到民眾檢舉，該藥商當初是以婦女妊娠營養補給品申請廣告許可，但廣告內容卻在宣

揚壯陽藥品，衛生局認定違法，開罰二十萬元（《NOWnews今日新聞網》，2014年5月16日）。

◆ **機關論述、違反之法規與罰金**

根據《蘋果日報》報導，鳥頭牌愛福好當初是以女性營養品「愛福好膠囊」申請通過廣告許可，但廣告內容卻是在宣揚男性壯陽藥品，讓許多民眾產生誤會，到藥局購買的也都是另一款「愛福好勇士龍膠囊」，挨批根本是掛羊頭賣狗肉！臺南市衛生局訪查後認定該藥商確實違法，且壯陽藥為處方用藥，依法並不能進行廣告宣傳，但業者為了打廣告，以婦女妊娠營養補給品名義申請廣告許可，再從內容宣揚壯陽藥品，廣告一播就是十幾年，已對其開罰二十萬元（《NOWnews今日新聞網》，2014年5月16日）。

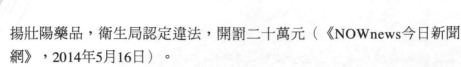

第五節　結語

本章敘述了競選廣告與藥物廣告之法規與倫理，以前者來說，在臺灣幾乎每年都有選舉之情況下，相關倫理與法規變得極為重要；照理說，候選人與政黨在製播競選廣告時應該遵守相關法規，但是實際上，候選人及政黨只把當選當作首要考量，即使違背相關法規亦在所不惜，這種思維不僅值得爭議，也使臺灣選舉文化停滯不前。候選人藉負面廣告相互攻擊，甚至抹黑造謠，被攻擊的一方也不甘示弱，會引相關法律進行按鈴控告；但是即使依據法律按鈴控告，也是候選人的造勢活動之一，並無法全面彰顯法律之價值，法規儼然變成候選人造勢之工具，這仍是相關法律最大的侷限性。

至於藥物廣告部分，由於現代人壓力愈來愈大，是以文明病愈來愈多，人體機能相對減弱，對藥物之需求有不斷上升之趨勢，加上養生風潮，許多違法宣稱具療效的食品，亦充斥於市場，導致許多消費者因為不具相關法規專業知識而被頗有吸引力，但卻不實的廣告訊息矇騙而上

當；基於此，政府或許需要藉由更多元的宣導來傳輸相關法規與知識，使消費者明瞭選購藥品之基本常識。

此外，部分廣告代理商對於一些不肖廠商所提供之相對多的利潤毫無招架之力，還有部分媒體對於游走法律邊緣或根本違法之藥物廣告睜一隻眼、閉一隻眼，更使這些問題產品或藥物有上大眾傳播媒體露臉的機會；而一般消費者亦會認為，能在主流大眾傳播媒體上曝光的產品或許有其價值，加上聳動的廣告訊息，消費者或許就有姑且一試的心理，而使這些違法藥品有可趁之機。是以要有效杜絕虛偽不實藥物危害消費者健康，除了法令周延完備之外，消費者的再教育、廣告代理業者及媒體的自覺與自律，應該都是著墨的重點。

問題討論

一、請敘述與藥物相關法規中與廣告有關的法條。

二、請敘述與競選廣告在倫理上較值得爭議的部分。

三、《藥事法》等法規就藥物廣告應先經核准等規定有無違憲之虞？

參考書目

一、中文專書

鈕則勳（2005）。《政治廣告》。臺北：揚智。
鄭自隆（1995）。《競選廣告》。臺北：正中。

二、英文部分

Benoit, William L. (2000). A functional analysis of political advertising across media, 1998. *Communication Studies, 51*(3), 274-295.

Shea, Daniel M. (1996). *Campaign Craft: The Strategies, Tactics, and Art of Political Campaign Management*. Westport, Conn.: Praeger.

Johnson-Cartee, K. S. & Copeland G. A. (1991). *Negative Political Advertising: Coming of Age.* Hillsdale, NJ: Lawrence Erlbaum.

Johnson-Cartee, K. S. & Copeland G. A. (1997). *The Manipulation of American Voter*. London: Praeger.

Trent, Judith S. & Friedenberg, Robert (1995). *Political Campaign Communication: Principles and Practices*, 3rd ed., Westport, CT: Praeger.

三、相關法規

《公職人員選舉罷免法》
《臺北市競選廣告物自治管理條例》
《刑法》
《藥事法》
《藥事法施行細則》
《總統副總統選舉罷免法》

四、報紙資料

〈網拍痠痛貼布　賣120元罰6萬〉。《聯合報》，2006年5月24日。

五、網路資料

〈919在田寮？陳菊告邱毅〉。《聯合電子報》，2010年10月27日，http://udn.
　　com/NEWS/NATIONAL/NATS2/5935935.shtml，上網檢視日期：2010年11
　　月5日。

〈919案菊未出庭，邱毅：田寮招待所未曝光〉。《中時電子報》，
　　2010年11月4日，http://news.chinatimes.com/politics/0,5244,5020494
　　4x132010110400706,00.html，上網檢視日期：2010年11月5日。

〈馬蕭選舉文宣被罰，國民黨行政訴訟敗訴〉。《壹蘋果網路》，2010年2月
　　5日，http://tw.nextmedia.com/rnews/article/ArtID/64520/IssueID/20100205/
　　SecID/102，上網檢視日期：2010年11月5日。

〈掛羊頭賣狗肉！愛福好壯陽藥廣告違法12年　開罰20萬〉。《NOWnews
　　今日新聞網》，2014年5月16日，http://www.nownews.com/
　　n/2014/05/16/1236715，上網檢視日期：2014年7月21日。

〈誇大肥氣中藥　衛署開罰〉。《自由時報電子報》，2005年9月9日，http://
　　www.libertytimes.com.tw/2005/new/sep/9/today-life6.htm，上網檢視日期：
　　2010年11月18日。

〈意圖使人不當選，陳菊控告邱毅〉。《自立晚報》網頁，2010年10月26
　　日，http://www.idn.com.tw/news/news_content.php?catid=1&catsid=6&catdi
　　d=0&artid=20101026abcd017，上網檢視日期：2010年11月5日。

〈網友改編"Hu's Girl"影片，中檢擬分案偵辦〉。《自由時報電子報》，
　　2010年11月1日，http://www.libertytimes.com.tw/2010/new/nov/1/today-p3.
　　htm，上網檢視日期：2010年11月5日。

第四篇

結論部分

第十三章　兩岸傳播交流法規

佛光大學傳播學系副教授兼華人流行音樂與創意傳播研究中心主任

蔣安國

摘要

　　隨著兩岸傳播交流日益頻繁，臺灣傳播從業人員對於交流的法規宜有所認識。當前兩岸傳播交流主要依據的母法為《臺灣地區與大陸地區人民關係條例》，但此一條例有其特定的時空背景，表現在兩岸傳播與新聞交流的適用性上，仍呈現積極管理的特色。隨著兩岸交流的進展，在新聞出版交流法規、影視交流法規，以及廣告交流法規三方面，有哪些規範可作為依循參考，值得進一步認識，但限於篇幅，本章僅只單向檢視臺灣地區制定的兩岸交流法規，並未擴大及於大陸地區對臺制定的兩岸交流法規。

 # 第一節　交流現況與法規架構

　　兩岸傳播新聞交流自2005年起開放至2013年，大陸人士大眾傳播活動申請來臺人數達59,131人次；核准來臺人數達56,368人次；入境人數達45,559人次（如**表13-1**），衍生相關交流規範的迫切性。

表13-1　大陸地區傳播人士申請來臺從事大眾傳播活動交流核准數　　單位：人次

時間	申請數	核准數	入境數
2013年	18,950	19,859	15,692
2012年	10,664	10,381	8,306
2011年	7,973	7,062	5,920
2010年	8,326	7,736	6,302
2009年	4,498	4,281	3,521
2008年	2,664	2,540	2,047
2007年	1,673	1,273	1,250
2006年	2,163	1,750	1,132
2005年	2,220	1,486	1,389
合計	59,131	56,368	45,559

資料來源：本研究整理自陸委會官網統計表。http://www.mac.gov.tw/lp.asp?CtNode=571
　　　　7&CtUnit=3993&BaseDSD=7&mp=1&xq_xCat=2011

　　兩岸傳播新聞交流法規基礎爲《臺灣地區與大陸地區人民關係條例》。該條例第1條開宗明義指出：「**國家統一前，爲確保臺灣地區安全與民眾福祉，規範臺灣地區與大陸地區人民之往來，並處理衍生之法律事件，特制定本條例。本條例未規定者，適用其他有關法令之規定。**」依據此條，顯示的意義如下：(1)這是國家統一前的交流法規；(2)這是確保臺灣地區安全與民眾福祉的交流法規；(3)這是規範臺灣地區與大陸地區人民之往來，並處理衍生之法律事件的交流法規。依據此一條例，爲因應兩岸傳播新聞交流需求，交流法規架構逐步建構，本章分成新聞出版、廣電影視、廣告傳播三大部分（如**圖13-1**），分述如後。

圖13-1　兩岸傳播新聞交流法規架構

 # 第二節　兩岸新聞出版交流法規

一、兩岸新聞交流法規

　　兩岸新聞交流的人員交流已展開多時，其中最爲重要的是開放大陸記者駐點採訪。政府爲加強兩岸新聞交流，讓大陸地區新聞人員藉由在臺灣地區較長時間的停留，對臺灣社會作更深入、眞切的觀察及報導，於2000年底宣布開放大陸媒體記者以輪替的方式（每次停留一個月）來

臺灣地區駐點採訪。

　　對大陸地區新聞人員交流的傳播法規，目前仍屬積極管理的模式。例如，大陸駐點記者在臺停留期間以多久爲宜？這在一個新聞交流正常化的狀況下並不成問題，但當前特殊的時空，基於《臺灣地區與大陸地區人民關係條例》的精神與意旨，也就是「國家統一前，爲確保臺灣地區安全與民眾福祉，規範臺灣地區與大陸地區人民之往來，並處理衍生之法律事件」，乃做出行政規範，2008年6月30日政府宣布「延長大陸駐點記者在臺停留時間，一次以三個月爲原則，有採訪需要時，得延長一次，以三個月爲限，簡化駐點記者來臺申請手續；同時也增加開放大陸地方媒體來臺駐點」。2010年經核准在臺採訪之大陸媒體總計有新華社、人民日報、中央人民廣播電臺、中央電視臺、中國新聞社、福建日報社、東南衛視、廈門衛視、湖南電視臺、深圳報業集團等十家媒體。2009年10月27日再放寬大陸駐點媒體人數，每家增至五人，同時取消大陸駐點記者赴外地；採訪需事先報備要求，並同意其視需要得透過邀請單位租屋等，使大陸新聞人員在臺採訪可享有較大便利。目前兩岸新聞人員交流家數與人員有特定的框限，顯示新聞交流雖屬循序漸進，但距離完全正常化仍有待檢討，以臻理想境界。

　　再如爲規範大陸地區新聞人員進入臺灣地區採訪，訂定《大陸地區新聞人員進入臺灣地區採訪注意事項》（中華民國89年11月9日(89)正綜二字第16839號公告；中華民國90年6月6日(90)正綜二字第07649號令修正發布第10點），即對大陸地區新聞人員採取較嚴格進入的限制。這一注意事項所規範大陸地區新聞人員，包括報社、通訊社、雜誌社及廣播、電視事業所指派，以報導時事及大眾所關心事務爲主之專業人員進入臺灣地區採訪事宜。大陸地區新聞人員申請進入臺灣地區採訪之主管機關爲內政部，執行單位爲內政部警政署入出境管理局，目的事業主管機關原爲行政院新聞局，目前已改隸文化部。

　　在積極管理的作爲上，該注意事項第四點規定：大陸地區新聞人員進入臺灣地區採訪，應洽臺灣地區新聞事業或相關團體擔任邀請單位，於來臺之日十四日前，由邀請單位代向入出國及移民署提出申請。但因

採訪特別需要者，不在此限。

　　進入臺灣地區採訪之大陸地區新聞人員的採訪，大陸地區新聞人員應依許可之採訪計畫及行程表從事採訪活動，不得擅自變更。採訪計畫及行程表有變更者，邀請單位或該大陸地區新聞人員應先向文化部報核，再檢具變更採訪計畫及新行程表送入出國及移民署備查。大陸地區新聞人員應遵守新聞人員職業道德，並秉持公正客觀原則從事採訪活動。經許可進入臺灣地區駐點採訪之大陸地區新聞人員，由文化部核發記者證。記者證效期與入出境許可證停留期間同。大陸地區新聞人員從事採訪活動時，應事先徵求受訪機關（構）或單位之同意，並主動出示記者證。

　　除了大陸地區新聞人員自主申請來臺之外，為促進兩岸新聞交流，陸委會自2001年起辦理邀請大陸地區新聞人員來臺進行專題採訪活動，讓大陸新聞人員從不同角度認識臺灣。

　　然而有學者認為，兩岸記者的專業意理大不同，在中國大陸，記者的職業道德準則，是要求新聞工作者充分發揮共產黨和人民的耳目喉舌作用，「堅持黨的基本路線」、「努力宣傳馬列主義、毛澤東思想、鄧小平建設有中國特色社會主義的理論，宣傳黨和政府的方針政策」；在臺灣的記者則是專搶獨家新聞、爭閱報率、重銷售量。常常為了達到這一目的，「無法無天」，不利臺灣社會的照登，有利中國的也登，管他什麼國家安全或社會安定（尤英夫，2008）。

　　政府機關對於大陸新聞從業人員來臺後，若接受其採訪，依《政府機關（構）接受大陸地區新聞人員採訪注意事項》辦理，其中該注意事項規定，政府機關（構）於接受大陸地區新聞人員採訪時，應審酌採訪者有無文化部核發之記者證；申請採訪是否與內政部警政署入出境管理局許可之行程表內容相符；考量業務性質是否接受採訪，以為准駁（第二點）。以及政府機關（構）於接受大陸地區新聞人員採訪時，應由發言人或獲授權人員代表發言。涉及外交事務者，由外交部發言；涉及大陸事務者，由行政院大陸委員會發言，其他事務由各該主管機關（構）本於職掌發言（第三點）。受訪之政府機關（構），對於採訪之大陸地

區新聞人員有未依規定申請或其他異常行為者，應即停止採訪，並及時向政風單位或內政部（警政署入出境管理局）及行政院新聞局反映（第四點）。同時，受訪之政府機關（構）於大陸地區新聞人員採訪結束後七日內，將採訪紀錄分送文化部及行政院大陸委員會參考（第五點）。

二、兩岸出版交流法規

兩岸傳媒交流頻繁，臺灣對於大陸地區的出版品、電影片、錄影節目、廣播電視節目，進入臺灣地區或在臺灣地區發行、銷售、製作、播映、展覽、觀摩，如何處理？政府採取許可制，依《臺灣地區與大陸地區人民關係條例》第37條第二項規定，訂定《大陸地區出版品電影片錄影節目廣播電視節目進入臺灣地區或在臺灣地區發行銷售製作播映展覽觀摩許可辦法》，以為因應。此一許可辦法，概可分為「大陸地區出版品之管理」、「大陸地區電影片錄影節目及廣播電視節目之管理」。

在許可辦法的第二章，規範「大陸地區出版品之管理」規定。首先，就大陸地區出版品（包括新聞紙、雜誌、圖書及有聲出版品）之內容來看，宣揚共產主義或從事統戰者、妨害公共秩序或善良風俗者、違反法律強制或禁止規定者，以及凸顯中共標誌者（但因內容需要，不在此限）（許可辦法第4條）等情形，不予許可進入臺灣地區。大陸地區出版品經核驗無這些內容規定情形，且未逾主管機關公告數量者，得許可進入臺灣地區（許可辦法第5條）。經許可進入臺灣地區之大陸地區圖書、有聲出版品，非經合法登記之地區雜誌、圖書、有聲出版品，應改用正體字發行。目前在臺灣地區發行大陸地區雜誌的類別有所限制。依據《大陸地區出版品電影片錄影節目廣播電視節目進入臺灣地區或在臺灣地區發行銷售製作播映展覽觀摩許可辦法》第7條第二項第三款，臺灣地區雜誌事業接受授權在臺灣地區發行大陸地區雜誌之類別僅為「自然動物生態」、「地理風光」、「文化藝術」及「休閒娛樂」四類，大陸發行量最大的《讀者》雜誌以正體字在臺灣發行，成為大陸第一本在臺上市的雜誌。

第三節　兩岸廣電影視交流法規

一、臺灣對大陸傳播媒體進入臺灣地區或在臺灣地區發行、銷售、製作、播映、展覽、觀摩的管理

　　依據《大陸地區出版品電影片錄影節目廣播電視節目進入臺灣地區或在臺灣地區發行銷售製作播映展覽觀摩許可辦法》的第三章，規範「大陸地區電影片錄影節目及廣播電視節目之管理」。首先，就大陸地區電影片、錄影節目、廣播電視節目，經核驗無許可辦法第4條內容規定情形，且未逾主管機關公告數量者，得許可進入臺灣地區（許可辦法第16條）。

　　大陸地區錄影節目得在臺灣地區發行有十類：科技類、企業管理類、自然動物生態類、地理風光類、文化藝術類、體育運動類、語言教學類、醫藥衛生類、綜藝類，以及愛情文藝、倫理親情、溫馨趣味、宮廷歷史、武俠傳奇、懸疑驚悚、冒險動作之劇情類；其屬電影片轉錄者，以經文化部依前點許可在臺灣地區映演之大陸地區電影片為限。

　　此外，大陸地區電影片進入臺灣地區數量，每年以十部為限；其類別以愛情文藝、倫理親情、溫馨趣味、宮廷歷史、武俠傳奇、懸疑驚悚、冒險動作為主題者為限。申請進入臺灣地區發行、映演大陸地區電影片者，應由電影片發行業提出申請，每次以一部為限，並應檢附文件向文化部影視及流行音樂產業局提出申請及取得文化部核發之許可。

　　大陸電影片及廣播電視節目在臺灣有線及無線電視播出，則有比例上的限制，以保障臺灣本地製作之節目。

　　在《大陸地區出版品電影片錄影節目廣播電視節目進入臺灣地區或在臺灣地區發行銷售製作播映展覽觀摩許可辦法》中，除了許可之權，亦賦予主管機關（文化部）撤銷或廢止大陸地區出版品、電影片、錄影

節目、廣播電視節目進入臺灣地區或在臺灣地區發行銷售製作播映展覽觀摩等許可之權利,例如,大陸地區電影片、錄影節目、廣播電視節目於許可進入臺灣地區或經許可在臺灣地區發行、映演、播送後,只要有前述許可辦法第4條各款情形之一或不符電影片每年進入臺灣地區發行、映演之類別、數量及錄影節目、廣播電視節目發行、播送之類別、數量、時數、時段之規定者,則可撤銷或廢止其許可(許可辦法第19條第二項)。此外,大陸地區頻道節目於許可進入臺灣地區播送後,主管機關認為對國家安全有不利影響、違反職掌之相關法令規定或有許可辦法第4條各款情形之一者,也得撤銷、廢止其許可。這種為國家安全考量所設的安全閥,固然著重於現實面設計,但運用新科技的穿透性與滲透性,將驅動閱聽者改變收看工具,更多選擇在網路觀看。

在此一辦法中,表現出行政作業程序的高度管理,例如對於大陸地區衛星廣播電視節目供應者在臺灣地區播送大陸地區廣播電視頻道之廣播電視節目的行政作業程序,該許可辦法第17條規定,應委託臺灣地區代理商,並經主管機關許可後,再取得通訊傳播監理主管機關許可,始得在臺灣地區播送大陸地區廣播電視頻道之廣播電視節目。許可期限屆滿,仍欲繼續經營者亦同,且應於向通訊傳播監理主管機關申請換發許可六個月前,向主管機關提出申請。這樣細密的管制流程,讓業者播送大陸節目或視為畏途,似乎應隨時空環境變遷作一檢討。

除了播送許可的管制,在大陸節目出版品參加臺灣展覽亦設下框限,大陸地區雜誌、圖書、有聲出版品、電影片、錄影節目及廣播電視節目在臺灣地區展覽,政府機關、學術機構或最近一年未違反相關法令受行政處分之大眾傳播事業、機構、團體,規定得依業務性質,於展覽十四日前,申請主管機關許可大陸地區雜誌、圖書、有聲出版品、電影片、錄影節目及廣播電視節目進入臺灣地區展覽。但經許可銷售之大陸簡體字圖書,得於主管機關許可之展覽中,逕行參展。

而對於經許可在臺灣地區展覽之大陸地區雜誌、圖書、有聲出版品、電影片、錄影節目及廣播電視節目,該規定同意得於展覽時為著作財產權授權及讓與之交易。申請觀摩大陸地區雜誌、圖書、有聲出版

品、電影片、錄影節目及廣播電視節目者，得依業務性質，於觀摩十四日前，申請主管機關許可觀摩。此一辦法將「展覽」與「銷售」分開，規定經許可在臺灣地區展覽之大陸地區雜誌、圖書、有聲出版品、電影片、錄影節目及廣播電視節目，不得於展覽時銷售。但經許可銷售之大陸簡體字圖書，不在此限。經許可在臺灣地區觀摩之大陸地區電影片、錄影節目及廣播電視節目，不得於觀摩時，直接或間接向觀眾收取對價。但經主管機關專案許可者，不在此限。經許可展覽、觀摩者，應於展覽、觀摩結束後一個月內，將前二項大陸地區雜誌、圖書、有聲出版品、電影片、錄影節目及廣播電視節目運出臺灣地區。但經主管機關專案許可贈送有關機關（構）典藏或經許可銷售之大陸簡體字圖書，不在此限。由以上規範，顯現法規對於進入臺灣地區之大陸地區媒介物是抱持著積極管理的作為。

二、大陸地區廣播電視節目在臺灣地區播送申請規定

　　臺灣在戒嚴時期，大陸地區廣播電視節目非但被視為毒蛇猛獸，政府亦全力採取防杜，例如以設立電臺「扼制匪波」，不得讓其訊息進入臺灣；但解嚴民主化後，兩岸關係調整，大陸節目可以送審播出了。依據《大陸地區廣播電視節目在臺灣地區播送申請送審須知》（民國102年3月19日修正發布）的規定，「大陸地區廣播電視節目在臺灣地區播送申請案除依《臺灣地區與大陸地區人民關係條例》第37條及《大陸地區出版品電影片錄影節目廣播電視節目進入臺灣地區或在臺灣地區發行銷售製作播映展覽觀摩許可辦法》相關規定外，應依本須知規定辦理。」

　　檢視此一送審須知，其作業流程以主管機關文化部為一系列管理機制，流於瑣細。大陸地區廣播電視節目在臺灣地區播送申請，初審、複審、換照，以及補照時，規定須檢具大陸地區廣播電視節目在臺灣地區播送申請書一份及申請書上所列需檢附之資料。此外，送審作業流程，包括：預定在無線、衛星、有線廣播電視、網路廣播電視平臺或其他系

統播送者，送審單位向文化部影視及流行音樂產業局廣播電視產業組行銷推廣科申請。

　　持有國家通訊傳播委員會、前行政院新聞局及文化部核發在任一無線、衛星、有線廣播電視、網路廣播電視平臺或其他廣播電視系統播送之准播證明者，申請在其他無線、衛星、有線廣播電視、網路廣播電視平臺或其他廣播電視系統播送時，得以換照方式申請。經該局審查無違反許可辦法第4條對內容禁制相關規定者，該局將函復許可，並隨函核發准播證明。萬一經審查有不符許可辦法第4條規定者，該局將載明理由函復不予許可。由此一送審須知來看，播送規定多為行政流程，在後ECFA時代是否宜隨時空變遷放寬播送規定。

三、對大陸地區影視人員交流法規

　　臺灣地區與大陸地區影視人員交流正逐步加溫中，從法規的政策面來看，可說是既期待又怕受傷害，以合拍電視戲劇節目來看，為審核大陸地區主創人員及技術人員來臺參與合拍電視戲劇節目之申請案，民國101年3月26日修正訂定《大陸地區主創人員及技術人員來臺參與合拍電視戲劇節目審核處理原則》。其中，主創人員指擔任製作人、編劇、導播（演）、主要演員（主角及配角）職務之人；所稱技術人員，係指擔任攝影、燈光、收音、剪接、動畫及音效職務之人均可依規定來臺參與合拍電視戲劇節目。這項開放的利弊得失為何，尤其對本地影視產業的振興活絡，以及產業從業人員工作權的保障有否助益，值得關注。

　　依據此一「處理原則」，規定合拍劇之原產地，應依進口出版品電影片錄影節目及廣播電視節目原產地認定基準，須認定為臺灣地區。而參與合拍之邀請單位也規定應為依法設立之臺灣地區無線電視事業、衛星廣播電視節目供應者（製播廣播節目者除外）或廣播電視節目供應事業之電視節目製作業。至於參與合拍之臺灣地區業者應為依法設立之臺灣地區無線電視事業、衛星廣播電視節目供應者（製播廣播節目者除外）或廣播電視節目供應事業之電視節目製作業。合拍劇內容含有四個

負面表列項目，規定不得「宣揚共產主義或從事統戰」、「妨害公共秩序或善良風俗」、「違反法律強制或禁止規定」、「凸顯中共標誌者。但因內容需要，不在此限」，這意味著合拍劇內容必須排除四個負面表列項目下始予核准，也形成交流的內容管制。

至於合拍劇主要場景（包含棚內及外景）應有臺灣地區場景，且其後製作（指錄音、剪輯、特效、音效及其他後製工作）應於臺灣地區完成。但臺灣地區無相關後製作設備或技術者，不在此限。

為保障臺灣影視人員的工作權，此一「處理原則」訂定申請來臺參與合拍劇之陸方人士，有製作人、編劇、導播（演）、主要演員（主角及配角）以及技術人員，參與合拍劇之臺灣地區人民應逾總人數之三分之一。其中陸方人士不得同時在合拍劇中擔任男主角、女主角，但男主角及女主角逾二人時，不在此限，且陸方人士擔任男主角及女主角之人數不得逾該總人數之二分之一。每位陸方男主角及女主角得申請助理人員五人陪同來臺；助理人員在臺僅得協助處理上述人員拍戲相關事宜，不得參與合拍劇之演出或製作。

四、補助辦理兩岸新聞傳播交流活動

依據民國102年6月18日文化部文交字第10230161532號令訂定發布《文化部補助民間團體辦理兩岸傳播或新聞交流活動作業要點》，凡國內依法設立或立案登記之設有大眾傳播或新聞專門學系或其相關課程之大專校院、大眾傳播事業、機構或相關團體得向文化部申請補助辦理兩岸新聞傳播交流活動，其目的「為促進兩岸媒體交流，鼓勵國內民間團體邀請大陸地區傳播或新聞專業人士來臺參加傳播或新聞交流活動」。

該項補助，條件有二，即一為舉辦之傳播或新聞交流活動有助於排除兩岸媒體交流障礙，或提升兩岸媒體經營環境。二為邀請來臺之大陸地區人士應為依大陸地區法律成立之報紙、雜誌、廣播、電視、網路媒體（含公民營新聞媒體）等相關事業或學術機構任職之專業人士。

 ## 第四節　兩岸廣告傳播法規

　　兩岸廣告傳播法規緣於1999年8月，陸委會委員會議通過《在臺灣地區從事大陸地區物品勞務廣告活動許可辦法》，明定建築、投資等七類大陸地區物品勞務不得在臺灣地區從事廣告活動。但2001年隨著兩岸進入世界貿易組織後，隨著臺灣進一步開放大陸產品進入，一些大陸產品廣告也隨之在臺灣亮相。2003年4月，政府以有人檢舉為名，禁播了所有大陸產品廣告，稱大陸廣告與臺灣「兩岸人民關係條例」有關規定相悖，只有修改了條例後，才可開放。不過，2003年9月，鑒於兩岸人民關係條例修法延宕多時，陸委會先以彈性過渡的措施予以開放。過去跨國企業在大陸生產且具有國際性流通的商品，可以輸入臺灣，但卻不能在臺灣從事廣告活動。繼2003年10月29日，立法院三讀通過《兩岸關係條例修正案》後，2003年12月1日陸委會委員會議討論通過《大陸地區物品勞務服務在臺灣地區從事廣告活動管理辦法》草案，開放許可輸入的大陸商品在臺從事廣告活動，但大部分商務廣告，如招攬臺灣民眾赴大陸地區投資、大陸地區不動產開發及交易、兩岸婚姻媒合、未經許可之大陸物品、服務、勞務等仍在被禁之列。

　　兩岸廣告傳播之法源依據為《臺灣地區與大陸地區人民關係條例》第34條之規定。該條文指出，大陸地區物品、勞務、服務或其他事項，得在臺灣地區從事廣告之播映、刊登或其他促銷推廣活動。廣告活動內容，不得有下列情形：「**一、為中共從事具有任何政治性目的之宣傳。二、違背現行大陸政策或政府法令。三、妨害公共秩序或善良風俗。**」

　　大陸地區物品勞務服務何者得以在臺灣地區從事廣告活動？何者又為禁止從事廣告活動？依據上述《臺灣地區與大陸地區人民關係條例》第34條之規定，2003年12月31日行政院大陸委員會陸法字第09200248541號令發布施行《大陸地區物品勞務服務在臺灣地區從事廣告活動管理辦法》，得在臺灣地區從事廣告活動的事項為：「**一、依臺**

灣地區與大陸地區貿易許可辦法，准許輸入之大陸地區物品。二、依大陸地區出版品電影片錄影節目廣播電視節目進入臺灣地區或在臺灣地區發行銷售製作播映展覽觀摩許可辦法，取得許可之大陸地區出版品、電影片、錄影節目或廣播電視節目。三、臺灣地區旅行業辦理赴大陸地區旅遊活動之業務。四、其他依本條例許可之事項。」（「辦法」第5條）。

但考察此一辦法第6條，規定不得在臺灣地區從事廣告活動事項為：「一、招攬臺灣地區人民、法人、團體或其他機構於大陸地區投資。二、不動產開放及交易。三、婚姻媒合。四、專門職業服務，依法令有限制廣告活動者。五、未經許可之大陸地區物品、勞務、服務或其他事項；已許可嗣後經撤銷或廢止許可者，亦同。六、依其他法令規定，不得從事廣告活動。」

揆諸此一辦法第5條、第6條，在「得」與「不得」從事廣告活動的法規政策目標為何？似乎又難以釐清，導致業者大嘆「妾身千萬難」！

再看辦法第9條規定，「廣告活動或其內容，由各目的事業主管機關認定處理；違反本辦法規定從事廣告活動之認定處理，亦同。」如大陸觀光旅館刊登廣告事宜，即洽觀光旅館業之目的事業主管機關交通部觀光局。顯示刊登廣告活動之多元複雜，必須由目的事業主管機關來審酌。

第五節　結語：兩岸媒體交流與傳播法規展望

本章從兩岸傳播新聞交流依據《臺灣地區與大陸地區人民關係條例》，有其特定的時空背景與其適用性。在兩岸新聞出版交流法規、影視交流法規，以及廣告交流法規三方面，均各自建構系統化的規範。

不過，隨著兩岸簽訂ECFA，中國大陸對臺灣影片進入大陸地區提供配額無限制，此一優惠還在兩岸文化交流各面向持續擴大與深化，為今後兩岸影視文化交流開啓善意互動的機會之窗。在未來兩岸媒體交流

預料將更趨頻繁，各項交流項目範圍強度也會提上議事桌上。例如，衛星電視頻道落地之可行性等，政府也將因應新情勢，從法規面建構可長可久的機制。

　　本章著重傳媒未來性的適用，指出我們面對兩岸傳播交流為一愈來愈相關的新生事物，雙方媒體交流合作也大勢所趨，其涉及的法規亟待認識，以作為關心臺灣傳媒事業從事兩岸交流之參考。

問題討論

一、兩岸傳播新聞交流係依據《臺灣地區與大陸地區人民關係條例》，請說明此一條例的時空背景與其適用性。

二、兩岸新聞出版有哪些交流法規？

三、兩岸影視交流有哪些法規？

四、目前兩岸廣告交流，主要依據《大陸地區物品勞務服務在臺灣地區從事廣告活動管理辦法》，請評論其內涵。

參考書目

中央通訊社編（2010）。《中央通訊社編採手冊》。臺北：中央通訊社。

中評社（2009）。臺北6月4日電（記者李仲維）。http://www.chinareviewnews.
　　com/doc/1009/8/7/6/100987653.html?coluid=7&kindid=0&docid=100987653

尤英夫（2008）。《談法論理看新聞》。臺北：前衛出版。

林雅萍（2009）。〈全面開放大前提確實保障臺灣媒體與廣告及媒體代理商
　　權益〉。《廣告Adm》。222期。

〈是政府怠惰　不是媒體違規〉（2010）。《旺報》社評（2010/11/20）。

第十四章　傳播現象與媒體素養

國立臺灣藝術大學廣播電視學系教授

中央廣播電臺總臺長

賴祥蔚

摘要

　　最近幾年，各界紛紛討論起諸多傳播現象，甚至稱之「媒體亂象」，而新聞媒體更被冠上「新聞公害」之名。相關聲浪反映出當前與新聞媒體有關的傳播倫理與法規必須更被重視，在此同時則催生出公民對抗媒體的自救運動，亦即媒體素養。媒體素養其實與言論自由之間頗有關係，例如言論必須保障，但是某一些侵犯他人權利的言論則不受保障，其中一例，就是誹謗言論，這也是當前被稱為新聞公害的傳播現象經常涉及的課題。本章從學理出發，結合美國與臺灣的司法案例，提供一個思考與學習的架構。最後分別對公民與媒體素養的提倡者提出建議：一方面希望公民可以思考如何從媒體素養之中，獲取更多對於媒體的真正認識與因應知識，包括理論與法律的多元素養；其次也可以在參與媒體運作之外，多一些關於媒體應對技巧與媒體公關技能的學習；另一方面則建議未來在推動媒體素養時，可以從言論自由的學理基礎上加深論述。

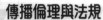

第一節　前言

　　最近幾年，各界紛紛討論起諸多傳播現象，甚至稱之為「媒體亂象」，而新聞媒體更被冠上「新聞公害」之名（林元輝，2006）。新聞是否真的成為公害，仍有討論空間，但是相關聲浪反映出當前與新聞媒體有關的傳播倫理與法規議題確實必須更加重視；在此同時，臺灣社會各界也發起了公民對抗媒體的自救運動，亦即媒體素養。

　　2002年10月24日，教育部正式公布《媒體素養教育政策白皮書》。環顧亞洲各國政府針對媒體素養政策白皮書的公布，臺灣堪稱領先。

　　《媒體素養教育政策白皮書》指出一個現象，媒體儼然已經成為國內青少年及兒童的「第二教育課程」，甚至有取代學校教育的趨勢。因

為青少年與兒童接觸媒體（包括網際網路、線上遊戲）的時間，已經超過他們在中小學教室上課的總時數，如果說媒體是第一教育體制而非第二教育體制，亦不為過。

正因如此，在教育部公布白皮書之前，早有來自於學界與非政府組織等旺盛的民間力量，持續推動媒體素養運動。在各種自發的民間力量之中，比較知名的包括國立政治大學傳播學院在1999年成立媒體素養研究室；富邦文教基金會在1999年投入媒體素養教育；成立於1992年的「電視文化研究基金會」也在2000年改組為「媒體識讀教育基金會」。

在這許多力量的鼓吹與推動之下，教育部在2002年1月委託富邦文教基金會企劃編輯《媒體素養教育政策白皮書》，經過了四個多月的討論與規劃，以及北、中、南、東一共四場公聽會的集思廣益，終於在同年10月公布。

媒體素養究竟是什麼？現代公民又應該如何看待？以下將在第二節先回顧媒體素養的意涵與發展，第三節探討媒體素養與言論自由的關係，第四節從誹謗的角度切入，援引美國與臺灣的司法案例，進一步思考言論自由與新聞自由到底是現象還是亂象？最後在第五節提出結論與建議。

第二節　媒體素養的意涵與發展

一、媒體素養的意涵

關於「素養」（literacy）一詞的意涵，在《媒體素養教育政策白皮書》中指出：「素養一般指的是語言文字的聽說讀寫能力，……通常是義務教育最主要的內涵」（教育部，2002：13）。

由於傳統聽說讀寫層次的素養，已經不足以應付當前的環境與局勢，因此乃有媒體素養的出現。媒體素養運動的領袖Considine就引用

知名教育家Ernest Boyer的話指出：「單純的讀寫已不足夠，學生必須變成有素養者（literate），以便瞭解視覺訊息，……從而得知如何指出原型、隔離刻板印象，並且分辨事實與宣傳」（Considine, 1997: 243-244）。

Kress（1992）對於素養賦予了更加豐富的意義，包括三個層次：一是從一個符號系統譯碼至另一個符號系統；二是一個特定的符號系統的獨特精神、物質，以及意義形式的呈現與記錄系統；三是意義製造與再造的可能性，而且此一可能性的產生，乃是媒體特色以及符碼的效果。

美國最資深的媒體素養專業組織──1953年成立的「全國電訊媒體委員會」（The National Telemedia Council, NTC）為媒體素養下的定義是：「近用、分析、評估以及創造各種印刷與非印刷媒體形式的能力」（Heins & Cho, 2003）。

Potter（2005: 22）認為：「媒體素養是一組視角（perspectives），當我們曝露於媒體時，可供用以積極詮釋（interpret）所接觸到訊息的意義。這些視角是從知識結構中獲得建造」。因為所有的媒體訊息其實都是透過詮釋而得，Potter進一步指出包括四個面向：認知（cognitive）、情緒（emotional）、美學（aesthetic），以及道德（moral）等（pp. 187-189）。對於媒體素養，傳播學者陳世敏（2005：7）指出：「最關鍵的文獻則見於美國『亞斯平協會』（Aspen Institute）在1992年舉辦的一次『媒體素養精英會議』上，由與會者共同界定『媒體素養』為『以多種形式去近用、分析、評估、製作媒體的能力』（The ability to access, analyze, evaluate, and create media in a variety of forms.）。」

二、媒體素養的發展

媒體素養之所以獲得重視，有其緣由。回顧媒體素養的歷史發展，美國扮演重要角色。美國媒體素養的先驅組織，是在1930年代由一群教師與公共廣播先驅者所組成的「威斯康辛更優廣播協會」（Wisconsin Association for Better Broadcasting），目的是提升受眾對於廣播節目的認

知、批判性評估，以及鑑賞（Brown, 1991: 174-175）。此一組織正是前面提及之「全國電訊媒體委員會」（NTC）的前身。

　　美國聯邦政府對於媒體素養的資助與推動，從1978年卡特總統的任內正式開始，不過後來因爲招致對相關課程耗去可觀預算卻無成效的批評，而在1982年宣告終止，後來在1980年代末期重新獲得重視（Heins & Cho, 2003）。1990年代美國社會各界對於兒童與教育議題重新展現興趣，媒體素養運動也有可觀的發展，紛紛被各州納入正式教育體制（Hobbs, 1998）。1990年代晚期，學術期刊陸續推出媒體素養專刊，「國際傳播協會」（International Communication Association）發行的 *Journal of Communication* 也被選入SSCI（Social Science Citation Index）（Heins & Cho, 2003）。

　　在國際舞臺上，主要成果是「聯合國教科文組織」（United Nations Educational, Scientific and Cultural Organization, UNESCO）1982年在德國舉辦的「媒體教育國際研討會」（International Symposium on Media Education）。來自十九國的代表提出〈媒體教育宣言〉（Declaration on Media Education），呼籲各國支持媒體教育計畫，範圍從學前到大學、甚至成人教育（UNESCO, 1982），聯合國教科文組織在1984年更出版了媒體教育的專書（Morsy, 1984）。

　　在1999年的聯合國教科文組織維也納會議中，來自三十三個國家的代表又共同強調：「媒體教育是世界上每一個國家的每一個公民藉以獲得表意權利與資訊權利的權益（entitlement），也是建構並維持民主的工具」（Kubey, 2003）。

　　關於媒體素養教育的完整輪廓，Considine（1999）認爲大眾必須知曉以下六個項目：媒體是建構而成（media are constructions）、媒體建構有商業目的（media constructions have commercial purposes）、媒體訊息包括價值與意識型態（media messages contain values and ideologies）、媒體訊息有社會與政治性後果（media messages have social and political consequences）、媒體各有獨特的美學形式（each medium has a unique aesthetic form）、閱聽人可交涉自己的意義（audiences negotiate their

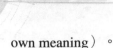

own meaning）。

　　長年致力媒體教育運動的「英國影片協會」（The British Film Institute, BFI）認爲媒體教育的內涵應該包括六大項目：媒體組織（media agencies）、媒體類型（media categories）、媒體科技（media technologies）、媒體語言（media language）、媒體閱聽人（media audience），以及媒體再現（media representations）等（Bazalgett, 1997）。此一內容，被奉爲典範，廣獲各國採用，包括臺灣，具體成績就是前述的《媒體素養教育政策白皮書》。

第三節　媒體素養與言論自由

一、言論自由的學理

　　關於當代言論自由理論的系統論述，首先是由英國著名思想家、詩人、國會議員約翰‧彌爾頓（John Milton）所開啓。彌爾頓認爲言論具有追求眞理的重要價值，因爲人天生就有理性，可以辨別是非對錯，所以各種觀念在自由場域中經過公開的討論之後，眞理終將在最後獲得勝出，這正是言論自由與出版自由都不應該遭到限制的理由（賴祥蔚，2006）。其論點在十八世紀因爲Thomas Erskine的宣揚而廣爲流傳，並在十九世紀藉由約翰‧密爾（John Stuart Mill）的論述而成爲具有個人權利色彩的理論（Gabb, 1989）。當時的出版自由，如今已演化成更廣泛的廣電與新聞自由。

　　密爾在《論自由》的第二章中，探討言論與眞理的關係，他指出有四個理由支持言論自由，反對政府管制言論：首先，人非萬能，無法絕對分辨眞理與謬誤，被壓抑的言論可能是眞的，因此限制言論可能限制了眞理的傳布；其次，言論可能有部分眞理與部分謬誤，縱使被壓抑的言論有錯，仍可能有一部分眞理，而盛行的言論卻可能不是全部眞理，

所以唯有藉著對立言論相互激盪，才能補充不足並且發現完全的眞理；第三，就算盛行的言論已是眞理，也不能禁止與之相對的謬誤言論，因爲如果要保持眞理不流於武斷或偏見，除非能忍受辯駁，否則接受該言論的人只會像接受偏見，對該言論既不理解又沒感受；最後，禁止違反眞理的言論，將使我們缺少親身體認眞理的機會，因此眞理本身的意義可能會消失、減弱，終於變成敎條，使得對於眞理的信念將會無法從理性或是個人的經驗之中成長出來（賴祥蔚，2011）。

這些主張，在二十世紀初，透過美國聯邦最高法院的判決，以另一種不同的面貌出現。1919年因爲美國大法官何姆斯（Holmes）指出：至高之善唯有透過「觀念的自由交換」（free trade in ideas）才能獲得。Holmes認爲：眞理的最佳測試是思想本身在市場競爭中被接受的力量。……這就是我們憲法的理論。……必須永遠警戒對於意見表達加以檢查的企圖。……除非是涉及了立法的急迫目的之威脅，而且必須立即檢查言論才能拯救國家（250 U.S. 630-31）。前述彌爾頓與密爾的主張，於是轉變爲知名的「觀念市場理論」（marketplace-of-ideas theory）（賴祥蔚，2006）。

眾所皆知，當代體認的言論以及言論自由的範疇與意涵，早已然超越彌爾頓的預期，更發展出多元的衍生發展。

首先，言論內涵已經不只狹義的言論。林子儀（1999：201）便指出：「言論之內涵不僅包括一般以言論、文字、書面、圖畫、照片、錄音、廣播、活動影像等方法表達意見之行爲，亦包括集會、遊行及結社等表達意見之行爲在內」。

其次，言論自由也包括了「知的權利」（the right to know）、「接近媒體使用權」（the right of access to the media）、「接收訊息權」（the right to receive）、「傳播權」（communication rights）等豐富的內涵，形成一個發展中的傳播權利體系（賴祥蔚，2005a）。

當然，言論的價值絕不只追求眞理，陸續被提出並且廣爲接受的還包括其他多種價值。憲政學理公認言論具有多元價值，例如知名的美國法理學家Thomas I. Emerson（1980）就歸納出四種主要的言論價值，包

括：民主自治、真理追求、自我實現、社會安定等四種；臺灣研究言論自由的著名學者林子儀（1999）則認為言論的價值應該包括：追求真理／言論自由市場、健全民主程序、表現自由或實現自我等三種，至於社會安定，只能算是次要的價值。而且這些價值彼此之間互相依存、不可或缺（Emerson, 1980: 422-423）。

二、媒體素養對言論自由的挑戰

媒體素養之所以獲得重視，乃是因為對於電子媒體的興起感到憂慮，並且表現為幾個方面的關切。最常被提及的是對於兒童、青少年、甚至成人，因為接觸電子媒體而受到負面影響的關切。

對於新興媒體的憂慮，催生了一些主要的因應方法，包括兩種雖不相同但卻未必互斥的途徑，途徑之一是推動媒體教育，途徑之二則是對於媒體結構直接進行改革。前者衍生出媒體素養的論述，後者則引發媒體政治經濟學的研究（賴祥蔚，2002）。在關注媒體產業結構與關注媒體內容兩種理論間，確實存在哲學上的巨大鴻溝；不僅如此，對於媒體素養的倡導者而言，關於媒體所有權的結構議題，也是其主要挑戰中的一項（Heins & Cho, 2003）。

然而，直接檢查或者管制媒體，可能引起實務與理論上兩種層次的爭議。在實務上，媒體所具有的龐大政經勢力，委實難以輕易撼動，更可能引來媒體的強力反擊；至於理論上，則是任何檢查或者管制媒體的措施，都不免會引起關於打壓言論自由與新聞自由的憂慮。支持媒體素養教育者就認為，提倡媒體素養恰恰可以緩解媒體檢查或是管制所可能帶來的壓力（Heins & Cho, 2003）。

媒體素養教育的興起，一開始是因為對於電子媒體的不信任；至於媒體素養教育的主要對象，則是最可能受到電子媒體不良影響的未成年兒童與青少年，至於大學生與成人也常被納入應該教育的對象。

如此一來，如同學者Bazalgette（1997）回顧英國媒體教育時所指出的，「責難媒體」的媒體教育可能會產生「否定媒體」的誤解。不論是

「責難媒體」或是「否定媒體」，其實都是質疑人類理性能在電子媒體
興起後繼續透過觀念的公開討論而獲致真理，從而嚴重挑戰了言論自由
的理論假設（賴祥蔚，2007）。

　　所有媒體議題其實與言論自由的論述之間都脫不了關係。媒體素養
的若干論述，更可能已經從根本上挑戰了言論自由的基礎。因為言論自
由的基本假設乃是接納市場中的所有言論，但是媒體素養教育的出發點
卻是對於市場中的媒體言論所抱持的不信任態度，這正是兩者未必相容
之處。

　　儘管媒體素養相關運動的發展非常蓬勃，但是綜觀教育部的政策白
皮書，或許是限於篇幅，對於理論基礎的陳述其實相當有限，只有區區
數十字而已，留下許多討論的空間。對於媒體素養的研究與論述，即便
是學術界，在此之前也算不上豐富。檢視國家圖書館的「中文期刊篇目
索引影像系統」，大約從1990年代開始，國內的學術期刊才開始出現相
關的學術論文（吳翠珍，1996：1998；梁朝雲，1997）。在僅有的學術
文獻當中，最為欠缺的部分也是對於理論基礎的關注。吳翠珍（2004：
834）曾指出除了少數碩士論文之外，多數文章對媒體素養的理論都
著墨不深。即便是相關的碩士論文，在理論的探索上也尚有不足，這
是因為他們所能回顧的教科書等文獻，其實也很少談到相關理論，例
如長年研究媒體暴力的資深學者James Potter在他所著的*Media Literacy*
（1988/2010）一書就完全未對於相關理論進行探討。至於國內的媒體素
養教科書，多數也都欠缺對於理論的介紹或探討。其中關鍵，或許正如
Len Masterman（1985）在回顧英國發展經驗時所指出的，媒體教育的理
論主要都是從實然面去尋求可以接壤的相關理論，欠缺由應然面著力的
學理支撐。

第四節　誹謗：從言論自由到新聞公害？

一、美國言論自由與誹謗的衝突與訴訟

　　既然言論有其價值，憲法就要對言論自由加以保障，至於保障的程度，目前一般認為絕非全無限制。以美國為例，關於言論自由的保障，美國憲法〈第一修正案〉的文字，看似對於言論自由採取絕對保障，其實美國聯邦最高法院的多數意見，從未接受該說為保障言論自由之依據，而是採取相對保障說。不過絕對保障說仍然不乏支持者，例如兩位美國聯邦最高法院的知名法官Hugo Black以及Williams O. Douglas即為代表。

　　當言論自由與其他自由衝突，例如與名譽權衝突，亦即言論出現了誹謗的情況，則言論就可能遭遇限制。這種衝突，就是許多傳播現象獲得熱烈討論的關鍵之所在。目前主要國家大多訂有形式上的誹謗罪名，而且也有不少言論自由權與名譽權發生衝突的訴訟案例，引起不少討論。例如其中最知名的經典案例，首推1964年判決的New York Times v. Sullivan訴訟案。此一訴訟案的起因是地方政府警察首長Sullivan控告民權人士在*New York Times*的報紙廣告中，登載了不實的內容，損及其名譽，因而提出訴訟。州法院原本判決提告的官員勝訴，要求*New York Times*與廣告主都必須付出天價賠償；民權人士一路上訴至聯邦最高法院，聯邦最高法院認為民權人士的報紙廣告沒有「真實惡意」（actual malice），亦即明知內容不實還故意刊登，而且公民對於官員執行的公務可以公評，因而改判Sullivan敗訴（376 U.S. 254）。關於誹謗言論，美國分成「事實」與「意見」兩部分，針對「事實」部分，在*New York Times*以及後來的相關訴訟案例，已經確立了採取前述的「真正惡意」原則為核心。

　　另一個值得探討的案例，則是美國聯邦最高法院1974年做出判決的

Gertz v. Robert Welch, Inc.案。該案起因於律師Gertz受託控訴一名警察涉嫌殺人，卻遭到一家月刊撰文指控Gertz參與了圖謀顛覆警察的共黨組織，而且還有前科。Gertz認為內容不實而且已經影響其名譽，因而提起誹謗訴訟。最高法院最後判決Gertz勝訴，該月刊的誹謗罪名成立。該案的判決內容強調：錯誤誹謗的傷害，很少因為有了反駁機會就足以復原。Burger審理時也在不同意見書指出：觀念市場或許存在過，但是已經消失，因為時空轉變使都會報紙消失，也使一般人難以進入觀念市場（418 U.S. 241）。Blocher（2008）就指出：挑釁與仇恨等言論所造成的傷害，往往無法藉由提供更多的矯正言論而獲得治癒，其結果就是觀念市場的失靈。由此可見，言論自由或是衍生而來的媒體自由與新聞自由，絕對不是毫無限制。

二、我國言論自由與誹謗的衝突與訴訟

我國《刑法》第310條規定：「意圖散布於眾，而指摘或傳述足以毀損他人名譽之事者，為誹謗罪，處一年以下有期徒刑、拘役或五百元以下罰金。散布文字、圖畫犯前項之罪者，處二年以下有期徒刑、拘役或一千元以下罰金。對於所誹謗之事，能證明其為真實者，不罰。但涉於私德而與公共利益無關者，不在此限。」

由此可見，言論只有在真實、不涉及私德、與公共利益有關這三項前提之下，才不會涉及誹謗罪。關於這點，我國大法官會議有一宗誹謗罪的憲法解釋案例值得探討。

此案源起之一是《商業周刊》在1996年的報導中，以「氣量狹小」、「趕盡殺絕」、「刻薄寡恩」描寫當時的交通部長，當事人提起訴訟後，被告的周刊相關人員被判處誹謗罪。被告不服，認為此法侵犯言論自由與新聞自由，因而提出釋憲案。

大法官會議的釋字第509號解釋，針對《刑法》誹謗入罪之規定是否違反言論自由的憲法解釋文指出：「《刑法》同條第三項前段以對誹謗之事，能證明其為真實者不罰，係針對言論內容與事實相符者之保障，並

藉以限定刑罰權之範圍，非謂指摘或傳述誹謗事項之行為人，必須自行
證明其言論內容確屬真實，始能免於刑責。惟行為人雖不能證明言論內
容為真實，但依其所提證據資料，認為行為人有相當理由確信其為真實
者，即不能以誹謗罪之刑責相繩，亦不得以此項規定而免除檢察官或自
訴人於訴訟程序中，依法應負行為人故意毀損他人名譽之舉證責任，或
法院發現其為真實之義務。就此而言，《刑法》第310條第三項與憲法保
障言論自由之旨趣並無牴觸。」依照此一解釋，只要包括新聞媒體在內的
言論發表者，對於其發表言論「有相當理由確信其為真實」，就不會被認
定為誹謗。因此是否「有相當理由確信其為真實」至為關鍵。

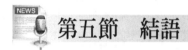

第五節　結語

　　媒體素養運動從1930年代開展至今，已經有了蓬勃的發展，在落實
為具體的政策與行動上也頗有收穫。

　　媒體素養雖然頗受重視，在當前的媒體亂象與所謂的新聞公害之
下，公民如果想要避免遭到媒體亂象或新聞公害的不良影響，確實有必
要加強對於媒體的認識，這樣才能妥為因應。

　　從公民的角度來看，媒體素養政策有什麼意義呢？教育部公布的
《媒體素養教育政策白皮書》包括了三個部分（教育部，2002）：

　　第一部分是「媒體素養教育的重要性」，包括了四個重點：(1)媒體
是第二教育課程；(2)我國媒體現狀；(3)國際媒體教育現況；(4)媒體教
育與國家的未來發展。

　　第二部分是「媒體素養教育的未來願景」，也包括四個重點：(1)建
立健康媒體社區；(2)推動媒體素養終身教育；(3)提升國民媒體素養能
力；(4)建構具體有效策略。

　　第三部分是「媒體素養教育的相關政策」，包括落實法令、課程教
材、研究推廣等十一個子題。

　　對公民而言，要思考的是如何從中獲取更多對於傳播現象的瞭解，

尤其是對於面對媒體時要如何因應，這還應該包括理論上與法律上的多元素養學習；其次也可以在學習親身參與媒體運作之外，多一些關於媒體應對技巧與媒體公關技能的學習，以免如同某些名人在面對媒體（尤其是侵犯隱私的跟拍媒體）時，因為壓力過大、情緒失控而火爆演出，結果不但沒有獲得制衡媒體的目的，反而因為出現衝突場面而變相的助長了媒體的閱聽效果。

從理論來看，媒體素養確實還有一些值得探討的不足之處，例如有批評者就認為：媒體素養其實是主張「先改造人類之後乃能改造媒體環境」。就此而論，媒體產業結構的改造，相較於全面推動媒體素養教育，並且還要使所有公民都盡可能變成優質的閱聽人與媒體生產者，兩相權衡，似乎後者的難度明顯更高。更何況，當媒體科技進步，特別是當此時代，龐大規模、高度分工的生產模式，早就已經取代獨立個體手工的生產模式，媒體素養教育卻希望「提供個人或團體媒體製作與傳播的技術能力」（教育部，2002：13），這就宛如在當前跨國財團橫行的時代，卻指望公民透過自己開設小店鋪以權充抗衡力量，恐怕難以真正奏效（賴祥蔚，2007）。

積極推動媒體素養運動的學者吳翠珍（2004：837）曾經強調：「建立理論辯證的媒體素養與教育方能成就可長可久的學術領域」。她進一步指出，其中最迫切的是檢視「首先，媒體教育為一知識領域（knowledge domain）嗎？內涵為何？接著，媒體教育為一實踐（practice）嗎？實踐了什麼？又解決了什麼問題？」

對於前述的一些質疑與討論，媒體素養教育或許在積極推動之餘，還必須同時進行以下任務：基本上，應該從哲學與理論的基礎出發，特別是回歸到言論自由與新聞自由的相關論述，這樣才能在面對當前的諸多傳播現象時，提供一套完整而嚴謹的解答。未來可以進行研究的包括以下三個領域，與此相關的思辯與解答，恰恰可反映前述的媒體改革與媒體教育兩種途徑（賴祥蔚，2007）。

首先，一般民眾處在當前大眾化、市場化、商品化的各種新興媒體之中，究竟獲得了什麼樣的資訊？是真理或是誤導？在此同時，針對媒

體的資訊品質，從言論自由出發如何改善？是進行澈底的媒體改革？還是訴諸自營小店鋪式的媒體生產？退一步說，就算難以改善，這些研究成果也可作為媒體素養教育立論的根據。

其次，面對無遠弗屆的網際網路與更具聲光效果的資訊爆炸，現代人的理性是否真的足以因應？包括圖像與影像等表達形式，是否關乎真理？又如何影響了人的認知與思考？如果言論自由的論述難以在此適用，則可改由媒體素養教育來思考如何因應。

第三，相較於傳統的言論自由是從「說者」（speakers）的角度出發，爭取讓人人得以暢所欲言，新的研究應該試著從「受眾」（audience）的角度來思考如何看待以及矯治言論的市場結構。知名美國學者Chafee（1941: 559）早就預言，言論自由未來所面臨之最重要的議題，將是要求政府採取積極作為以促進言論或表達意見的自由。此一論述，不該只是用於接近媒體使用權，而該進一步擴展到從受眾角度來建構言論的應有結構。從受眾角度改造言論市場、思考傳播現象，這不僅是言論自由應該關切而較少關切的面向，也是媒體素養教育最該啟發的觀念。

 問題討論

一、如何看待傳播現象或是「媒體亂象」？臺灣媒體的「亂象」包括哪些？

二、我們享有的是新聞自由？還是承擔著「新聞公害」？兩者完全對立嗎？

三、對於媒體素養的主張有什麼想法？哪一項最需要？為什麼？

四、為了保障名譽權而規定誹謗罪，這樣是不是限制言論自由與新聞自由？

五、如何評估媒體素養的落實情況？對於國小、國中、高中、甚至大學生，有什麼具體的幫助？

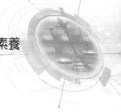

參考書目

一、中文部分

吳翠珍（2004）。〈媒體素養與媒體教育的流變與思辨〉。翁秀琪（編），
　　《臺灣傳播學的想像（下）》，頁811-843。臺北：遠流。

吳翠珍（1998）。〈兒童收看電視卡通行為研究：兼論媒體素養〉。《理論
　　與政策》，47：145-163。

吳翠珍（1996）。〈媒體教育中的電視素養〉。《新聞學研究》，53：39-
　　60。

林元輝（2006）。《新聞公害的批判基礎——以涂醒哲舔耳冤案新聞為主
　　例》。臺北：巨流圖書公司。

林子儀（1999）。《言論自由與新聞自由》。臺北：元照。

林子儀（1984）。〈商業性言論與言論自由〉，《美國月刊》，2(8)：23-
　　33。

陳世敏（2005）。〈媒介素養的基本概念〉。周典芳、陳國明（編），《媒
　　介素養概論》，頁3-22。臺北：五南。

梁朝雲（1997）。〈網路社會素養：電子郵件的禮儀〉。《新聞學研究》，
　　54：53-74。

教育部（2002）。《媒體素養教育政策白皮書》。上網日期：2004年1月23
　　日，取自國立政治大學傳播學院「媒體素養研究室」網頁http://www.
　　mediaed.nccu.edu.tw/MLpolicy.pdf

賴祥蔚（2011）。〈言論自由與真理追求——觀念市場隱喻的溯源與檢
　　視〉。《新聞學研究》，108：103-139。

賴祥蔚（2007）。〈媒體素養與言論自由的辯證〉。《新聞學研究》，97：
　　97-128。

賴祥蔚（2006）。〈新聞自由的臨摹與反思〉。《新聞學研究》，87：97-
　　129。

賴祥蔚（2005a）。〈從言論自由到傳播權〉。《臺灣政治學刊》，9(1)：
　　199-231。

賴祥蔚（2005b）。《媒體發展與國家政策》。臺北：五南。

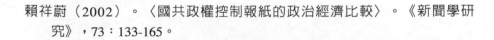

賴祥蔚（2002）。〈國共政權控制報紙的政治經濟比較〉。《新聞學研
究》，73：133-165。

二、英文部分

Bazalgette, C. (1997). An agenda for the second phase of media literacy development. In R. Kubey (Ed.), *Media Literacy in the Information Age* (pp. 69-78). New Brunswick, NJ: Transaction.

Blocher, J. (2008). Institntion in the marketplace of ideas. *Duke Law Journal, 57*(4), 821-889.

Brown, J. A. (1991). *Television "Critical Viewing Skills" Education: Major Media Literacy Projects in the United States and Selected Countries*. Hillsdale, NJ: Lawrence Erlbaum.

Buckingham, D. (2003). *Media Education: Literacy, Learning and Contemporary Culture*. Cambridge: Polity.

Buckingham, D. (1988). Media education in the UK: Moving beyond protectionism. *Journal of Communication, 48*(1), 33-43.

Chafee, Z. (1941). *Free Speech in the United States*. Cambridge, MA: Harvard University Press.

Considine, D. (1999). What is media literacy and why do you need it? Retrieved May 2, 2006, from Appalachian State University, Reich College of Education Web site: http://www.ci.appstate.edu/programs/edmedia/medialit/article.html

Considine, D. (1997). Media literacy: a compelling component of school reform and restructuring. In R. Kubey (ed.), *Media Literacy in the Information Age* (pp. 243-262). New Brunswick, NJ: Transaction.

Debes, E. L. (1969). The loom of visual literacy. *Audiovisual Instruction, 14*(8), 25-27.

Department of Education and Science (1989). *The Cox Report*. London: HMSO.

Elkind, D. (1981). *The Hurried Child: Growing Up Too Fast Too Soon*. MA: Addison Wesley.

Emerson, T. I. (1980). First amendment doctrine and the burger court. *Calif. L. Rev.*, 68, 422-481.

Gabb, S. (1989, July). Thomas Erskine: advocate of freedom. *The Freeman, 39*(7). Retrieved July 2, 2006, from The Foundation for Economic Education web site: http://www.fee.org/publications/the-freeman/ article.asp?aid=2895

Heins, M., & Cho, C. (2003). Media literacy: An alternative to censorship. Retrieved June 3, 2006, from NYU School of Law, Brennan Center for Justice Web Site: http://www.fepproject.org

Hobbs, R. (1998). Building citizenship skills through media literacy education. In M. Salvador & P. Sias (eds.), *The Public Voice in a Democracy at Risk* (pp. 57-76). Westport, CT: Praeger.

Jenkinson, C. (1992). From milton to media: information flow in a free society. *Media & Values, 58*, 3-6.

Kress, G. (1992). Media literacy as cultural technology in the age of transcultural media. In C. Bazalgette, E. Bevort & J. Savino (eds.), *New Directions: Media Education Worldwide* (pp. 189-202). London: British Film Institute.

Kubey, R. (2003). How media education promotes critical thinking, democracy, health, and aesthetic appreciation. Retrieved May 4, 2003, from National Council for the Social Studies Web Site: http://www.socialstudies.org

Masterman, L. (1997). A rationale for media education. In R. Kubey (ed.), *Media Literacy in the Information Age: Current Perspectives* (pp. 15-68). New Brunswick, NJ: Transaction Publishers.

Masterman, L. (1985). *Teaching the Media.* London: Routledge.

Meyrowitz, J. (1985). *No Sense of Place: The Impact of Electronic Media on Social Behavior*. Oxford: Oxford University Press.

Morsy, Z. (ed.) (1984). *Media Education*. Paris: UNESCO.

Olson, D. R. (1977). The language of instruction: The literate bias of schooling. In R. Anderson, R. Spiro & W. Montague (eds.), *Schooling and the Acquisition of Knowledge* (pp. 65-89). Hillsdale, NJ: Erlbaum.

Peterson, T. (1956). The social responsibility theory. In F. S. Siebert, T. Peterson & W. Schramm (eds.), *Four Theories of the Press* (pp. 73-104). Urbana: University of Illinois Press.

Potter, W. J. (2005). *Media Literacy*. New York: Sage.

Postman, N. (1983). *The Disappearance of Childhood*. London: W. H. Allen.

Reding, V. (2006). Freedom of the media, effective co-regulation and media literacy. Retrieved December 20, 2006, from the World Wido Web: http://europa.eu/

Sanders, B. (1995). *A is for Ox: The Collapse of Literacy and the Rise of Violence in as Electronic Age*. New York: Vintage.

Steinberg, S. R. & Kinchelos, J. L. (1997). Introduction: No more secrets-kinderculture, information saturation, and the posytman childhood. In S. R. Steinberg & J. L. Kincheloe (eds.), *Kinderculture: The Corporate Construction of Childhood* (pp. 1-30). Colorado-Oxford: Westview Press.

UNESCO (1982). Declaration on media education. In L. Masterman (ed.), *Teaching the Media* (pp. 340-341). London: Comedia.

U.S. Dept. of Justice, U.S. Dept. of Education, & U.S. Dept. of Health & Human Services (1993). Safeguarding Our Youth: Violence Prevention for Our Nation's Children. Retrieved June 8, 2006, from La Plaza Telecommunity Web Site: www.laplaza.org/about_lap/ archives/mlit/media_4.html

第十五章　良知與實踐：傳播倫理與法規的重構

佛光大學傳播學系副教授兼華人流行音樂與創意傳播研究中心主任

蔣安國

摘要

　　傳播倫理與法規研究面對臺灣傳播環境的變動不居，往往時移勢遷，相關法規內容經常跟不上環境變化，故坊間近年來較少相關論著；再以傳播倫理與法規的面向太廣，指涉範疇相當複雜，故而必須由作者群分別撰寫，但亦難以面面俱到。本章總結傳播倫理與法規的重構，為一種良知良能與專業準則的實踐，強調當代傳播法規須立基於與日常生活結合的架構中，提出相關傳播現象與倫理法規的個案說明。

第一節　良知與實踐問題

一、前言

　　本書分為兩大層面，一為媒體訂定自律規約與專業標準，這是個良知問題，這也是自律表現；另一為媒體法規為傳媒遊戲規則，這是從業人員必須共守的他律部分，需要強制實踐，主要因為媒體自律欠缺法律強制約束，極易在市場競爭壓力下瓦解（石世豪，2009）。

　　報業自律的觀念，導源於報業強大的影響力（李瞻，1987）。我國政治發展與社會體質的改變，民國76年7月臺灣地區解除戒嚴是一個分界點，由中央集權轉變為自由發展，政治走向多黨競爭之途，社會完全開放，以至於今。解嚴十年，新聞事業並未善用自由發展的機會，呈現惡性競爭（薛心鎔，1998）。新聞媒體如何加強內部的「自律」、虛心接受外來的「他律」、避免嚴厲的「法律」，以邁向健康良性的發展道路（艾瑾，1998）？

　　臺灣媒體過去被少數人形容是「社會亂源」，此一汙名化的部分

原因，主要在於媒體處理反社會行為新聞時的失序，為社會添亂，特別顯得傳播從業人員需要對專業倫理守則與法規有所遵守。媒體從過去集權控制中解放出來，獲得很大的自主性，為社會提供思想言論互動的平臺，以及對政府批評、監督的權利（西方稱其為除行政、立法、司法三權之外的「第四權」），對社會輿論發展有很大的影響。尤其當媒體出現集團化現象之後，理應承擔更多的社會責任，但當社會亂象橫生，媒體出現標榜新聞自由，卻故意放棄自身應承擔的社會責任，因此離開社會大眾期待差距很大。故媒體處理諸如犯罪新聞、自殺新聞、災難或意外事件處理、群眾抗議事件處理、揭發未經證實訊息之處理、醫療新聞處理、重大流行疾病新聞處理、愛滋感染者或病患相關新聞處理、性與裸露事件處理、性別與弱勢族群相關新聞處理、身心障礙者負面新聞處理、靈異超自然現象事件，有必要更強化專業倫理守則與法規，謹慎將事，本章將再予檢視。

二、當代傳播法規與日常生活結合

先就傳播法規而言，這是傳播從業人員必須共守的規範。由於學者關注焦點的不同，傳播法規發展出複雜的法律體系。由我國現行與傳播媒介有關之法律規範，涉及的面向分為行為面向、主體面向、意義面向與媒體面向四部分（石世豪，2009）。依其來源及位階有三層，計為憲法、法律以及法規命令：以第一層憲法來說，此乃為國家根本大法，規範著政府組織、各部門運作及人民的基本權利與義務，為最高階之法源，法律與命令牴觸憲法者無效（《憲法》第171條、第172條），自不待言，吾人應將傳播相關憲法規範與事實領域加以統合，包含。我國憲法保障人民與媒介擁有傳播的基本權利，例如有關表達意見之自由、新聞自由、人民知之權利（《憲法》第11條），及新聞從業人員工作權之保障（《憲法》第15條），言論自由間接保障原則及隱私權的尊重（《憲法》第23條）等，這對我國成為民主自由的國家，有著絕對重要的指導作用。

　　此外，低於憲法的位階下的法律部分，我國現行主要的傳播法可說已粲然大備，諸如：《通訊傳播基本法》、《廣播電視法》、《有線廣播電視法》、《衛星廣播電視法》、《電信法》，其他適用之法律也相當廣泛，包括：《公平交易法》、《著作權法》、《消費者保護法》、《兒童及少年性交易防制條例》、《性侵害犯罪防治法》、《刑法》（誹謗罪）、《民法》（侵權行為）、《公司法》、《個人資料保護法》、《就業服務法》、《藥事法》、《化粧品衛生管理條例》、《食品衛生管理法》、《健康食品管理法》、《菸害防治法》、《臺灣地區與大陸地區人民關係條例》等。過去傳播從業者較多注意傳播法，但於今傳播行為擴及社會生活各個層面，所需適用之法律也做更大的擴張。

　　在法律次一位階下，則為法規命令（授權命令），由於社會發展快速變化，相關法規命令，多如牛毛，政府往往依照最新近媒體事態，訂定法規命令，傳播從業人員自須隨時注意。

　　本書作為傳播倫理與法規的教課書，主要內容集中體現為媒體營運的管理規範，同時在社會大系統中如何肩負社會責任、照顧民生需求亦為出版本書之鵠的。

　　當代傳播法規與民眾日常生活產生密切結合，舉例而言，本書中以具體的食品衛生管理衍生的傳播問題，以及化粧品管理的傳播問題，來展現傳播法規與日常生活結合的必要，亦彰顯傳播法規必須體察社會脈動，貼近人民日常生活的大小事。

　　法規實際上脫離不了社會需要，人民的食、衣、住、行等日常生活，無不依賴法律的保障。就以「食」而言，此為民生第一件大事。然而，現今社會關切的已不是吃得溫飽與否，而是吃出健康的問題。如何吃出健康，牽涉到食品衛生管理的傳播議題，例如，媒體經常報導，食品、食品添加物或食品用洗潔劑的標示、宣傳或廣告，有出現不實、誇張或易生誤解之情形，或者食品特別標示、宣傳或廣告有某些醫療效能，消費者健康受到極大的損害，《食品衛生管理法》第19條對此乃規範「中央主管機關得以公告限制特殊營養食品之廣告範圍、方式及場所。接受委託刊播之傳播業者，應自廣告之日起六個月，保存委託刊播

廣告者之姓名（法人或團體名稱）、身分證或事業登記證字號、住居所
（事務所或營業所）及電話等資料，且於主管機關要求提供時，不得規
避、妨礙或拒絕。」

　　再舉日常生活中人們必會碰觸的化粧品訊息，它與傳播法規的相關
性密切，社會多所關切，包含化粧品出現猥褻、有傷風化、虛偽誇大的
訊息如何管理。依據《化粧品衛生管理條例》第24條：「化粧品不得於
報紙、刊物、傳單、廣播、幻燈片、電影、電視及其他傳播工具登載或
宣播猥褻、有傷風化或虛偽誇大之廣告。化粧品之廠商在登載或宣播廣
告時，應於事前將所有文字、畫面或言詞，申請中央或直轄市衛生主管
機關核准，並向傳播機構繳驗核准之證明文件。」可以得知，化粧品訊
息傳播的限制；行政院衛生署更於2009年公告《化粧品得宣稱詞句及不
適當宣稱詞句》，這一行政命令，對於化粧品「得宣稱詞句」方面，規
範得鉅細靡遺；在化粧品「不適當宣稱詞句」方面，主要為對「誇大不
實」的限制。

　　從以上所舉食品衛生管理，以及化粧品訊息等相關傳播法規之例，
體現傳播管理規範，不能脫離社會大系統，更須重視如何肩負社會責任
與照顧民生需求。

第二節　良知的召喚：臺灣傳播倫理的檢視

一、團體倫理

　　臺灣傳媒同業間秉持社會責任，以及利害與共關係，形成團體倫
理，共信共守，當能提升臺灣傳媒的形象，這是一個值得稱道的作為。
本節特別舉出《中華民國衛星廣播電視事業商業同業公會新聞自律執行
綱要》以及「新聞圖像使用原則」兩個範例，瞭解並透過其章程，以約束
所屬成員或聘僱員工，此不僅有跨越個案的抽象規範內涵，且其規範效力

源自於團體內的獎懲機制及其成員對於團體的認同感，與社會道德近似，特舉以下兩個團體倫理規範，以供傳播從業人員及傳播學界參考。

(一)《中華民國衛星廣播電視事業商業同業公會新聞自律執行綱要》

　　《中華民國衛星廣播電視事業商業同業公會新聞自律執行綱要》的出爐是在體察社會脈動與需要下，依據衛星廣播電視事業基本法令、性侵害案件之法令、兒童福利及少年事件之法令規定、侵害名譽之法令規定、身心障礙者保護法，另外擷取學者專家、公民團體的意見及各國傳播媒體自律規範，並參酌衛星廣播電視事業商業同業公會新聞自律公約之精神，彙集整理而成。

　　《綱要》之總則依據多種法律訂定，諸如依據《衛星廣播電視法》第17條的規定，新聞報導不得有下列情形之一：違反法律強制或禁止規定、妨害兒童或少年身心健康、妨害公共秩序和善良風俗，以及違反真實與平衡原則。依據《性侵害犯罪防治法》第2條及13條、《性騷擾防治法》第12條，對「新聞報導應善盡保護性侵害、性騷擾被害人，及家暴受害人之責任」，一般性侵害及性騷擾案件，原則上不予報導；家暴受害人在報導中應受保護。如嚴重影響社會治安或重大刑案之性侵害案件，不予報導相關詳細個人資料，或其他讓人足以辨識被害人身分之資訊。若加害人與被害人有親屬關係，應隱去加害人之相關資訊。

　　對於兒童及少年的保護，則依據《兒童及少年福利法》第2、30、46、58及63條，《兒童及少年法施行細則》以及《兒童及少年性交易防治條例》，對「新聞報導應善盡保護兒童及少年之責任」，有如下的規範：對於兒童及少年事件之報導，不得有行為兒童及少年之姓名或其他足以識別身分之資訊；採訪兒童及少年當事人，應先表明記者身分及取得兒童及少年監護人之同意，並應在非強迫或違反兒童及少年當事人意願下，方得進行採訪報導。此外，依據《民法》、《刑法》、《兒童及少年法》、《廣播電視法》、《衛星廣播電視法》、《後天免疫缺乏症候群防治條例》等法規，對「新聞報導應尊重個人隱私」，規範除考

量公共利益時，否則不得侵犯任何人私生活。當私人隱私損及公共利益時，媒體得以採訪與報導，但需盡全力防止不當損害個人名譽及侵犯個人隱私，或造成媒體公審的情況。

《綱要》總則另依《憲法》、《身心障礙保護法》、《精神衛生法》、《廣播電視法》、《衛星廣播電視法》對「新聞報導應避免歧視」等，規範對包括種族、族群、宗教、性別、性傾向、婚姻狀況、身心障礙者及所有弱勢者，在文字、聲音、影像，及動畫影片上均不得有歧視表現。

《綱要》總則對「錯誤報導更正處理」，規範「報導若有錯誤發生，必須依衛星廣播電視法第三十條之規定，於接到要求二十日內，在同一時間之節目或廣告中加以更正」。

《綱要》分則對「犯罪事件處理」、「自殺事件處理」、「綁架事件處理」、「災難或意外事件處理」、「群眾抗議事件處理」、「揭發未經證實訊息之處理」、「醫療新聞處理」、「重大流行疾病新聞處理」、「愛滋感染者或病患相關新聞處理」、「性與裸露罪事件處理」、「性別與弱勢族群相關新聞處理」、「身心障礙者負面新聞處理」、「靈異超自然現象事件處理」等進行自律規範。

(二)「新聞圖像使用原則」之形成與落實

新聞圖像始終是媒體內容的重要組成部分，臺灣媒體近年的報導內容普遍加強視覺影像的感官刺激，以至於新聞圖像應用宜掌握更具專業倫理的標準。臺灣新聞攝影研究會、臺灣記者協會、財團法人卓越新聞獎基金會於2010年2月7日公布由專業媒體新聞從業人員草擬的「新聞圖像使用原則」，並呼籲國內媒體機構制訂內部的自律公約，以維護新聞圖像的真實性，並讓國內新聞媒體從業人員在使用新聞圖片時有所依據。

一般來說，讀者信賴新聞照片是基於人們相信「眼見為真」，新聞圖像的拍攝、編輯與版面呈現給人以事實的真實呈現。然而，數位影像蓬勃發展，新聞圖像如有背叛此一信賴原則，遭到竄改的案例，例如

改變影像之內容、背景、顏色，或以合成、拼接的手法虛構或重建新聞事件，或使用數位影像處理軟體（photoshop）製作設計性圖像（Photo Illustration），這些是否違反新聞圖像使用倫理？如何維護新聞圖像數位化的真實性及可信度？這是新聞攝影應堅守永遠不變的原則。

　　「新聞圖像使用原則」的條文內容，分別從「新聞照片」、「擺拍照片」、「設計性圖像」、「資料照片」、「修圖原則」、「圖片說明」等幾個角度，提供臺灣傳媒同業間參考（如**表15-1**）。

表15-1　新聞圖像使用原則

1.新聞照片：在新聞事件中，拍攝者不指使、引導被攝者至特定位置拍照；影像、圖說（詮釋）以及編輯過程以不違背真實呈現為原則，包括不改變影像之內容、背景、顏色，亦不能以合成、拼接的手法虛構或重建新聞事件。
2.擺拍照片：在做人物訪問、圖片專題時，可能會以導演方式（擺拍，setup picture）拍攝環境肖像或特寫等照片，但這也是以表達受訪者工作或生活特色、個人特質的真實面向為原則，不能傷害新聞的可信度，因此，擺拍的目的是創造一張具視覺性但絕不會讓讀者誤讀的照片。
3.設計性圖像（Photo Illustration）：在新聞編輯過程中，可以創造性地使用影像來表達、說明抽象或未發生的議題。但其表現的手法必須以明顯、誇張或足以辨識為「人為產生」為原則，以避免讀者誤認其為真實發生之新聞照片。 若使用數位影像處理軟體（photoshop）製作設計性圖像，必須讓讀者即使在缺乏圖說的情況下也能明顯地感受其虛構性。如果必須使用圖片說明才能讓讀者明白此圖片已經過數位技術處理，那麼這張圖片就不應被採用。 另外，每張設計性圖像的圖說，一定要說明這是設計性圖像，以和新聞照片有所區隔。
4.資料照片：應說明拍攝日期、場景與攝影者，以真實地呈現新聞事實，維護新聞的可信度。
5.修圖原則：過去，新聞攝影使用傳統暗房技巧的原則，是以維護讀者對新聞照片之信賴度為基石。今天，圖像數位化後亦同，數位影像處理軟體可用於照片的明暗、反差、色溫之調整或因相機鏡頭及感光元件汙損而產生汙點的修飾，但調修原則仍應力求忠於事實，不可竄改、刪照片內容。
6.圖片說明：其功用在，提供影像不能提供的基本事實（例如人、事、時、地、物等）、背景資料（例如為什麼或是意義何在等），以及影像欣賞與解讀的角度，進而凸顯影像的視覺語言。
7.若是在採訪新聞事件中，因需要而採用擺拍手法時，請在圖說中揭示，以維護新聞照片的可信度。
8.新聞圖像的完整性：為避免新聞圖像訊息的漏失，應尊重並堅持新聞圖像的完整性至最後的版面呈現，故標題壓圖片或去背之做法應力求節制，如有必要為之，建議與攝影單位和圖片編輯等視覺相關工作人員共同討論。

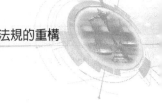

二、自律規範舉隅

在臺灣傳媒同業間秉持社會責任，組成新聞自律共同規約之外，本章節提供若干傳媒自律個案，包含中央通訊社新聞自律規範、電視臺新聞自律規範，以及報社新聞自律規範，供臺灣傳媒同業間參考。

(一)中央通訊社

中央通訊社是我國歷史最悠久的新聞通訊社，其對社內同仁有嚴謹的自律規範。中央通訊社（2010）出版《中央通訊社編採手冊》，訂定內部自律規範，包含「通則」（含新聞專業倫理守則、新聞編採守則、新聞採訪基本準則、新聞寫作基本準則、外文新聞基本守則、兩岸新聞基本守則、新聞攝影基本準則等），綱舉目張，極為完備。

在「通則」的新聞專業倫理守則部分，有其嚴格要求，總計有九項，包含對記者個人的行為規範為主（如**表15-2**）。

在「通則」的新聞編採守則部分，總計有十五項，包含：「正確、

表15-2　中央通訊社新聞專業倫理守則

不得收受現金及有價證券。
不得接受由邀訪對象付費，或其他形式利益的活動。
禁止從事與本身工作相關一切市場圖利活動與兼職。
不可利用工作中取得的未經發表消息去謀取個人利益。
交際應酬應有節制，小心區分合理的公務關係和私人關係。
記者在外演講、參加研討會、上電視、主持活動或有助於提高個人知名度和利於本社的活動時，應先向主管報備，但必須迴避可能造成利益衝突或損及本社公信的活動。
記者不宜接受旨在謀取利潤的演講邀約，在答應這類邀約前，記者應先知會主管；記者唯有在接受不以從事遊說或政治活動為主要目標的非營利團體邀請而發表演說時，才可以接受演講費、謝禮或差旅費。
記者報導自殺新聞應秉持自律原則，避免渲染，確實遵循世界衛生組織的規範，以負起社會責任。
記者對消息來源應秉持坦誠公正的原則。

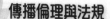

領先、客觀、詳實」、「謹記『隨採隨發』，每一分鐘都看作『截稿時間』」、「新聞切忌捏造、竄改、扭曲、不實的陳述、含沙射影、心存惡意、八卦、謠言、誇大、道聽塗說、夾敘夾議」、「守信」、「專業精神」、「注意言行」、「恪守行規」、「敬業態度」、「保持清醒」、「勿受操弄」、「記者與消息來源」、「支援採訪」、「現場採訪」、「追求新聞不忘守法」以及「勇於更正錯誤」。

在其餘各篇如外文新聞基本守則、兩岸新聞基本守則、新聞攝影基本準則部分，均陳述相關新聞倫理，值得臺灣傳媒同業間參考。

(二)三家電視臺新聞自律規範之比較

臺灣各電視臺推動新聞自律規範也已蔚然成風，本節選擇公共電視臺、TVBS與民視略為回顧，其列舉自律範圍比較如**表15-3**。

表15-3 電視臺新聞自律之比較

公共電視	TVBS	民視
公視《節目製播實踐準則》包括：「兒童與少年」、「性別」、「族群」、「災難與緊急事件」、「犯罪與社會事件」、「自殺與意外」、「冒犯與傷害」、「隱私權與受訪者權益」、「調查報導與採訪方式」、「政治與選舉」、「叩應與民調」、「現場連線報導」、「宗教與信仰」，共十三章。	《TVBS新聞道德與採訪守則》包括：「血腥暴力」、「恐怖威脅／綁架人質」、「示威暴動」、「災難／死亡／悲劇」、「自殺」、「採訪罪犯」、「色情／性愛／性侵害」、「未成年人相關新聞」、「陰陽玄學」、「保護匿名受訪者」、「電話錄音受訪者」、「新聞畫面在證控管」、「隱藏攝影機」、「單機對談訪問」、「排練演出」、「避免受訪者被騷擾」、「員工與親屬原則不應成為受訪者」、「事件重建／現場重現」、「資料帶」、「版權」、「報章雜誌」、「網路靜止圖片／照片」、「網路影片」、「國內電子媒體」、「國內老電影／電子媒體早期資料片」、「提供影片」、「政府單位／政黨提供影片／警方蒐證影帶／監視器錄影帶」、「媒體提供影片／電影預告／音樂／MV／廣告」、「民間企業」、「民意代表」、「公眾人物提供影片」、「演藝人員」、「運動明星提供影片」、「民眾提供影片」。	民視《新聞自律規範》的執行綱領包括：「災難或意外事件處理及報導原則」、「犯罪新聞處理」、「SNG現場新聞編採處理規範」、「自殺事件處理」、「醫療新聞處理」、「重大流行疾病新聞處理」、「愛滋感染者或病患相關新聞處理」、「性與裸露事件處理」、「涉及個人隱私權及人權之相關新聞報導」、「性侵害、性騷擾及家暴新聞報導」、「弱勢族群之新聞處理」、「民生及消費權益新聞報導」、「政黨新聞報導」、「新聞消息來源」、「靈異等超自然現象事件之處理」，以及「群眾抗議事件處理」，共十六大項。

資料來源：作者整理自相關網站。

◆公共電視

公共電視自開播以來，於新聞類節目方面已陸續制訂了《新聞製播公約》、《新聞部自律公約》、《公共電視新聞專業倫理規範》，極其完備。公共電視《新聞部自律公約》有18項規範，包含對專業態度、敬業精神與個人專業操守等，臚列如**表15-4**。

表15-4　公共電視《新聞部自律公約》

以精確、完整、平衡的專業標準，不偏不倚、力求公正的專業態度，來處理及呈現新聞資訊。
以誠信互助、彼此尊重的態度，守時守分認真負責的敬業精神，與同仁群策群力，完成新聞採訪任務，以合理的成本、最高的效率和最快的反應時間，呈現最佳專業製作品質的電視新聞節目給觀眾。
重視工作倫理，強調分層負責。
尊重觀眾和新聞當事人的人權，不以暴力、低俗、煽情等譁眾取寵的手段來呈現資訊。
不在報導中傳播或鼓勵對種族、膚色、宗教、性別、性取向及身心殘障者的歧視。
凡遇有與職責可能牴觸的機關、企業或金融利益時應主動申報；公視新聞部主管尤應依據「利益迴避」原則分派任務。
凡以非常方法取得新聞資訊時，必須考量社會公益及新聞專業倫理。
一旦報導或節目材料受到新聞檢查的影響時，應明確告知觀眾。
非不得已不以戲劇、模擬等非現場實況之手法呈現新聞資訊，如有上述狀況，應明確告知觀眾。
報導中若有錯誤發生，必須儘速更正。
報導中使用新聞事件資料畫面時，應明確告知觀眾。
絕不利用新聞媒體所賦予之身分，謀取個人利益。
不接受任何機構或個人過當的招待及饋贈，避免受到不當之外力影響。但在對公共利益有重大影響之新聞資訊的取得上，得不受此限。
不擔任任何政黨的黨職，不公開認同任何政黨對爭議性政治議題所表達的立場，或採取的行動。公視新聞部同仁參選任何公職，不論是否為政黨提名，均應事先辭去公視新聞部之職務。
不利用製作技術來誇張或隱瞞事實，或造成評論的效果。
保護祕密消息來源。
珍惜並謹慎使用來自全體納稅人的公視資產，不得挪為私人用途。
公視新聞部尊重同仁參與公眾服務的權利，然不得因此而影響本身的工作；公視新聞部同仁在工作以外就公共議題發表任何意見時，須以個人身分發表。

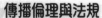
◆TVBS

TVBS作爲一家商業電視臺，其新聞自律規範也極其周詳。與其他兩家比較的倫理道德，以「新聞十誡」，最爲突出。「新聞十誡」的首誡「生命安全第一，新聞採訪第二」，揭示新聞工作不可以生命安全爲賭注，記者奮不顧身涉險採訪，乃屬本末倒置的行爲。其他九誡，諸如「不得僞造作假，不得誤導觀眾」，揭示新聞工作追求眞實；「不得造成受害者及其家屬的二次傷害」，揭示新聞工作應對受害者及其家屬的採訪原則；「不得造成警消醫護執行公務的延誤」，揭示新聞工作者面對警消醫護執行公務時應遵守規定；「不因個人觀或利益影響公正」，揭示新聞工作者的客觀與中立；「不因刻板印象傷害弱勢團體」，揭示新聞工作下筆時要爲弱勢團體設身處地著想；「尊重各族群、宗教、文化的價值觀」，揭示新聞工作要稟承包容心、海納百川；「不製作不想讓自己小孩看的新聞」，揭示新聞工作應避免對小孩身心靈不利的新聞製作；「尊重智慧財產權」，揭示新聞工作應避免隨意剽竊資訊；「保護消息來源」，揭示新聞工作應對消息來源善盡保護責任。

TVBS對「新聞採訪作業」有嚴謹的規範，所有採訪人員行爲皆依新聞部內規「新聞道德與採訪守則」爲標準。例如，新聞採訪之取捨應注意其重要性及時效性；採訪人員應依新聞主題、內容預定播出方式進行採訪；剪輯完成之新聞內容需經過主管看帶審查才能播出。這些作爲均彰顯其專業倫理的堅持。

◆民視

《民視自律規範》前言指出，新聞部本於媒體獨立自主、自律精神、道德良知與社會責任，落實服務公眾知的權利，特制訂《新聞自律規範》，供全體新聞部同仁遵行。民視電視公司的《新聞自律規範》包含「專業守則」（如**表15-5**）、「自律守則」及「執行綱領」三部分。

就「專業守則」部分，該媒體建基於憲法保障原則下，首先強調在符合憲法所保障的自由、民主、法治、人權之基本精神下，實踐人民知的權利，善盡媒體第四權的使命。接著提出「秉於社會責任，全力實現報導眞實、伸張社會正義、啓迪人心、教化社會的功能」等項主張。

表15-5　民視電視公司新聞自律規範專業守則

在符合憲法所保障的自由、民主、法治、人權之基本精神下，實踐人民知的權利，善盡媒體第四權的使命。
秉於社會責任，全力實現報導真實、伸張社會正義、啓迪人心、教化社會的功能。
公正、誠實、負責、獨立、尋求新聞事件的真實面貌是新聞工作的基本原則。
全體同仁力求精確查證、追求事實、完整平衡、尊重多元，不偏、不盲的專業原則，客觀處理新聞資訊，並維護新聞報導的正確性。
全體同仁於新聞報導中，如遇真相未明，不宜遽下斷語，若有錯誤發生，必須儘速更正，以示負責。
具爭議性之議題，應作平衡報導；惟平衡報導之重點在於內容，而非報導時間之長短。
新聞工作者應以正當方式取得新聞資訊，如以秘密方式取得新聞，也應以社會公益為前提。
除特殊狀況、並經負責主管事先核准外，所有新聞來源都應在新聞報導中明載。
新聞工作者的基本角色在於從旁觀的角度從事報導工作，故應避免參與新聞事件。新聞從業人員的任務是報導新聞，而非製造新聞。
全體同仁不得利用新聞媒體所賦予的身分，牟取個人利益。未經公司同意，不得因其職務之公眾形象，而行代言、廣告或宣傳。
新聞工作者不得擔任任何政黨黨職或公職，也不得從事助選活動，如參與公職人員選舉，應立即停止新聞工作。

　　就「自律守則」部分，該臺《新聞自律規範》對新聞報導要求不得有下列情形之一：(1)違反法律強制或禁止規定；(2)妨害兒童或少年身心健康；(3)妨害公共秩序或善良風俗；(4)違反眞實與平衡原則；(5)以戲劇演出之方式模擬新聞事件（如確有必要，應明確告知觀眾）。

　　「自律守則」也提出新聞報導應尊重個人隱私。除考量公共利益時，否則不得侵犯任何人之私生活。當私人隱私損及公共利益時，媒體得以採訪與報導，惟需盡全力防止不當傷害個人名譽及侵犯個人隱私、或造成媒體公審之情況。

　　在「新聞報導應善盡保護兒童及少年之責任」，對於兒童與少年事件之報導，不得有行爲兒童及少年之姓名或其他足以識別身分之資訊。此外採訪兒童、少年當事人，應先表明記者身分及取得兒童、少年監護人之同意，並應在非強迫或違反兒童、少年當事人受訪意願下，方得進行採訪報導。

　　在新聞報導應善盡保護性侵害、性騷擾被害人，以及家暴受害人之
責任部分，一般性侵害及性騷擾案件，原則上不予報導；家暴受害人在
報導中應受保護。如嚴重影響社會治安或重大刑案之性侵害案件，不得
報導被害人照片或影像、聲音、住址、親屬姓名及其關係、就讀學校、
服務機關等詳細個人資料，或其他讓人足以辨識被害人身分之資訊。若
加害人與被害人有親屬關係，應隱去加害人之相關資訊。

　　在新聞報導應避免歧視部分，包括對種族、族群、國籍、膚色、階
級、出生地、宗教、性別、性傾向、婚姻狀況、身心障礙者及所有弱勢
者，在文字、聲音、影像及動畫影片上均不得有歧視表現。

　　《自律守則》規範錯誤報導應予更正處理。報導若有錯誤發生，必
須依《衛星廣播電視法》第30條暨（無線臺）《廣播電視法》第23條之
規定，於接到要求十五日內，在同一時間之節目或廣告中加以更正；或
將其認為報導並無錯誤之理由，以書面答覆請求人。

(三)報社新聞自律規範

　　在臺灣報紙媒體經過政經變遷下，主要報社都發展一套制度化的新
聞自律規範。茲舉聯合報為例，體現在其編著的《聯合報編採手冊》，
極其完備周詳。分為「採訪寫作篇」、「編輯篇」、「法律篇」。

◆在「採訪寫作篇」部分
1.採訪部分
　　新聞會成為「資訊垃圾」？記者採訪作為守門人，聯合報專業內
部規則包含：報導「有用的資訊」，因為「資訊最大的功能就是服務讀
者，要多報導對讀者有用的新聞，不要製造資訊垃圾」。聯合報對於採
訪的消息來源，要求「重要、秘密的消息來源勿曝光，以免引起當事人
的困擾或造成安全問題，但亦要分辨消息來源的動機與為人」。

　　該報對消息來源的採訪規範，「未刻意要求不發布，即可發布。消
息來源強調『不列入紀錄』時，可能有好幾種暗示：告訴你的消息一字
都不能發。消息可發，但不能具名。消息可發，不能具名，也不能透漏

其服務單位。所提供消息可做背景資料，以記者的瞭解與身分發布。在彼此有默契的時間過後即可發布。以上五種情況，由記者與消息來源的互動關係中，可知道什麼情況選擇哪一種處理方式。」

2.寫作部分

聯合報對從業者寫作也訂定嚴謹規範，就是多查證原則。諸如：「新聞的情節、數字等重要內容，如果違反常情或常識判斷，很可能就是錯的，應重新查證。」、「不能把警方的筆錄改換成記者的專訪。」、「用文字描述人、事、物一定兼顧時代感及當事人感受。」、「公文或判決書未明其義，不宜生吞活剝，照抄了事，記者不懂的內容，一般讀者大概也不懂。」、「人名、地名、頭銜、職稱，一有錯誤立刻遭讀者指責，有些錯誤更造成負面影響或不便，報紙新聞正確性遭質疑，報譽會跌落，所以輕忽不得。」、「低俗或令人不愉快的字詞不要用」。

對於評論稿首重立場周延，以免招致評譏，滋生糾紛。

3.新聞攝影

在當前平面視覺化愈來愈受重視之時，新聞攝影的倫理規範也須強化。聯合報對新聞攝影倫理的核心要求為真實，亦應避免偏見呈現。「新聞照片不能是安排出來的，必須忠於事實。」、「新聞照片不宜以偏見手法凸顯、處理或對比。」

◆在「編輯篇」部分

臺灣媒體近年受到商業化影響，爆料文化大行其道。媒體對謠言、風聞、閒話、無的放矢的爆料，以及小道消息不應未經辨別真偽即容許躍登媒體。《聯合報編採手冊》中臚列的編輯倫理規範，包含編輯有責任和義務辨別新聞的真偽，維持正派高尚風格，做新聞道德的維護者並對不同新聞編輯面向訂定新聞方針，以之作為處理新聞之準據。特錄於**表15-6**。

表15-6 《聯合報編採手冊》中臚列之編輯倫理規範

新聞真實和正確性的辨別者：新聞首要就在於真實和正確。謠言、風聞、閒話和小道消息絕不是新聞，編輯有責任和義務辨別新聞的真偽。
新聞道德的維護者：大眾傳播媒體影響深遠，誇大聳動歪曲事實的新聞，重則危害國家社會利益，輕則損及私人權益，因此，編輯有責任維持報紙正派高尚的風格。
依照新聞方針處理新聞，不違背新聞道德，做到公平、公正、正確和客觀。
錯誤是編輯最大的禁忌，唯有正確的新聞才是編輯所追求的最高目標，要做到新聞正確：有賴於查證，遇到可疑一定要查證清楚；要注意文字運用的恰當，而非僅只改錯別字；要有豐富的常識和知識，否則難以判斷正確性；要有負責的態度和敬業精神，絕不能以無所謂或只顧譁眾取寵來處理新聞。
衡量是否適合刊登：報紙用來刊登適宜發表的新聞，一則新聞是否適宜刊登，除了考慮新聞價值及正確性之外，也要斟酌是否合法及有無違反職業道德。
圖片編輯對於照片的拍攝是否符合職業道德，照片是否安排出來的，是值得注意的問題，照片如同新聞寫作，必須忠於真實現狀，不得參與甚或操縱新聞的發展。
拍攝悲劇事件，記者及編輯應尊重傷亡者親友，注意照片是否會對未亡人及其親友造成二度傷害。
美術編輯在圖表製作流程必須加上資料來源、原製圖記者姓名及繪圖之美術編輯姓名，否則會牽涉版權問題。
漫畫編輯於新聞插畫表達手法應忠於新聞事件，不渲染、不誇張，作者自我意見不參與其中。

◆在「法律篇」部分

《聯合報編採手冊》中，臚列的法律部分，強調報導內容合法來源的取得、對人物的描述是否正確、注意避免傷害名譽與平衡，以及注意商業利益的損害與平衡。特錄於**表15-7**。

表15-7 《聯合報編採手冊》中臚列之法律規範

記者撰寫新聞報導時，應當注意的法律事項
檢視來源：檢視來源的取得是否合法？包括取得的方式，有無違反隱私權，侵犯他人領地進行採訪；擅自闖入軍事基地堡壘要塞？以詐術取得新聞資料？有無違反著作權法？取得文件、引用是否獲得同意？ 報導內容對人物的描述是否正確？ 注意名譽的傷害與平衡：對於可能傷害他人名譽的報導，先檢查是否做到平衡報導與查證。 注意商業利益的損害與平衡：涉及任何一家廠商不利的消息，任何路線的記者都可能遇到，尤其一些未能證實的謠語如果經由報紙散布出來，會造成廠商利益受到損害，嚴重者甚至倒閉，不可不慎。

聯合報「編輯注意事項」

　　「編輯注意事項」爲聯合報專業內部規則的守門人規約，對於標題、意見、使用資料、立論、引述資料等編輯處理，均有所規範（如**表15-8**）。

表15-8　聯合報「編輯注意事項」

編輯注意事項
標題：切勿斷章取義
意見：不能視為事實
標題勿使用過度情緒性字眼
使用資料應注意著作權
立論須以事實為基礎
不能確定引述資料是否事實，應加上「如果傳聞屬實」之類的條件句
評論應重以理服人，不宜淪為謾罵，尤忌過度情緒性的文字做人身攻擊
對於尚未定讞的官司，評論時要審慎

第三節　承擔責任，就是現在！

　　新聞事業並沒有一套專門的道德法則，但大約必須體現以下的美德，才可被稱爲善盡社會責任的媒體：一爲眞實；二爲準確、詳盡、多元；三爲公平、公正與正義；四爲誠懇、誠實與榮譽；五爲得體與建設性；六爲均衡與審慎；七爲遵守專業內部規則。媒體本於良知自省，媒體在處理諸如犯罪新聞、自殺新聞、災難或意外事件處理、群眾抗議事件處理、揭發未經證實訊息之處理、醫療新聞處理、重大流行疾病新聞處理、愛滋感染者或病患相關新聞處理、性與裸露事件處理、性別與弱勢族群相關新聞處理、身心障礙者負面新聞處理、靈異超自然現象事件，應恪守專業倫理守則與法規，謹愼將事，才能發揮媒體爲社會守望者的功能。

　　現今媒體表現融入了我們日常生活中，但也相對承受每個公民的

責任。傳播從業人員需要對專業倫理守則與法規有所遵守,真是刻不容緩,「就是現在!」也只有從當下開始,不容蹉跎,媒體才能建立公信力與良好的名聲!

問題討論

一、當代傳播法規與日常生活相結合有哪些面向?請舉例討論之。

二、在臺灣傳媒同業間秉持社會責任,形成團體倫理,其意義為何?

三、本章若干傳媒自律個案,包含中央通訊社新聞自律規範、電視臺新聞自律規範,以及報社新聞自律規範,有哪些可以提供傳媒同業間參考?

參考書目

中央通訊社編（2010）。《中央通訊社編採手冊》。臺北：中央通訊社。

尤英夫（2008）。《談法論理看新聞》。臺北：前衛出版。

石世豪（2009）。《我國傳播法制的轉型與續造》。臺北：元照。

李瞻（1987）。《新聞道德》。臺北：三民書局。

薛心鎔（1998）。〈自解除報禁到惡性競爭：解嚴十年新聞發展的三個階段〉。《媒體的社會責任》。新聞鏡雜誌社編輯部編。臺北：華瀚文化。

艾瑾（1998）。〈媒體三律之選擇〉。《媒體的社會責任》。新聞鏡雜誌社編輯部編。臺北：華瀚文化。

新聞傳播叢書

傳播倫理與法規

主　　　編／鈕則勳、賴祥蔚

法條校閱／何吉森

作　　　者／鈕則勳、賴祥蔚、何吉森、邱啟明、許北斗、莊伯
　　　　　　仲、張佩娟、張美慧、黃振家、蔣安國、羅彥傑

出 版 者／揚智文化事業股份有限公司

發 行 人／葉忠賢

總 編 輯／閻富萍

特約執編／鄭美珠

地　　　址／新北市深坑區北深路三段 260 號 8 樓

電　　　話／(02)8662-6826

傳　　　真／(02)2664-7633

網　　　址／http://www.ycrc.com.tw

E-mail ／ service@ycrc.com.tw

印　　　刷／鼎易印刷事業股份有限公司

I S B N ／ 978-986-298-174-0

初版一刷／2011 年 3 月

二版一刷／2015 年 3 月

定　　　價／新台幣 450 元